健身趋势2030
洞察健身行业的未来版图

[荷]**赫尔曼·罗格斯** (Herman Rutgers)　**简·米德尔坎普** (Jan Middelkamp)　主编

尤莉　邹沛琪 译

HORIZON 2030
The future of the health and fitness sector

人民邮电出版社
北京

图书在版编目（CIP）数据

健身趋势2030：洞察健身行业的未来版图 /（荷）
赫尔曼·罗格斯（Herman Rutgers），（荷）简·米德尔
坎普（Jan Middelkamp）主编；尤莉，邹沛琪译. -- 北
京：人民邮电出版社，2021.4
ISBN 978-7-115-56070-4

Ⅰ. ①健… Ⅱ. ①赫… ②简… ③尤… ④邹… Ⅲ.
①健身运动—体育产业—产业发展—研究—欧洲 Ⅳ.
①G883

中国版本图书馆CIP数据核字（2021）第036550号

版权声明

内 容 提 要

　　过去的10年是欧洲健身市场发生翻天覆地变化的10年，本书在对欧洲健身市场快速发展的情况进行总结的同时，也对下一个10年的市场前景做出了展望。在未来的10年中，全球健身行业将面临前所未有的机遇和挑战，这要求行业从业者不仅要坚持从客户个性化需求的角度出发，还要抓住数字科技带来的技术机遇。本书汇集了来自全球健身行业管理专家的16篇前沿文章，从不同角度对健身行业接下来10年的发展趋势进行了有深度的分析，相信我国的健身行业从业者可以从中得到启示。本书适合健身房的经营者、管理者以及准备从事健身行业相关工作的读者阅读。

◆ 主　　编　[荷] 赫尔曼·罗格斯（Herman Rutgers）
　　　　　　　简·米德尔坎普（Jan Middelkamp）

　　译　　　　尤　莉　邹沛琪
　　责任编辑　裴　倩
　　责任印制　周昇亮

◆ 人民邮电出版社出版发行　　北京市丰台区成寿寺路 11 号
　　邮编　100164　　电子邮件　315@ptpress.com.cn
　　网址　https://www.ptpress.com.cn
　　雅迪云印（天津）科技有限公司印刷

◆ 开本：700×1000　1/16
　　印张：20　　　　　　　　　　2021 年 4 月第 1 版
　　字数：340 千字　　　　　　　2021 年 4 月天津第 1 次印刷

　　著作权合同登记号　图字：01-2020-6788 号

定价：148.00 元
读者服务热线：(010)81055296　印装质量热线：(010)81055316
反盗版热线：(010)81055315
广告经营许可证：京东市监广登字 20170147 号

目录

第2部分 行业相关主题

安德烈亚斯·保尔森
（Andreas Paulsen）
欧洲健身与健康协会
（EuropeActive）代理主席

序1

度过了机遇与挑战并存的新的10年起步阶段，接下来健身行业会迎来兴旺发展的10年，现在正是最佳的时机。我们可以审慎地评估在未来10年中，如何定义健身行业、如何创造商业价值，以及如何定位健身行业从业人员的角色。

过去10年里，考虑到健身行业发展的不可预见性，想要预测未来10年的前景，似乎有些不切实际；但如果欧洲健身与健康协会都对未来没有清晰的愿景，则必然无法勾勒出这个行业未来发展的样子，从而使整个行业的发展陷于被动状态。

为将来树立正确的方向，使我们能够以开放的心态，为接下来可能会出现的机遇和挑战做好准备，同时又不会迷失自我。我们拥有两个最重要的指导方针：一是经验，二是理想。经验是可以对我们的工作进行调整的因素，证实（我们的一些）判断；而理想让我们相信思维的创造性，从而赋予我们奔赴未知的勇气。

欧洲的健身行业以健身、锻炼、体育活动作为其广泛的价值主张，具有比以往更具启发性、激励性、创新性和竞争性的工作和经营环境。这是一个崭新的、令人兴奋的经济形态，形成于充满创造力的企业家，以及行业中的先驱者。他们带来了自己的理念、愿景和梦想，他们决定了这个行业的市场，建立了行业协会，鼓励健身行业充分地发挥潜力。

健身行业从未像现在这样，得到如此多的内外部利益相关者的广泛认可和尊重，期望值达到顶点便是顺理成章的事。正如这本书中的精彩阐述，健身和体育活动产业将会以各种不同的形式，在未来的10年中占据着重要的位置。在过去的10年里，欧洲健身与健康协会为消费者提供了很多建议，让消费者能够以更低的价格享受到更优质的服务，用颠覆性的思维重新思考健身主张，这超出了所有健身行业从业人员在21世纪第二个10年初期的想法和预期。

未来充满了激动人心的机遇和挑战，但健身行业发展壮大的一些障碍甚至威胁，长期以来依然存在。其中一个很严重的问题，便是整个行业都没有一个通用的行业规范出台，这样便导致没有办法判断什么样的资质是有价值的。2002年，欧洲健身与健康协会开始为从业人员和场所制定标准，以此实现行业专业化；而我们耗资耗时旨在计划建立欧洲认证机构，为的是能够有效地将这些标准付诸实践，并进一步提高"准入门槛"。

另一个重要问题是整个行业需要加强数字化建设，以便通过数据更好地了解消费者的行为和偏好。还有一个问题是，在两性平等、社会包容和环境可持续性等方面，健身行业能否表达出积极的公民意识或企业社会责任，能否与我们所在的社区建立牢固的信任关系。我们需要更新相关机构和组织，快速进入第四代发展和创新阶段。欧洲健身与健康协会将会认真地迎接这一挑战，对协会的定位和未来的优先事项展开全面的战略审核。建立全新的治理结构，需要整个行业的众多专家、企业家和创新者的参与。在未来，这种结构会提供相应的资源，促进欧洲健身与健康协会提高洞察力，提升创新力，加强领导力。

本书给了我们很多希望和鼓舞。它本身就证明，欧洲健身市场的可靠知识和商业智慧得到了越来越多的认可，书的内容展示了许多敏锐的思维和创新的商业模式，它们有能力扫清健身行业中的各种障碍。

欧洲存在主义创始人之一、丹麦哲学家索伦·克尔恺郭尔（Soren Kierkegaard）曾经说过："要理解生活，那就往回看；要过好生活，必须往前看。"我们满怀热情地迎接未来、迎接机遇，这需要创新思维和新兴知识，同时既不迷失自我，又不辜负数百万消费者和整个社会对我们的信任。

行业先驱者们已经先于我们，把健身的愿景与受众分享，他们主导着人们的理想，使健身成为欧洲受众最多的体育运动，最大限度地帮助人们解决身体活动不足的问题。我们要牢记这些先驱者的理想和愿景，改变以往的运动习惯和生活方式，抓住新思想、新方案和新技术赋予我们的机遇。我们要在先驱者的指引下，不断完善和创造出属于我们每个人的更美好的愿景。

在这本书中，作者为我们理解本行业内最有趣和最关键的动态做出了重大贡献，谨此对他们分享的专业知识和见解表示感谢。我们越了解未来市场的需求和趋势，就越有可能代表我们的行业实现欧洲健身与健康协会的雄心壮志，让更多的人更积极活跃地参与进来。

阅读愉快。

安德烈亚斯·保尔森
欧洲健身与健康协会代理主席

内里奥·亚历山
德里（Nerio
Alessandri）
泰诺健Wellness基
金会（Technogym
and the Wellness
Foundation）
主席

序2

尊敬的行业同仁：

过去30年里，我致力于在全世界推广一种健康文化。这本书是在欧
洲健身与健康协会主导下出版的，我很高兴有机会为这本关于健身
和健康行业未来的出版物贡献出自己的力量。

欧洲健身行业面临的机遇与挑战

毫无疑问，我们正迎来健身行业新的曙光，而这正是第四次工业革命
产生的"大转型"带来的影响。过去的几年里，消费者参与和体验健身的
方式，也发生了深刻的变化。将消费者置于战略核心地位，已经成为各行各
业发展的重中之重，健身行业更是如此。我们每天都在思考如何供应多元
的产品、如何服务挑剔的消费者，以及如何应对这一场数字化革命，这将
永久性地改变消费者（老主顾）选择、购买、体验产品和服务的方式。当
然，自由、多样化和个性化这3个关键词，将在未来几年中得到新型消费者
的密切关注。

第一个消费驱动因素源于人们渴望自由。时间是自由的新边界。所有人都想不受时间的限制，做出更加有弹性的日常安排，有更多的时间去自由选择，最终能够成功地在工作责任、家庭义务和休闲时间之间取得平衡。健身俱乐部及工作人员在这个"神奇三角"中起着举足轻重的作用，因为其有机会利用新的数字化技术，让消费者实现"在家里、在公司、在任何地点健身"。

第二个消费驱动因素是"多样化"。人们追求多样化，期望在同一个地点发现别出心裁的东西。健身俱乐部拥有绝佳的机会来重新考虑可用空间、重新组织布局，将"沉浸式训练体验"作为主打招牌，来代替普通设备。我们称之为俱乐部4.0版。能够提供有意义、有吸引力的体验和多样化选择的经营者，将会从竞争中脱颖而出。但是，"多样化"是一个动态的概念，而不是静态的概念；俱乐部经营者必须与消费者和社区保持联系，捕捉到微弱的信息，推测他们的"新需求"，以便能够提供有效、及时的解决方案，达到更好的效果。

最后，消费者开始接受健身相关产品和服务中前所未有的个性化程度。"个性化发展"发生在每个行业中，当然，我们的行业也不例外。数字化革命赋予人们更多的自主权。人们不再将自己限定于某个特定群体，而把自己看作独一无二的个体，他们寻找符合自己需求、目标和愿望的独特体验。在这种情况下，数字化技术和人工智能应用将更好地分析消费者的资料，并为他们提供个性化的体验、内容和服务。

健身俱乐部经营者要在这种以体验为基础的新型经济中做出创新，除了投资新技术外，还需要找到合适的战略合作伙伴。这意味着，要从传统的一对一（供应商和消费者）业务关系，转变为涉及经营者、直接用户、供应商、顾问、影响者和内容创造者的"多对多"模式。这种模式会促使健身俱乐部经营者做出更多创新，从提供单一的产品或服务，转向提供将功能多样、高度对接、有效沟通和无形品牌价值结合起来的消费者体验模式。

真诚是另一个热门词。健身俱乐部经营者必须努力做到与众不同，讲述真实的故事。但是，最重要的是，他们必须让消费者"感觉到"一些不同寻常，因为消费者的忠诚是借由情感建立起来的！这就是我们在泰诺健（Technogym）公司持续投资创新方向的原因，我们会确保整个行业的发展给直接用户提供独特和诱人的健身训练体验，也会从战略合作伙伴关系的角度保障经营者的价值。我们借鉴了"苹果型模式"（苹果型模式的独特之处在于终端产品、渠道、内容应用一体化，即终端产品里内置了渠道，通过渠道直接使用内容产品），开发了一个互联系统，由创新技术、意大利设计产品、有趣的内容和增值服务组成，让经营者在健身俱乐部为不同的人创造多样的体验。

相应地，社群建设也做出了转型。如果健身俱乐部经营者放眼未来，想要继续繁荣发展，就必须投入时间和热情，根据营业状况建立社群。社群是由所有利益相关者构成的。我的建议是，我们要与消费者保持更紧密的关系，同时利用用户提供的内容。用户必须是经营者开展业务的主角，我们需要充分考虑与他们相关的一切，及时分享相关信息。Technogym发起了一场全民运动，名为"让我们用运动奔赴更美好的未来"。这场全民运动展示了全世界的健身和健康俱乐部如何利用数字化技术，将社群功能聚集起来，分担社会职责，与儿童肥胖问题展开斗争，并教育新一代人养成健康的生活方式。

在培养企业的愿景以及不断地提升业务水平的基础上，我们也应该牢记，每天都需要在社群中创造社会价值。健康相当于地球给予人类的巨大的社会性宝藏，在全球范围内，肥胖率急剧上升，非传染性疾病是导致人们过早死亡的主要原因。

在欧洲，排名第一的死亡原因与我们最重要的器官——心脏的功能失常有关。在欧洲，每年有超过400万人死于心血管疾病，其中25%的人过世时不到75岁。诚然，人们的平均预期寿命越来越长，但很明显，人们希望"为岁月增添活力，而不是徒增年岁"。健身行业在帮助人们活得更久、活得更好方面起着至关重要的作用，因为人们接受了健康的生活方式。人们每天至少要做30分钟的体育活动，补充必需的营养，培养积极的精神态度，这3个方向的结合促成了这种积极的生活方式。

健康也成为欧洲各国政府优先考虑的事项，它们投资创新项目，重点关注预防疾病，以降低医疗成本。欧洲各大健身公司也在对企业健康规划进行投资，在增加就业、提高生产力以及降低医疗保健项目成本方面都获得了很高的回报。总之，健康影响着我们每一个人。拥有健康，我们就能够活得更长久、更幸福。

我们生活在健康经济时代，这是一种新的生活方式，所有利益相关者都将保持健康和预防疾病视为关键且优先的事项。就连联合国也把人们的健康和保健列为可持续发展的主要目标之一。这就是为什么我们作为健身行业的经营者，应该为自己扮演的角色感到自豪。因为我们的日常工作不仅创造了经济价值，而且通过在社群内传播保持健康和预防疾病的文化，给社会带来了巨大的影响。

在保持健康和预防疾病的前提下，为了实现创造更美好世界的宏伟目标，我们作为经营者，需要确保公司经济增长并创造利润。只有这样，我们在创新、教育和营销方面进行投资，才能源源不断地吸引新人定期参加体育锻炼。消费者对服务满意，我们就会拥有商业上的成功，并承诺为这份重要的社会事业继续贡献自己的力量。

让我们行动起来，迎接一个崭新的美好未来。

内里奥·亚历山德里

泰诺健Wellness基金会主席

简·米德尔坎普
（Jan Middelkamp）

赫尔曼·罗格斯
（Herman Rutgers）

序3

如果你认为在过去的10年里，社会和商业发生了翻天覆地的变化，那么在接下来的10年中，请系紧安全带，因为无论是宏观层面还是微观层面，预计都会有更频繁、更迅速的变化。

2019年4月，ESPAS（European Strategy and Policy Analysis System）发布了一份意味深长且见解深刻的研究报告，题为《未来就是现在》。这份研究报告描述了对截至2030年未来10年的预期。根据这项研究，我们得出以下一些在2020—2030年将对世界和欧洲造成影响的相关因素。

宏观因素

- 欧盟国家中，老年人口结构改变，人口增长缓慢。
- 经济增长缓慢（增长幅度为较小的个位数）。
- 英国脱欧以及所导致的不可预测的后果。
- 气候变化、环境影响和可持续性问题。
- 数字化、人工智能和机器人增多造成的影响。

- 在环境可持续性、生物多样性、维持劳动关系、数据保护、增加税收等领域，加强监管和立法。

站在本书主编者的角度，我们可以加上以下针对健身与健康行业的微观因素。

微观因素

- 多渠道和全渠道的运营模式导致竞争加剧。
- 家庭健身和户外运动产生竞争。
- 数字化、自动化、聊天机器人、基因测试和生物识别造成的影响。
- Apple、Google、Microsoft、Netflix等新科技巨头进入健身与健康领域造成的影响。
- 政府和医疗保险业造成的影响。
- 培养更全面的生活态度，加强锻炼、补充营养、放松精神，积极应对老龄化等造成的影响。
- 中介机构和信息汇集平台造成的影响。

随着社会的发展，未来几年，如何管理好一家健身企业，将变得更加复杂，首席执行官、企业家和管理者需要竭尽全力才能继续取得成功。

然而，持续的成功根本就不存在，正如本书第16章中所说，我们对2008—2018年欧洲十大运营品牌进行了对比。很多名字已经从前10名名单上消失了，新的名字又出现在大众眼前。少数几家顶级品牌分别成立于2007年、2009年和2010年。

健身行业生态系统2020

2017年，欧洲健身与健康协会和Deloitte发布了欧洲健身行业生态系统，见第14章（图14.2）。该章这部分介绍的是其最新版本。与之前的版本一样，2020版的图片仍难于呈现健身行业的全貌。我们必须做出选择，虽然这往往有些困难和武断。我们的目的是从室内、室外、数字化和供应商的视角，生动地展示出该行业的方方面面。

与之前的版本相比，2020版本还有巨大的变化。消费者现在处于这个生态系统的核心，而生态系统形象地展示了消费者能够与多少参与者进行互动，来满足自己的健身需求。健身消费者可以从当下这一刻就做出选择，选择的范围相当广。如同Technogym、Life Fitness、eGym、Les Mills这类供应商，越来越多的公司制定了与消费者直接互动互联的商业战略。因此，这些公司已经从单纯的"企业对企业业务"转变为"企业对企业业务"和"企业对消费者业务"的混合经营模式。

与此同时，经营者正在开发面向市场的经营计划和产品。传统的制造商和经营者之间的分界线愈加模糊不清。

请为我们提供反馈和建议，以不断发展健身行业生态系统！

18位作者

在本书中，我们汇集了来自健身领域内外的18位作者的意见，以便对接下来10年的发展趋势贡献出有意义的见解。谨此感谢所有作者对本书的巨大贡献和对欧洲健身与健康协会的支持。同样非常感谢我们的赞助商泰诺健Wellness基金会的大力支持。

对于如何应对未来的挑战和机遇，我们有很多实用的建议。至少，我们相信能让你收获良多。

简·米德尔坎普

赫尔曼·罗格斯

健身行业生态系统

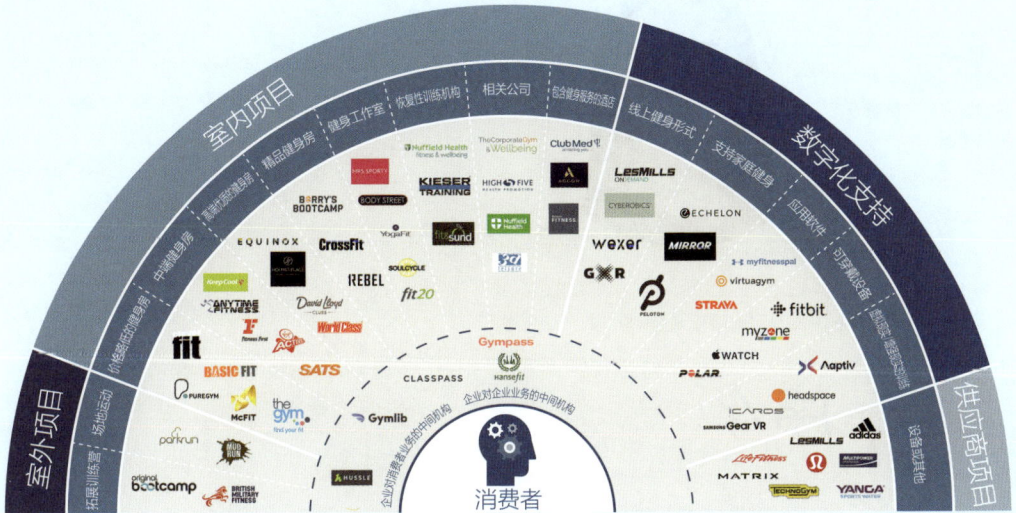

Copyrights EuropeActive © 2020 (Developed by Rutgers and Middelkamp)

胡昆坪
国药励展展览有
限责任公司董事
总经理

序4

今年是国药励展从欧洲引荐健身行业图书的第4年，作为服务健身
行业的国际化平台，FIBO CHINA着眼于持续提供来自全球的理念
和信息，分析行业在不同时代发展演变的规律、特征，使国内同行
从中得到借鉴。

《健身趋势2030：洞察健身行业的未来版图》汇集了18位顶尖行
业专家的智慧，助力行业同仁在健身行业新10年的入口，描绘人类幸
福健康的前景与机遇。

新10年，健身的定义不仅只侧重于身体机能，而延伸为丰富的健
康状态与高层次的生活水平。不论是从世界卫生组织提出的新概念，还
是从全民健身成为我国重要的发展战略来说，健康将是个人、国家乃至
人类社会的重要资源。

未来，健身的社群及社会属性将更加凸显，体现在团课的重要地位
以及互联网时代成长起来的Z世代对社交与消费的强烈需求，健身房将

成为"人类交互"这一珍贵商品的未来载体。同时，不容忽视的科技与数字化时代已经到来。科技不会颠覆健身，而是要重新定义健身，使健身概念更完整。那些在数字化世界与现实可触世界之间架起桥梁，提供集成健身概念的健身俱乐部，将成为最大的赢家。

让我们共同创造中国健身事业发展的黄金10年。

致敬2021—2030。

胡昆坪

国药励展展览有限责任公司董事总经理

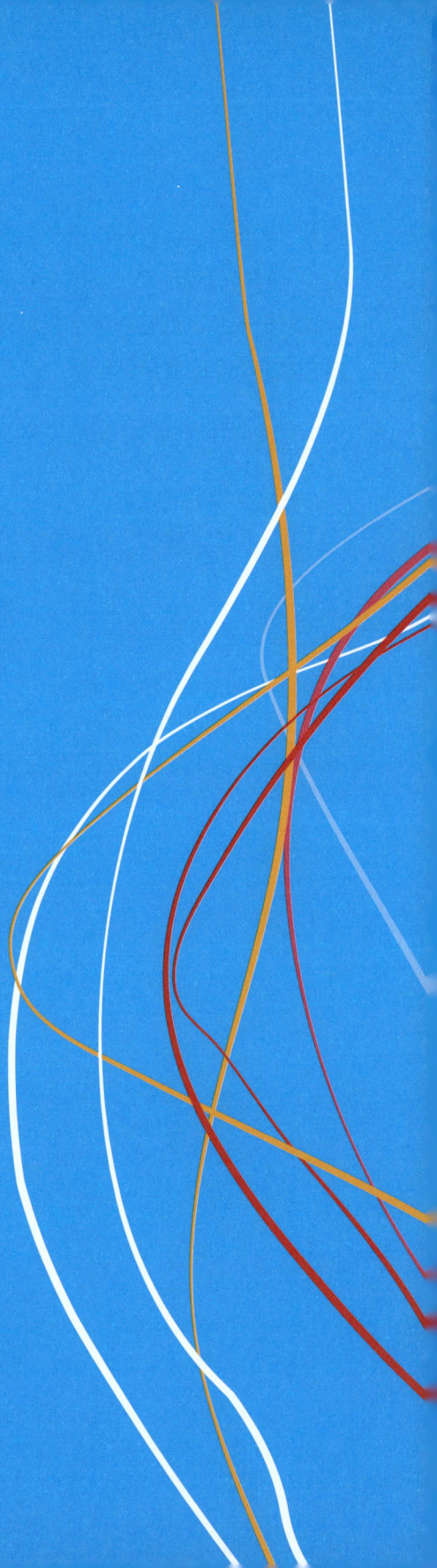

第1部分

基本主题

第 1 章

体育活动和体育锻炼是良医

简·米德尔坎普（Jan Middelkamp）

1.1　简介

大量的研究证明，身体活动和体育锻炼对健康有益。事实上，两者对健康都不可或缺。我们越来越清楚，身体活动和体育锻炼是良医。在本章中，我们肩负欧洲健身与健康协会和整个健身行业的使命，将回顾大量的科学研究，讨论身体活动或体育锻炼同健康有什么关系。

1.2　更多人参与，更积极地参与，更健康地生活

近 10 年来，欧洲健身与健康协会鼓励更多的人，更积极、更频繁地参与健康与健身运动。这项使命的成果，应该是可以让更多人收获健康。健康是重要的成果变量，我们要讨论是否将健康看作唯一应该得到的成果，而其他成果还包括活力或运动成绩。

过去几十年来，健康的定义发生了巨大的变化（WHO，2006）。人们早期对健康的定义侧重于身体机能。健康曾是"一种正常的功能状态，可能会因疾病而不时中断"。1948 年，世界卫生组织（WHO）提出了一个更宽泛的定义："健康不仅为疾病或羸弱之消除，而系体格，精神与社会之完全健康状态。包括具备良好的社会适应能力，而不仅仅是没有疾病和衰弱的状态"。

20 世纪 80 年代，世界卫生组织又提出了新的"健康"概念。健康不是一成不变的，而是一种更加丰富的状态。一般来说，健康被视为一种生活资源。健康的新定义是"个人或群体能够实现愿望、满足需求、改变或适应环境的程度"。健康是日常生活的资源，而不是生存的目的。

为了更好地说明健康这一概念，德曼（Derman, 2017）提出了 3 种长寿模式，如图 1.1 所示。红线代表不受欢迎的模式，因为人们往往实际年龄不高，还要受多年疾病折磨。蓝线代表人们的实际年龄高一些，但仍可能遭疾病缠身多年。绿线是人们追求的理想模式，因为他们

患病所占年岁不多，生活质量也很高。

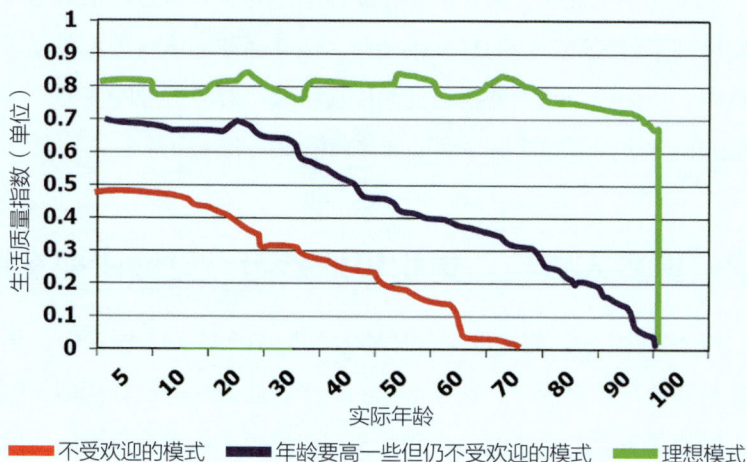

图1.1
长寿模式（德曼，
2017）

图中纵轴：生活质量指数（单位），横轴：实际年龄

图例：
- 不受欢迎的模式
- 年龄要高一些但仍不受欢迎的模式
- 理想模式

我们应该带领更多的人更积极、更频繁地参与运动，让他们拥有"绿线"的长寿和更高的生活质量。在下面几节中，我们将讨论身体活动和体育锻炼如何在这方面发挥关键作用。

1.3　身体活动和体育锻炼

身体活动和体育锻炼经常被当作同义词。这两个术语有很强的关联性，它们也应该有各自唯一的定义，从而可以区分开来。在文献中，身体活动通常被定义为"由于骨骼肌收缩引起机体能量消耗增加的所有活动"。这包括大量的活动，如散步、骑行、园艺等。体育锻炼是"身体活动的组成部分，包括计划性、结构化、重复的身体运动，目的是改善身体状况或保持身体健康"（Buckworth, Dishman, O' Conner and Tomporowski, 2013）。

在过去的几十年里，人们已经充分了解到，体育锻炼在治疗一些疾病中的重要作用，包括那些症状根本不明显的疾病。许多疾病的治疗都需要体育锻炼的配合，美国运动医学会（ACSM）正向全球倡议，发起一场名为"运动即良医"的大型健康项目（ACSM, 2014）。

在医学界，传统方法是循证治疗，这种疗法被认为是最有效的，产生的副作用或风险也是最小的。有证据表明，在某些情况下，运动疗法和药物治疗一样有效；在特殊情形下，运动疗法可以更起作用，效果更好。在这种情况下，运动疗法并不代表一种范式改变，相反，它需要人们了解更多的知识，我们需要学会接受它。

我们还应明白，不只是身体活动和体育锻炼才会对健康产生效果。美国疾病控制与预防中心（CDC, 2000）指出了会对人类获得全面健康产生影响的4个主要因素，分别是遗传基因、外部环境、可获取的医疗资源和健康行为（见图1.2）。据估计，"健康行为"对健康的贡献约占50%。这包括多种行为，如健康饮食、拒绝吸烟、坚持身体活动和体育锻炼。

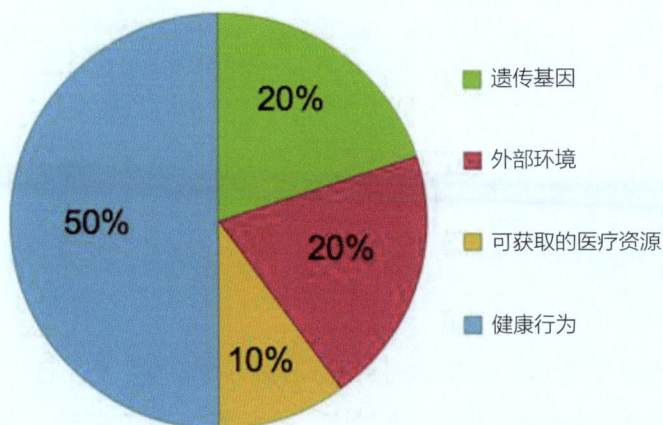

图1.2
影响人类获得全面健康的主要因素
（源自：CDC, 2000）

1.4　依据

一系列的研究表明，身体活动和体育锻炼能够有效改善健康状况，如降低血压、降低胆固醇等（American College of Sports Medicine, 2014; Dishman, Heath and Lee, 2013; Lavie et al., 2013; Lee et al., 2011; Ross et al., 2016）。在过去的几十年里，我们积累了很多科学依据，证明身体活动和体育锻炼在疾病治疗中相当重要。

表1.1总结了5个影响健康的主要因素。左边一栏列出了死于心脏病发作的5个重要征兆。单看相对风险性（第3列），因缺少运动从而引发心血管疾病后的死亡率数值最高。这是因为以下两个因素，即疾病的严重程度以及疾病所导致的后遗症，而后一点尤其重要。与吸烟的人相比，不锻炼或锻炼不足导致身体素质低下的人数量更多。吸烟本身对健康危害更大，但由于不锻炼的人数占人口总数的比例比吸烟的人数占人口总数的比例更大，不锻炼导致患病的相对风险性仍然高于吸烟。

表1.1
因心血管疾病死亡和全因死亡的5个主要因素和相对风险（Blair, 2000）

死亡率的预测因素	心血管疾病死亡率		全因死亡率	
	每1万人中的死亡人数	相对风险性	每1万人中的死亡人数	相对风险性
很少运动	20.0	2.89	45.5	2.03
吸烟	16.6	2.01	42.7	1.89
血压>140mmHg	19.5	2.07	43.6	1.67
胆固醇指数>240	16.5	1.86	37.0	1.46
身体质量指数>27	14.9	1.70	34.3	1.33

越来越多的流行病学和临床证据表明，与吸烟、高血压、高胆固醇和2型糖尿病等常见危险征兆相比，锻炼后的心肺功能状态能够更准确地预测死亡率。与此同时，在传统的吸烟、高血压、高胆固醇和2型糖尿病等常见危险征兆基础上，如果加以锻炼从而获得更好的心肺功能

状态，致死的风险程度就会大幅度降低（Lavie et al., 2013; Lee et al., 2011; Ross et al., 2016）。

李等人（Lee et al., 2011）在一项纵向对比研究中，对14 345名男性进行了至少2次体检，研究了健康水平和身体质量指数变化与全因死亡率和心血管疾病死亡率之间存在的独立和交叉的联系。人体新陈代谢率是通过最大摄氧量跑步机试验来估计的。人类每增加1MET［MET（metabolic equivalent of energy）指能量代谢当量，是以安静、坐位时的能量消耗为基础，表达各种活动时相对能量代谢水平的常用指标］，全因死亡率和心血管疾病死亡率分别降低15%和19%。在综合分析中，健康水平低的男性有更高的全因死亡率和心血管疾病死亡率。

他们得出结论，保持或改善健康状况，与降低男性全因死亡率和心血管疾病死亡率有直接关联。提早预防年龄增长造成的健康损失，更可能实现长寿。罗斯等人（Ross et al., 2016）指出，越来越多的证据表明，低水平的心肺功能与更高风险心血管疾病患病率、全因死亡率和各种癌症的死亡率都有关系。

2013年纳吉（Naci）和约安尼季斯（Ioannidis）发表了一篇元分析综述，其中作者对比评估了运动干预与药物干预对死亡率造成的影响。这项研究包括16项元分析和305项随机对照试验，其中57项试验涉及运动干预。过高的死亡率使人们更加重视冠心病二级预防、中风后康复、心力衰竭疗法，以及糖尿病预防等疾病问题。

在冠心病的病例中，综述作者观察到没有一种药物干预比运动干预更能降低死亡率。在中风患者中，只有运动干预在降低死亡率方面比其他干预更有效。对中风的药物干预在降低中风死亡率方面没有显著效果。

总之，身体活动、体育锻炼和一般的健康行为都会对健康产生重大

显著的迹象表明，即使是少量的运动也
有益于健康

影响。尽管锻炼对健康有诸多好处，但其他因素也至关重要，对健康有益，包括运动量（强度、频率和持续时间）和行为本身的维持（即坚持锻炼）。

1.5　量效关系

几十年来，身体活动、体育锻炼和健康的关系被大众熟知，量效关系已经得到广泛讨论（Haskell, 2016）。最近，多个出版物和研究表明，即使是有限的身体活动，或是强度低、持续时间短和频率低的体育锻炼，也会对健康产生明显的影响。

同时，健康的成年人在低强度和中等强度运动中的健康风险非常低；而做高强度运动时，风险则会增加（ACSM, 2014）。伍德科克等人对非剧烈身体活动和全因死亡率的量效关系进行了系统回顾和元分析。这项研究包括22项前瞻性研究。在研究开始时，有超过10 000名参与者，而在最后得出结论时，已经覆盖了来自不同大洲的近100万名参与者。非剧烈身体活动包括低强度（<3 MET）身体活动和中等强度（<6 MET）身体活动。

他们观察到，与不活动相比，每周进行大约2.5小时的中等强度的身体活动，会使死亡率降低19%。进行低强度身体活动的人和每周约7小时适度活动的人，死亡率分别降低22%和24%。与每周完全不散步相比，快走2.5小时会使全因死亡率降低11%。

他们得出结论，人们坚持非剧烈身体活动，可以降低全因死亡率。研究发现，从久坐行为到活跃一些，就可以产生这个效果，而更高水平的身体活动或体育锻炼会有更多额外的好处。应该注意的是，与那些运动习惯已经符合体育活动指南的人相比，不活跃或不够活跃的人，将从较少的身体活动中获得更大的好处，从而更好地提高身体活动水平。

此外，剧烈身体活动和非剧烈身体活动都会降低死亡率。哈斯克尔（Haskell, 2012）得出结论，目前公认的是，除了日常活动外，每周至少进行150分钟中等强度身体活动的大多数人，显著降低了他们患各种慢性病的风险。沃里、拉维和布莱尔（Vuori, Lavie & Blair, 2013）得出结论，身体活动和体育锻炼在预防疾病、控制病情和康复训练方面具有巨大潜力。

穆尔等人（Moore et al., 2012）进行了一项研究，对收集来的大量数据展开了分析调查，发现无论从整体上，还是根据身体质量指数分组，都能确定40岁以后获得的寿命与各种身体活动水平相关。他们开展了6项前瞻性队列研究，研究了休闲时间身体活动与死亡率的关系，共有654 827人参与，年龄为21~90岁。适量的跑步或骑行对40岁以后延长的寿命产生了巨大的影响，如图1.3所示。

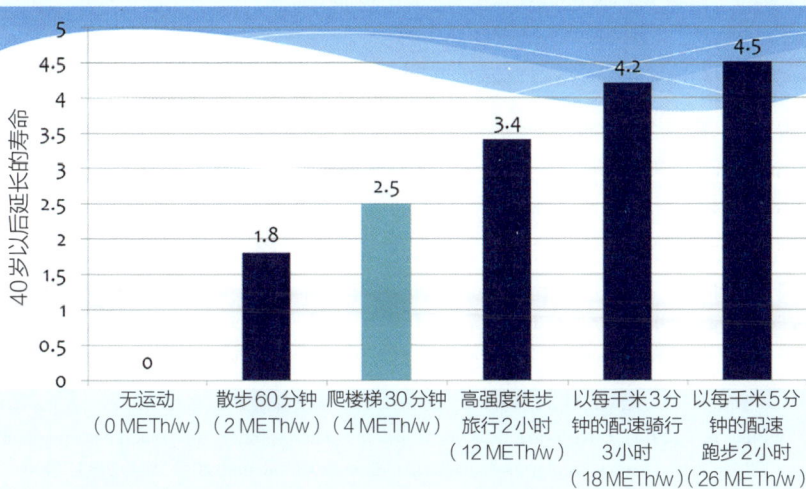

图1.3
40岁以后身体活动和延长寿命的量效关系（Moore et al., 2012）

1.6　结论

可以得出结论，身体活动和体育锻炼对健康都十分必要。总之，运动即良医！种种迹象表明，即使是少量锻炼（或者仅仅是身体活动）也有益于健康，但当人们增加运动强度时，也会收获更多的效果。当参与者健康水平更高时，运动带来的效果就会减弱一些。从行为学的角度来看，参与者应考虑低等或中等强度的身体活动或锻炼，因为与剧烈运动相比，更多的人对强度不大的运动接受度更高一些。

1.7　参考文献

- ACSM. ACSM's Guidelines for Exercise Testing and Prescription, 9th Edition. LWW, 2014.

- Blair, S.N. (2000). Benefits of physical activity and fitness in high risk populations. Presentation at congress "Nederland in beweging", Arnhem.

- Buckworth J., Dishman, R.K., O'Conner, P.J. & Tomporowski, P.D. (2013). Exercise Psychology, 2nd Edition. Human Kinetics, Champaign, USA.

- CDC (2000). Center for decease control.

- Derman (2017). Hand-outs presentation at FIBO South Africa.

- Dishman, R.K., Heath G.W., & Lee, I-M. (2013). Physical activity epidemiology. 2nd Edition. Human Kinetics Publishers, Champaign USA.

- Lavie, C.J., Johannsen, N., Swift, D., Sénéchal, M., Earnest, C., Church, T., Hutber, A., Sallis, R. and Blair, S.N. (2013). Exercise is Medicine: The Importance of Physical Activity, Exercise Training, Cardiorespiratory Fitness, and Obesity in the Prevention and Treatment of Type 2-Diabetes US Endocrinology, 2013; 9(2): 95−100.

- Lee, D.C, Sui, X., Artero, E.G., Lee, I.M., Church, T.S., McAuley, P.A., Stanford, F.C., Kohl, H.W., & Blair, S.N. (2011). Long-term effects of changes in cardiorespiratory fitness and body mass index on all-cause and cardiovascular disease mortality in men. Circulation. 2011; 124: 2483−2490.

- Moore. S.C., Patel, A.V., Matthews, C.E., Berrington de Gonzalez. A., Park, Y., Katki, H.A., Linet, M.S., Weiderpass, E., Visvanathan, K., Helzlsouer, K.J., Thun, M., Gapstur, S.M., Hartge, P., Lee, I.M. (2012). Leisure time physical activity of moderate to vigorous intensity and mortality: a large pooled cohort analysis. PLoS Med. 2012; 9(11): e1001335. doi: 10.1371/journal. pmed.1001335. Epub 2012 Nov 6.

- Ross, R., Blair, S.N., Arena, R., Church, T.S., Després, J.P., Franklin, B.A., Haskell, W.L., Kaminsky, L.A., Levine, B.D., Lavie, C.J., Myers, J., Niebauer, J., Sallis, R., Sawada, S.S., Sui, X. and Wisløff, U. (2016). Importance of Assessing Cardiorespiratory Fitness in Clinical Practice: A Case for Fitness as a Clinical Vital Sign. Circulation. 2016; 134: 00–00.

- World Health Organization. (2006). Constitution of the World Health Organization—Basic Documents, Forty-fifth edition, Supplement, October 2006.

- World Health Organization. The determinants of health. Geneva. Accessed 12 May 2011.

第2章
当前和未来推进体育活动发展的大型活动

克利夫·科林斯（Cliff Collins）

卢卡斯·德克莱尔（Lukas Declercq）

2.1　简介

显而易见，经常参与体育活动会带来很多益处，这不仅对个人有裨益，从更宏观的角度讲，对整个社会也有益处。尽管强有力的科学实证表明积极、健康的生活方式有益于人们的身心健康和社会福祉，但摆在我们眼前的事实是，欧洲坚持运动的人实际上越来越少。

为了促进体育活动，欧盟各成员国组织了大量不同类型的大型活动，合作制定了最佳的、价值达数十亿欧元的方案，但这些努力付诸东流，并没有改变人们活动水平下降的趋势。世界卫生组织欧洲办事处和欧盟委员会通力合作，在体育活动情况报告中回顾了上述措施。然而，也有论断称，尽管花费了数十亿欧元促进和支持基层体育没有达到参与度提升的预期效果，但至少减缓了下降趋势，没有让情况变得更糟糕。

引人注目的是，健身和积极休闲领域正在逆转运动参与度下降的趋势。2019欧洲健身和健康市场报告的数据显示，健身房会员增加了3.5%，与"经典"运动的参与度下降形成了鲜明对比。体育方面的专项欧洲晴雨表（Special Eurobarometer）调查报告显示，健身是欧盟民众参与度最高的体育活动。因此，谈及促进体育活动，健身和积极休闲领域有一席之地，在整个欧洲占据主导地位。通过各领域通力合作，产品和服务持续创新并日益多样化，体育活动会成为欧洲人生活方式的一部分，健身举足轻重，占据主导地位。

在本章中，我们首先查看欧盟体育活动水平的数据，其次了解旨在促进体育活动的当前措施的示例，最后详细了解在健康生活方式理念指导下的未来促进体育活动的措施。

2.2　体育活动水平数据

每隔4年，欧盟委员会发布运动和体育活动晴雨表调查报告，该报告基于针对28 000多名欧洲成年人的调研，内容包含欧盟及其成员国的体育活动水平的关键信息。最新的运动和体育活动晴雨表调查报告发布于2018年（见图2.1），结果显示，46%的欧洲人从来不锻炼或运动，这一比例与2014年的晴雨表调查报告相比，增加了4%。自从2010年以来，晴雨表调查报告中的这一比例不断上升。这让欧盟委员会非常失望，于是其下定决心采取更果断的想法和行动。

问题： 你锻炼或参与运动的频率是多久一次？（%，欧盟）

经常
7（-1）

从不
46（+4）

有时
33（=）

偶尔
14（-3）

图2.1
专项晴雨表调查报告关于运动和体育活动的数据

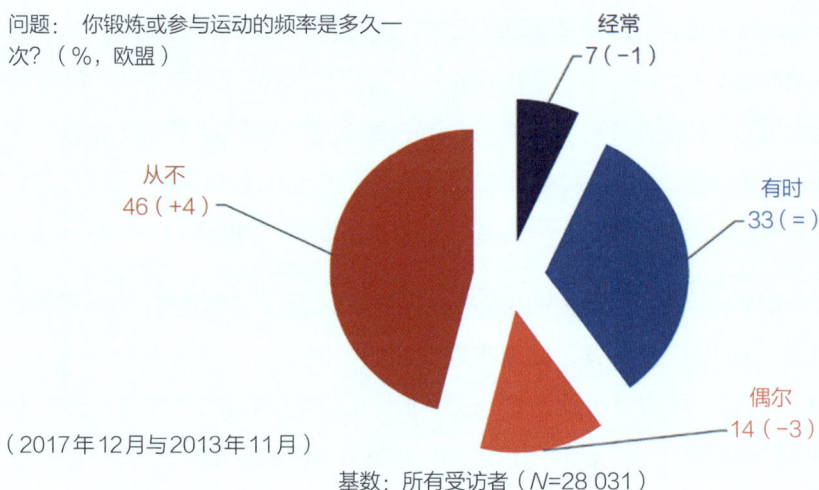

（2017年12月与2013年11月）

基数：所有受访者（N=28 031）

不参与体育活动的比例较高，且呈逐渐增加的趋势，直接导致欧洲慢性疾病发病率高，这让人忧心。这些慢性疾病不具备人传人的特征，所以又称为非传染性疾病。四大非传染性疾病是心血管疾病、2型糖尿病、癌症和慢性呼吸系统疾病。

为了提高人们对这一日益严重的问题的意识，现今，有时用"生活方式相关疾病"代替术语非传染性疾病，进一步直接将因果联系起来。

这些生活方式也与心理健康疾病紧密相关。在世界卫生组织2030可持续发展目标中，目标3.4是"到2030年，通过预防、治疗及促进身心健康，将非传染性疾病导致的过早死亡减少三分之一"。这从侧面证明了欧洲目前患有焦虑症和抑郁症的 8 000 多万人，可以通过简单地引导他们养成爱运动的生活方式从而获益。

身体不活跃和不良的健康影响，不仅对人类来说是一种消耗，还会带来直接的经济损失。2015 年，有一项研究发现，在整个欧盟，身体不活跃造成每年 804 亿欧元的经济损失。他们还预测到，如果不采取相应政策和措施，每年的经济损失将会增加至 1 250 亿欧元。

身体不活跃程度的上升，以及其对个人和社会的不利影响，共同促使欧盟做出了全面的应对措施。传统的应对措施是发起和举办大型活动，发展体育活动，更准确的名称是欧洲级别的 "Health-enhancing physical activity" 的大型活动。

2.3　促进欧洲体育活动的大型活动

欧盟委员会已经认识到，解决一直以来人们身体活跃度不高的问题，已经成为一项迫在眉睫的工作。于是欧盟委员会在欧洲范围内，发起了体育活动的大型推广活动，名为 "欧洲体育周（European Week of Sport）"。

"欧洲体育周" 每年都会举办，面向欧洲，旨在促进积极的生活方式，由欧盟委员会于 2015 年发起，时间是每年 9 月的最后一周。鉴于欧盟在拿出资金资助运动方面的能力有限，他们主要支持和帮助协调各成员国的行动和政策，因此 "欧洲体育周" 的可支配工具和资金也有限。举个例子，2017 年，欧盟委员会用于 "欧洲体育周" 的资金大约是 330 万欧元。

尽管资金有限，但是根据欧盟委员会的数据，这项活动的参与度迅速上升，参与人数从 2015 年的 500 万增加至 2017 年的 1 600 万。这些数据令人印象深刻，但这主要是由于 "欧洲体育周"（见图 2.2）吸纳了欧洲各个地方与各国的倡议。其中有一项全国性倡议——英国全民健身日的大型活动，由英国健身与健康协会（ukactive）组织并运营。这项大型活动是"欧洲体育周"中最成功的全国性倡议。2018年参与人数达400万，组织的活动超17 000场次。英国健身与健康协会举办的这场大型活动是"欧洲体育周"的重要支柱，显示出在健身和休闲领域，有足够大的潜力，能够激发人们参与。

虽然有人批评这个倡议缺乏长期的积极效果，但这项大型活动确实表明，围绕市场营销策略，通过共同的使命将人们联合起来，运用社交媒体，在社交媒体上打出"#BEACTIVE"的标签，就有可能让人们领会到一个简明扼要的信息，并对活动做出清晰的定义。

图2.2
"欧洲体育周"官方标识

有一个关键问题悬而未决："#BEACTIVE"这个大型活动，是否能够让更多人更积极、更频繁地参与？目前，这个问题没有答案，因此应当花费更多精力验证这些大型活动是否可以持续地提升人们参加体育活动的水平。由于这些运动的最终目标是促进积极的生活方式，所以欧盟委员会更加注重对这一目标的考量。这项任务并非易事，肯定需要额外的资金开展数据收集和分析，并且当前的一些措施可能无法达到预期或宣称的效果。

强有力的证据表明，有效促进体育活动的干预措施带来的长期益处，比额外投资更有价值。这有助于体育活动行业打造出更有说服力的案例，实现公共融资的增长性和可持续性，达到通过体育活动促进健康的生活方式这一头号优先目标。在"#BEACTIVE"这一项目中，欧洲健身与健康协会和其他的合作伙伴积极主动地做出了巨大的贡献。他们向那些不爱运动的人提供6周的结构性锻炼干预，接下来至关重要的是，干预结束后3~6个月中，追踪受试者们的活动水平，检验活动水平是否持续提升。这项活动由欧盟出资，是在欧洲健身与健康协会早期主办的PAHA（体育活动健康联盟）项目取得成功的基础上组织的大型活动项目。PAHA项目促进了老年人的体育活动，被欧盟委员会认定为一个成功的案例和良好的实践。

已经有证据表明，大量投入公共资金能够有效促进体育活动的发展。例如，在预防生活方式疾病的框架中，世界卫生组织确定了最具成本效益的干预措施，将其命名为"最佳选择"来对抗风险因素。对于体育活动来讲，最佳选择是：

"在社区层面开展体育活动公共教育和增强意识的活动，包含大量的媒体活动，结合其他基于社区的教育性、动员性和环境性项目，活动的目标是支持体育活动水平的行为改变。"

世界卫生组织宣称，当前对运动干预的投资，通常在10年内在世界各地会有2~3倍的回报。这说明了对于促进体育活动和积极的生活方式的大型活动，其附加投入具有合理性，例如"#BEACTIVE"大型活动，以及Erasmus+Programme的体育活动大型推广项目。

2.4　借鉴其他健康大型活动

体育活动的大型推广项目，并不是第一个或者唯一的旨在促进健康行为的重要活动。"每天5份"大型活动，倡议人们每天消耗5份果蔬，在增强人们健康意识上，是一个非常成功的大型活动。在英国，大约90%的人都知道"每天5份"的推荐饮食。

不幸的是，后来这个大型活动改变了食物的组合方式，却没有取得预期的效果。2003年开始启动的这个大型活动，在随后的3年里，虽然参加的成年人数量逐渐增加，然而比例仅仅达到26%，只比大型活动开始时多了2%。研究发现，这个大型活动的其中一个问题是，"每天5

份"推荐的饮食菜单有些混乱。

增强公众意识的活动不仅可以由政府单独牵头，也可以由各个行业驱动。例如，2017年发起的欧洲层面的"#FruitVeg4You"大型活动，由欧洲农民和水果蔬菜供应链的企业联合发起，也从侧面证明了这一点。这场大型活动的主要目标是"通过鼓励欧盟所有年龄段人群的水果蔬菜消费，提高对健康平衡饮食重要的认识"。欧洲健身与健康协会认识到了由具体体育活动行业发起的大型活动对于促进积极、健康的生活方式会起到非常好的效果，于是发起了"#LetsBEACTIVE"大型活动，在整个欧洲范围内，鼓励各个年龄阶段人群更加积极地参与体育活动。

公共卫生大型活动中，还有一个有意思的案例，即几十年来与吸烟的漫长斗争。科学实证、立法限制与增强民众意识这一套组合拳下来，尽管遭到了既得利益者的强烈反对，每一步都走得非常艰难，但烟民数量确实急剧下降。与吸烟的斗争还远未结束，但每当谈及吸烟时，人们的社会规范意识和行为发生了显著变化（见图2.3）。

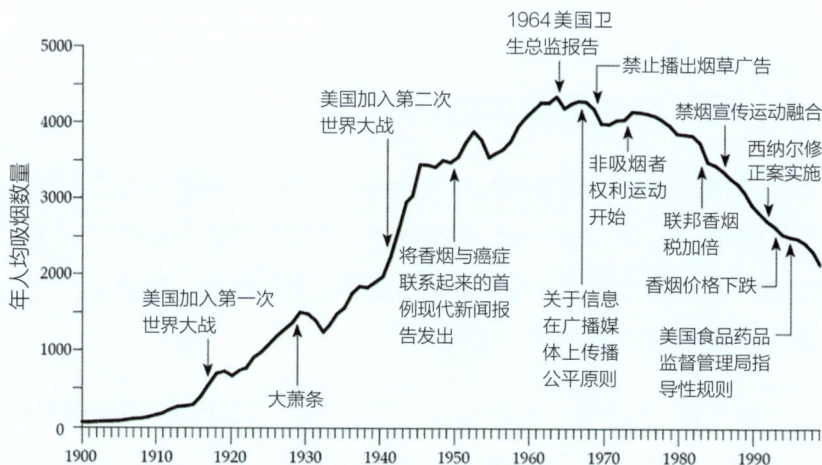

图2.3
美国1900—1999年成人年人均香烟消费以及主要吸烟和健康事件

这些健康大型活动策略的不同因素值得关注，以便评估它们在推广体育活动方面的适用性。

科学实证

谈及促进体育活动，已经有充分的科学实证表明体育活动的益处，正如本书第 1 章中的概述。众所周知，体育活动对人体健康有益，也有益于心理健康和社会福祉。体育活动能缓解抑郁症、焦虑症、孤独症和其他病症，证明了以这些主题为中心，推进体育活动发展的大型活动的额外投资具有合理性。我们有理由假设，引起不活跃水平提高的原因并非缺乏科学实证。

增强意识

说到增强意识，欧洲目前逐渐意识到了改善健康状况的体育活动的重要性。正如"欧洲体育周"调查报告显示的，欧盟最高层面的政策支持促进体育活动，而且数据表明，活动取得了初步成功。传递的消息很清晰，即"#BEACTIVE"，指导方针（即世界卫生组织在体育活动方面的建议）也很清晰，具体内容是建议在"欧洲体育周"内进行至少150 分钟的中等强度有氧运动或 75 分钟的高强度有氧运动。

此外，欧洲显然还将继续举办"欧洲体育周"大型活动，即将上任的欧盟青年与创新委员玛丽亚·加布里埃尔（Mariya Gabriel）收到了任务信，信中明确提到"欧洲体育周"还将继续举办。玛丽亚·加布里埃尔委员 2019 年 12 月上任，任期 5 年。这为健身和休闲活动领域的利益相关者提供了更加紧密参与的机会，他们可以利用现有框架融入自己的活动和策略。

立法

人们想通过增加体育活动，拥有更加健康的生活方式，但是仅仅在戒烟方面都难以采取积极的措施，其他方面可利用的方法和措施更是有限。换言之，最好用"胡萝卜"来鼓励和支持，而不是用"棍棒"。

打个比方，许多有趣的事是运用激励和技术让人们活跃起来。例如，应用程序里的奖励活动用到的数字货币可以兑换真实日常用品。有一项研究表明，这种方法可能更加有效，能够确保活动水平持续提升。

政策制定者和政治家有能力起草新的法律、修改现有的法规，以便达到预期的政策效果。这可能非常直接，例如强制司机和乘客系安全带，万一撞车能更好地保护司机和乘客。或者，这也可能更加间接，例如对含糖量高的饮料征收糖税，劝阻人们饮用高糖饮料。同样地，一些服务和产品已得到证实能促进体育活动，降低这些服务和产品的增值税税率也已成为可能。

2.5　推进体育活动发展的大型活动的前景

专注于预防

由于医疗预算达到不可持续的水平，欧洲的重心在今后几年必须从治疗转向预防。据推测，欧盟70%~80%的医疗预算将用于治疗慢性疾病，这意味着约7 000亿欧元投资到大部分可以预防的生活方式疾病。只要采取正确的预防计划，至少可以预防80%的心脏病、中风、糖尿病以及约40%的癌症。令人忧心的是，目前欧洲的医疗预算只有3%用于预防，直到现在才保证未来几十年内将加大预防投入。

健身和体育活动行业必须做好充分准备，与医疗服务相结合，向训练有素和技术熟练的工作人员提供相应的服务，以帮助他们在预防慢性病方面发挥关键作用。转诊计划就是一个成功案例，持证医疗人员可以为需要预防和治疗眼疾的患者开具运动处方。该计划已在瑞典获得成功，目前作为由欧洲保健方案资助的"EUPAP—A European Physical Actirity on Prescription"模板项目的最佳实践成果，在其他欧盟成员国推广。多年来，英国还实施了大量的运动转诊计划。

这些预防方案也有很强的社会因素。受教育程度低的欧洲人，包括许多有移民背景的人和难民，倾向于较少参与强身健体的体育活动。这不仅导致更多健康问题，而且没有发挥出体育活动作为包容性活动的潜能。为了解决这些健康不平等问题，要更广泛地提供额外资源，确保每个欧洲人都有可能保持身体活跃，了解保持活跃的益处。

合作途径

如前所述，以健身和户外休闲活动为核心的体育活动行业，在扭转欧洲体育活动水平下降的趋势方面有一席之地。该行业注册会员与参与度逐年增长，并展示了创新和利用新技术发展的能力。然而，体育活动行业的经营并非与世隔绝，与其他不同行业的伙伴开展合作至关重要。

为了让更多人更积极、更频繁地参与到体育活动中，应当把推广体育活动作为贯穿不同政策领域的金线。例如，从宏观层面改变城市设计，建造能够激发和推动人们变得活跃的基础设施。反过来，这可以与财政刺激和调整劳动者法规相结合，引导人们在通勤时，也能参与体育活动。更具体的方法是，参与健身和体育活动的人能够与雇主合作，创造更加活跃的工作场所，提高活动水平，解决久坐的生活方式问题，促进整体生产率的提升。

2018 年，世界卫生组织发起了一项关于体育活动的全球行动计划，名为 "Let's Be Active"。这项活动计划坚定地以基于系统的方式推进，要求跨政府和跨行业领域的分工合作，社会的参与度同样意义非凡。就像气候变化一样，人们不爱参加体育活动，也应当被视为一种紧急状况，需要采取相应措施，这也是政府、个人、社会和私人业务都需要进行投入的产业。只有携手合作，不断上涨的不爱运动数据才能转变成体育活动水平不断提升的成就。

"欧洲体育周"将向在欧洲范围内推广体育活动提供
强有力的保障以及日益增长的群众基础

2.6   结论

随着热爱运动、选择积极的健康生活方式的欧洲人逐年减少，果断地采取措施推广体育活动变得如此迫切。正如本章概述的，在预防计划中纳入对体育活动的投资，将会给个人、社会和经济带来巨大回报。我们应该加大对于促进体育活动发展的大型活动的投资力度，进一步建立基于运动有效性的实证，保证公共财政投资效益最大化。

在未来几年，"欧洲体育周"仍将是欧盟委员会促进体育活动的主要大型活动，将会为在欧洲范围内推广体育活动提供强有力的保障以及日益增长的群众基础，让所有体育活动的利益相关者都能够拥有参与其中的机会。

健身和活跃的休闲行业也要与其他行业和利益相关者紧密合作，主动探索模式的转变，使体育活动从广义的角度看，成为需要全社会各行各业来进行消费的行业。这需要全社会各领域鼎力相助，让体育活动成为"欧洲生活方式"不可或缺的一部分。下一次运动和体育活动专项晴雨表调查报告预计将于2022年发布，这将会成为衡量欧洲体育运动发展取得什么样的进步的重要指标。

2.7   参考文献

- Cebr, ISCA, The economic cost of physical inactivity in Europe, 2015.

- C. Rooney et al., How much is "5-a-day"? A qualitative investigation into consumer understanding of fruit and vegetable intake guidelines, June 2016.

- EPHA, ECDA, NCD alliance, Towards an EU Strategic Framework for the Prevention of Non-communicable Diseases (NCDs), May 2019.

- European Commission, Health Inequalities: dietary and physical activity-related determinants.

- European Commission, Special Eurobarometer 472 sport and physical activity, 2018.

- European Commission, Evaluation study on the implementation of the European Week of Sport, final report, 2019.

- Health survey, fruit and vegetables, 2017.

- Promoting Physical Activity for Healthy Ageing (PAHA).

- The World Health Organisation, Saving lives, spending less: a strategic response to non-communicable diseases, 2018.

- The World Health Organisation, physical activity factsheets for the 28 European union member states of the WHO European region, Overview 2018.

- The World Health Organisation, Fact sheet: Mental Health, 2019.

- The World Health Organisation, Progress and achievements in 2017 of the WHO European Office for the Prevention and Control of Non-communicable Diseases, 2017.

- University of Warwick, Unfit people are more physically active because of Sweatcoin the app that pays you to walk, 2019.

- U.S. Department of Health and Human Services. Reducing Tobacco Use: A Report of the Surgeon General, 2000, p 29–51.

第 3 章

当前和未来的企业健康规划

尼尔斯·内格尔（Niels Nagel）

3.1　简介

为了寻找新的市场，建立新的商业模式，健身行业正在开发越来越多的以健康为本的产品，旨在将其投放于企业健康市场。因此，企业致力于改善员工健康状况，从而达到提升业绩的目的，这些产品恰好能满足企业的需求。有充分的证据表明，喜欢运动的员工更健康，工作缺勤率更低。拜克等人（Baicker et al., 2010）在一项关键的元分析中发现，医疗成本降低之后，企业健康规划的投资回报率为 1∶3.27，而通过降低缺勤率，也会有 1∶2.73 的投资回报率。

企业健康规划也是一种策略，在技术工种短缺时，这种策略让企业将自己包装成有吸引力的雇主，从而吸引员工加入。因此，这一系列干预措施非常有吸引力，能降低成本，还可以积极地向外界推销企业。雇主面临着的挑战是，如何实现能够满足未来世界里和复杂的职场要求的规划。我们不仅要让喜欢运动的员工接触这些项目，也要激励不太喜欢运动的员工参与其中。

本章旨在解答，健身行业在未来所能提供的产品将会如何发展，从而能够在企业健康规划的框架内，成为员工获得身心健康、提升工作业绩的一部分。

3.2　寻求企业健康规划的概念框架

在科学文献中，无论从法律、健康或商业哪个角度来看，"企业健康"或"企业健康规划"都没有明确的定义（Mujtaba & Cavico, 2013）。"企业"一词表明，这种规划也隶属于雇佣关系的一部分。这是为了同纯粹的"企业对消费者业务"区分开来。通常落实一项规划都有特定的目的。例如，参加减肥项目的人的目的就是减肥。我们应将健康项目与无限制的休闲活动区分开来。"幸福"意义上的"健康"是一个多维度的概念。

在本章中，它是指一个人的整个身体、心理状态、精神状况和可获得的社会福祉都与高品质的生活相结合。因此，我们可以将企业健康规划理解为，职场中旨在赋予员工整体福祉的干预措施。

参与企业健康规划的每个人都期望得到些什么，但他们必须先学会付出，如图 3.1 所示。为了评估企业健康部门的未来市场，我们必须分析雇主需要什么、雇员需要什么，以及各方付出后究竟有何益处。

图3.1
企业健康规划的三角关系（来源：自我研究）

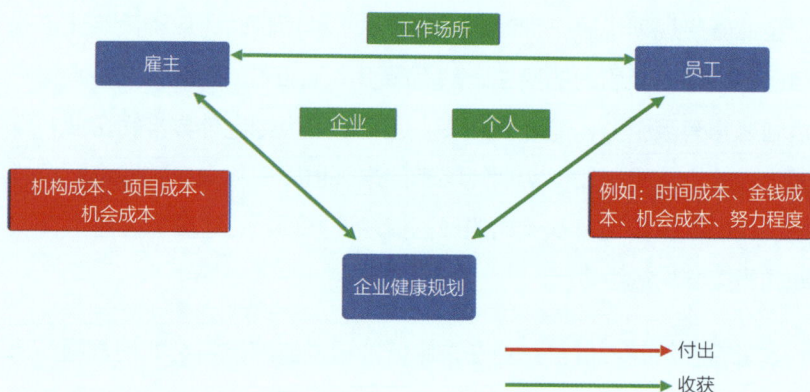

3.3　工作环境的发展

几个世纪以来，随着技术革新、员工增多、国家繁荣，工作环境日新月异。自 18 世纪末工业社会初期引入第一批服务机构以来，最初是大规模生产引起了这些变化，而 19 世纪初以来，人们建立福祉制度，维护工人权利，从而使服务机构得以巩固（Bundesministerium für Arbeit und Soziales, 2019）。数字化技术无疑会对今天的世界变革造成影响。

社会和经济的数字化进程加快，促进了国家市场开放共通，增加了企业间的竞争压力。人们即使还不清楚具体要如何在工业4.0时代的工作环境中工作，也可以假设世界已经发生了剧烈的、破坏性的变化。

数字化技术的变革和经济方向的数字化转型，都对员工造成了极其多样的影响。数字化技术有可能实现让机器来完成工作，而不是人类亲自去做。全球37%的员工将数字化技术带来的机器自动化视为可能使自己失业的威胁（PWC, 2018）。然而，创新也有可能创造出未知的就业机会。很有可能的是，员工只有在其职业生涯期间才会有资格从事这些工作。因此，员工需要提高主动性，通过坚持终身学习来提升自己的能力，从而让自己的职业生涯能够持续。

全球数字化意味着许多项目可以在多个地点同时进行，或通过错开时间段进行。因为时差的关系，可以在每天不同的时间，对身处欧洲、亚洲，以及北美洲地区的人们，分别发起同样的健身与体育活动项目。协调管理和联络对接的业务需求，需要员工在不同的工作时间和工作地点完成工作，这也需要他们具备跨文化的沟通能力，掌握语言技巧。员工们承担着创新技术带来的压力，不太可能一直在公司内部各部门工作，而更可能会在因项目而临时组成的团队中工作。不断与新同事接触会给员工带来压力和负担。借助一些平台，员工之间以及员工和雇主之间的合作将越来越多。例如，这些平台可以是交流平台、实习平台或群众工作平台。这些平台促进员工保持社交联系，分销产品和服务，或负责安置员工，协调员工之间的关系（Bundesministerium für Arbeit und Soziales, 2017）。

工业化社会4.0时代飞速发展、创新成本不足又面临巨大压力，加上劳动力需求难以估算，这都将导致雇佣关系发生变化。对高质量技术工种的需求不断波动，可能会形成更加特殊的雇佣关系。员工可以而且将会有能力从事兼职工作并能维持生计，而雇主也会相应降低固定劳动力成本。消极后果是，所谓的雇主–员工关系可能会摇摇欲坠。

有些关于雇佣关系的规定既不长久也不持续，这意味着劳动法对员工几乎没有起到保护作用。当然，雇佣关系不够稳定造成的不确定性，也会影响到这些员工的购买行为。

工业4.0时代和大数据将通过在互联网中游走实现数字化管理。员工受监控程度也许会增加，可能不局限于工作时间，还会包括影响工作业绩的所有行为，如健康和休闲行为。工业4.0时代面临的另一个巨大挑战是欧洲的人口发展。因为欧洲生育率较低，所以预计在2050年，中位年龄将从目前的42.5岁上升到50.6岁（UN DESA，2019）。社会老龄化会引发更多年龄相关疾病和生活方式相关疾病。对德国来说，这种人口发展意味着从2015年到2030年，德国的员工将减少600多万（Institut für Arbeitsmarkt- und Berufsforschung, 2017）。这一数字或许可以说明，经济上即将展开"人才战争"。

全球经济结构和整个社会，都受到了文化变革的深刻影响。这种文化变革会影响到员工个体和他的微观世界，如对待家庭的态度。男性和女性对自己所扮演的角色都有新的理解，他们希望工作平等，共同承担养家责任（Bundesministerium für Arbeit und Soziales, 2017）。如何管理上班时间、家庭时间和闲暇时间，让人们对掌控时间产生了强烈的需求。特别是与老一代相比，X一代和Y一代的价值观发生了变化，这种变化的特点是需求多元化。（"X一代"指出生于20世纪60年代中期至70年代末的一代人，"Y一代"指1983年到2000年出生的人。）

尽管诸如提高业绩和促进个人发展等更传统的价值观仍然存在，但X一代和Y一代仍想要平衡好生活和工作，减少顾虑，渴望加入强大的团结社群，完成自我实现。在经济发展的大背景下，价值观的变化隐藏着一定的冲突隐患。雇主总是期望更加灵活地利用时间，这往往与家庭生活不受时间制约的理想相悖。此外，商业活动愈加流行也表明了员工似乎越来越愿意打破工作时间和闲暇时间之间的界限，这样工作也可以在闲暇时间进行。图3.2总结了工业4.0时代的主要驱动因素。

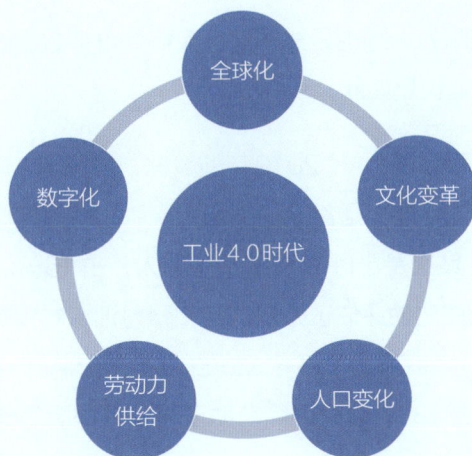

图3.2
工业4.0时代的主要驱动因素
（源自：Bundesm-
inisterium für
Arbeit und Sozia-
les, 2017）

3.4　雇主实施企业健康规划

卡斯平等人（Kaspin et al., 2013）确定了成功实施企业健康规划的指导方针。首先，企业文化不仅要致力于提高健康开销花费，也要改善员工的生活质量。因此，员工和管理人员不仅要积极参与这些规划，而且要全面改善他们的健康行为。企业健康规划的介绍应简单明了，调整以适应员工不断变化的需求。像健身行业这种外部合作伙伴，可以在项目实施阶段提供各方面的支持。从活动规划中获得的知识也应用于改善健康状况。在企业健康规划中，员工可以使用健身行业提供的技术，如自我分析（活动追踪、测量压力或监测睡眠质量）来培养健康意识或拟定学习计划，从而促进健康知识为更多人所了解。

健身是企业健康的一部分

力量训练和耐力训练对降低高血压（Cornelissen & Smart, 2013）、糖尿病（Niebauer & Steidle, 2011）、肥胖（Wirth, 2008）等活跃度

低导致的相关疾病的患病率起到了非常积极的作用，这一点在科学文献中有完善的记录。

力量训练和耐力训练也是成功治疗疾病、维持效果的重要因素，哪怕是对于治疗癌症也是如此。

根据德国保险公司DAK 2019年的数据，在德国，患肌肉骨骼疾病是导致人们丧失工作能力最常见的原因，患肌肉骨骼疾病的人占总失业人数的20.9%；其次是患呼吸系统疾病的人，占16%；患精神疾病的占15.2%。人们成功地评估了力量训练和耐力训练对预防疾病和治疗疾病产生的效果（Wessinghage & Morsch, 2015; Aigner et al., 2006; Weigelt et al., 2013）。健身训练有助于恢复并提高工作能力，降低因病缺勤的概率。

力量训练和耐力训练也能改善人们的各种认知功能（Colcombe et al., 2003; Hillman et al., 2008; Hey et al., 2012）。维持和开发大脑的执行功能对于人们应对复杂的认知需求非常重要（Kubesch, 2005）。执行功能的重要组成部分是工作记忆，"它能主动储存与任务相关的信息，防止人们反应不及时"（Kubesch, 2005）。

另外一个要素是保持注意力集中的同时仍然能在任务之间灵活切换的能力。从工业4.0时代的需求来看，执行功能对于工作的重要性是显而易见的。员工必须有能力专注于快速高效地处理掉一个项目，即使收到电子邮件和短信时注意力会分散。人们通常不是将项目排好序按序处理，而是并行解决。

如上所述，适度的体育锻炼可以提高工作业绩。然而，还应指出的一点是，体育锻炼造成的高强度压力反而会导致工作业绩下降（Brisswalter, 2002）。过度训练容易使人们患上抑郁症状，而这些症状又会减弱大脑的执行功能（Konrad et al., 2015）。这就清楚表明，以健康为导向的锻炼项目旨在提高工作业绩，而不应该只是为了锻炼而锻炼。在理想情况下，身体活动和来自工作、生活情况的复杂压力还应与为完全重新振作所开展的活动相协调。

过度训练会危及健康。例如，尽管在体育运动中心脏病发作是概率相当小的事件，但避免媒体带来的负面影响也很重要（Totzeck & Predel, 2012）。

为了将训练造成意外的可能性降到最低，运动学科专家、治疗专家或企业医疗服务机构应将诊断措施纳入企业健康规划。当前社会数字化的背景产生了一个问题：健身应用程序是否能帮助企业健康规划吸引新的目标群体接受训练？健身应用程序尽管是一个较新的市场，但是它在目标市场中的新用户增长速度，很难比成熟市场中的健身俱乐部新会员增加的速度更快。健身应用程序平均普及率目前为11.2%（2018年为10.3%），预计将在2023年增至12.7%。人们对其越来越熟知这一现象，是由会员资格取消率过高所致，还是新用户对其兴趣下降引起，还有待观察。

数字化健身训练项目通过表扬或奖金奖励等及时反馈和外部激励机制来激励学员。表扬并认可学员的表现可以培养他们积极地训练的动机。此外，许多健身应用程序都提供体验虚拟社区的机会。这些功能是一把双刃剑。一方面，它们让初学者在软件中也可以建立社交关系，而不必在群体中暴露自己缺乏运动的事实。另一方面，群体对个体施压，可以让他们突破健康锻炼的限制。所谓的外部激励也暗示了一个基本原则：训练越多，效果越好。这种训练原则不属于成熟的训练科学。

有多少健身应用程序是真的以健康为本？奈特等人（Knight et al., 2015）指出，在iTunes或Google Play上购买的健身应用程序很少能提供成熟的身体活动方面的建议。因此，作为企业健康规划的一部分，企业应该与经验丰富的健身专家建立合作关系。

企业健康为员工"戒掉数字毒瘾"提供了空间。工作时间和休闲时间都离不开电子设备的现象，导致了这样一个事实：人与人之间面对面的接触几乎不再发生。人们沉溺于虚拟世界，反而忽略了现实生活。

将数据和事实与基准进行比较，虚拟通信创造了一种自我关系，还引发了数字孤独症的出现（Horch-Strathern, 2019）。数字化所带来的工作环境的波动使得人们难以培养正念观念，而这种观念对于人们平衡工作和生活非常重要。

正念指的是活在当下，强调没有目的地做事，不妄下判断（Heiden-reich & Michalak, 2006）。霍希-斯特拉森（Horch-Strathern, 2019）参照摆脱数字孤独症的方式，构建了共振运动的模型，并认为这种方式在未来是大势所趋。人们通过共振运动让身体、环境和直觉之间产生互联共通。因此，他们和自己沟通，也和他人沟通。人们参加瑜伽课程，可以感受自然，也可以体验社群生活，个人通过体验社群生活收获更多可能就是一个实际的例子。在这种情况下，健身行业当然有机会开发新的产品。

3.5 通过企业健康获得更多成功：对健身行业的启示

认知清晰、努力进取的员工面对雇主积极向上，是企业取得成功的坚实基石。力量训练和耐力训练是人们一生中保持健康、工作高效和生活满足的基础。健康导向的方案提高了员工潜在的精力和体力。因此，健身行业有很大的机会在未来成功地建立企业健康规划。总之，健身行业应考虑以下几点建议。

在时间、空间和心情方面灵活利用相关产品

员工可以通过数字化在线通信系统与企业随时保持联系，因此企业中预约运动的人数将会大大增加。即使定期预约运动合规合理，员工也应该能够在时间和地点允许的情况下进行体育锻炼。人们有机会在任何

地方训练，甚至可以在商务旅行途中进行训练。人们越来越难以规划自己的职业生涯和私人生活，所以他们不应该受一家企业的长期合同所束缚。健身俱乐部应该为用户提供服务，而不是反过来让用户追逐俱乐部的脚步。内部激励形式的有趣之处在于，它是能够建立训练合规准则的重要因素。员工可以自主选择服务，也可以随时选择其他的服务，这些措施都能促进内部激励的发展。

考虑生活社群和整个社会发生的变化

员工越来越需要思考如何平衡工作与生活。与此同时，越来越多的生活伴侣要求在家庭和生活社群中分配彼此扮演的角色，使双方都能同时承担家庭责任和工作责任。因此，他们也应该有平等的权利参与企业健康规划。因此，现代企业健康规划应该为另一半提供机会，给员工的家庭成员提供服务甚至可以让他们拥有健康方面的共同体验。还应指出的是，企业一直在促进劳动力国际化。当代企业健康规划应该已经有了几种语言版本。

数字健康服务支持

现代企业健康规划应充分利用数字化技术。员工利用数字化来更高效地享受服务。理想情况下，这些项目可以提供与企业内部通信工具的接口。数字化追踪和大数据的生成可以对员工展开充分评估。企业中负责管理企业健康的领导做出评估报告，有助于提升管理质量。企业健康规划的质量管理，包括用户对项目的接受程度、收获效果、流程优化、与参与者的沟通程度以及外部合作伙伴的参与。

可以通过数字化训练项目，在曾拒绝过非数字化项目的员工中激活新的目标群体。训练设备体系的数字化有助于员工在多中心设施或供应商网络中进行训练。因为数字化健康项目相对简单，延展性高，企业健康领域的利益相关各方都对其有极大的兴趣。然而有人指出，资深专家必须监测数字化项目的使用，并处理关键问题。这些专家和项目本身都是健身项目能安全、高效进行的重要影响因素。

1. 网络合作
2. 以质为本的数字化计划
3. 合格的员工
4. 对健康产品活动的高参与度四项均为关键因素

与外部伙伴合作

当今，企业健康管理是一种极其复杂的战略和工具体系。企业健康管理综合了经济学、心理学、社会学、医学和体育科学等领域丰富的知识和经验。

人们对企业健康管理抱有很高的期待，也对它要求甚多，所以创新面临着很大的压力，供应商一直在争取各方认可。健身行业应该开诚布公，与本行业内外的合作伙伴进行合作。由业主经营的健身俱乐部尤其应认识到社区带来的增值才能吸引更多的大公司。健身俱乐部同健康保险公司、医疗专家和专业咨询公司的合作为交叉销售和交叉营销提供了空间。

健身中介机构提供助力

推行企业健康项目可能会让健身俱乐部发现商机。已经有57%的跨国公司为员工提供健康项目（Deloitte，2019）。在欧洲，企业提供健康项目主要是为了提高员工敬业度，提升员工士气。在员工减轻压力之后，激活员工和加强锻炼属于次级重要的类别（Deloitte，2019）。

尽管如此，发展健身俱乐部还是有很多阻碍。从销售的角度来看：其一是销售人员盈利能力不高，他们只专注于企业健康业务这一个项目；其二是很难提出真正基于需求的报价；其三是所有公司往往都复杂多变（Deloitte，2019）。为了在经济上取得可持续的胜利，健身俱乐部需要学习专业的知识，常驻在每一次有关的交易会和每一个交易平台上，同时建立相关决策者网络。经验表明，决策者做决定的速度非常慢，从第一次接触到成功签约可能需要一年多的时间。

健身中介机构没有属于自己的训练设施。他们用截然不同的训练方案获得利益，这些方案大多从健身俱乐部获得。在"企业对企业业务"市场中，健身中介机构专注于难以打交道的企业，并承担管理和沟通任务。因此，他们为企业提供比会员费用更低的价格，同健身俱乐部建立合作，从中获益。

人力资源部门更愿意同健身中介机构合作，这不仅是因为较低的价格会吸引员工和企业，还因为健身中介机构的服务设计优质灵活，覆盖项目全面，还可以利用数字化平台评估效果（Deloitte，2019）。这些健身中介机构重点明确，还有足够的经济支持，所以他们在企业健康市场的营销和沟通方面取得了非常引人注目的成功。因此，健身俱乐部应该对合作的可能性进行分析和评估，并考虑好一切后果。

健身俱乐部与企业健康规划之间的社会纽带

健身俱乐部不仅应提供遍及全国的、非常灵活的训练设施，还应该把自己定位成一个优质的社交场所。首先要让健身俱乐部的员工和健身人员之间建立友好的人际关系。团队训练为员工提供了更多和同事接触和交流的机会，这种训练可以在其中建立一种纽带，培养员工对雇主的忠诚度。

总而言之，体育运动因其项目化而愈加有吸引力。被动运动领域有电子竞技项目，而主动运动项目可以由企业经营或设计，如"铁人三项挑战赛"或"最强泥人国际障碍挑战"。重点不是个人独自参与，而是团体经历、组合运动以及庆祝活动。健身行业也可以循着这一趋势为企业提供专业的企业健康规划，从而进一步受益。

3.6　结论

企业健康规划市场的发展如何，与健身行业未来的市场发展息息相关。在这里，新的目标群体可以利用现有的优惠，各种新产品和新服务伴随着具体利益，可以开辟出新的销售市场。然而，工业4.0时代模型也表明工作环境正在发生剧烈变化。因此，健身行业能否成功还取决于人们能否适应未来的工作中的变化。在企业健康领域中取得成功有一些关键因素，其中包括网络合作、以质为本的数字化技术发展、合格的员工以及对健康产品活动的高参与度。

3.7　参考文献

- Aigner, K., Haber, P., Lichtenschopf, A.; Trinker, M. & Zwick., H. (2006). Richtlinien für die Pneumologische Rehabilitation (Stand 5.12.2005). Wiener Klinische Wochenschrift, 118–496.

- Brisswalter, J., Collardeau, M. & René, A. (2002). Sports Medicine, 32–555.

- Bundesministerium für Arbeit und Soziales (2017). White Paper Work 4.0.

- Bundesministerium für Arbeit und Soziales (2019). Arbeit 4.0.

- Baicker, K., Cutler D. & Song, Z. (2010). Workplace Wellness Programs Can Generate Savings. Health Affairs, 29:2, 304–311.

- Colcombe, S. J., Erickson K. J., Raz, N., Webb, A. G., Cohen, N. J., Mc Auley, E. & Kramer, A. F. (2003). Aerobic fitness reduces brain tissue loss in aging humans. The journal of gerontology, 58(2), pp.176–180.

- Cornelissen, V. A & Smart, N. A. (2013). Original Research-Hyper-tension: Exercise Training for Blood Pressure: A Systematic Review and Meta analysis. Journal of the American Heart Association.

- DAK. (2019). Anteile der zehn wichtigsten Krankheitsarten an den Arbeitsunfähigkeitstagen in Deutschland in den Jahren 2012 bis 2018 [Graph]. In Statista.

- Deloitte (2019). The Corporate wellness Segment. A view into potential opportunities and challenges for the market. Deloitte Advisory S.L.: Madrid.

- EuropeActive/Deloitte (2019). European health and fitness market report. Brussels.

- Heidenreich, T. & Michalak, J. (2006). Achtsamkeit und Akzeptanz als Prinzipien in der Psycho-therapie. Psychotherapie im Dialog; 7(3): pp.235–240.

- Hey, S., Löffler, S.N., Walter, K., Grund, A., König, N.E.W., Bös., K. (2012). Kurzzeitige aktive und passive Regenerationspausen. Akute Effekte auf Arbeitsgedächtnis, Aufmerksamkeit und Befindlichkeit. Springer Verlag.

- Hillman, C. H., Erickson, K. L. & Kramer A. F. (2008). Be smart, exercise your heart: exercise effects on brain and cognition. Nature Revue Neuroscience, 9(1), 58–65.

- Horch-Strathern, O. (2019). Mind Sports. Mit der Bewegung aus der inneren Isolation.

- Institut für Arbeitsmarkt- und Berufsforschung. (2017). Prognose zur Entwicklung des Arbeits-räfteangebots in Deutschland von 2015 bis 2060 (in 1.000 Personen) [Graph]. In Statista.

- Kaspin, L. C., Gorman, K. M. & Miller, R. M. (2013). Population Health Management.

- Konrad, C., Losekam, S. & Zavorotnyy, M. (2015). Cognitive deficits in unipolar major depression. Nervenarzt; 86–99.

- Knight E., Stuckey M. I., Prapavessis H., Petrella R. J. (2015). Public Health Guidelines for Physical Activity: Is There an App for That? A Review of Android and Apple App Stores JMIR Mhealth Uhealth, 3(2).

- Kubesch, S. (2005). Das bewegte Gehirn. Exekutive Funktionen und körperliche Aktivität.

- Mujtaba, B. G., & Cavico, F. J. (2013). Corporate wellness programs: implementation challenges in the modern American workplace. International journal of health policy and management, 1(3), 193–199.

- Niebauer, J. & Steidle, E. (2011). Kardiovaskulärer Nutzen von körperlichem Training bei Diabetes mellitus Typ 2. Der Diabetologe, 7 (2), pp.21–26.

- PWC (2018). Will robots really steal our jobs? An international analysis of the potential longterm impact of automation.

- Totzeck, M. & Predel, H.-G. (2012): Sport und Herz-aktuelle Aspekte. In: Deutsche medizinische Wochenschrift, 137 (49), S. 2563–2566.

- UN DESA (Population Division) (2019). Altersmedian der Bevölkerung in Europa von 1990 bis 2020 und Prognosen bis 2100 (in Jahren)[*] [Graph]. In Statista.

- Weigelt M., Berwinkel A., Steggemann Y. et al. (2013). Sport und psychische Gesundheit-Ein Überblick und Empfehlungen für die Sport-und Bewegungstherapie mit depressiven Patienten. LSB, 54, pp. 65–89.

- Wessinghage, T. & Morsch, A. (2015). Muskel-Skelett-Erkrankungen: Bedeutung von Bewegungsmangel und sportlicher Aktivität. Public Health Forum, pp.21–22.

- Wirth A., (2008). Internistische Therapie des extrem adipösen Typ-2-Diabetes-Patienten. Diabetologe, 4, pp.272–277.

第4章

体育活动和锻炼的经济学视角

克里斯托夫·布鲁尔（Christoph Breuer）

瑟伦·达尔迈尔（Sören Dallmeyer）

4.1　简介

如今，体育运动对健康的积极影响是毋庸置疑的。大量的实证研究证明，它对许多人群（如患有慢性疾病或超重人群）的健康状况都有好处。当代的研究进一步证明了有规律的锻炼和人们的整体健康之间的积极关系（Fox, 1999; Strohle, 2009）。同时，缺乏运动也被认为是世界范围内第四大死亡原因（Ezzati, Lopez, Rodgers, & Murray, 2004）。

本章将对受体育运动影响最普遍的健康问题，包括国家卫生保健系统所需的费用进行概述，随后从微观和宏观经济角度对体育运动的具体经济影响进行评估。

4.2　经济影响

过去，据统计，与经常进行体育运动的人相比，不经常进行体育运动的人在医院中的天数平均要多出38%，就诊次数平均要多出5.5%，获得专业医疗服务的次数多出13%，接触护士次数多出12%（Jones, Weiler, Hutchings, et al., 2011）。对医疗支持需求的增加可能是由于缺乏体育运动而产生的不同的负面健康影响。重要的是，体育运动对非传染性疾病（心血管疾病、2型糖尿病、癌症和慢性呼吸系统疾病）有非常积极的作用，这些疾病是全球主要的死亡原因，63%的死亡与非传染性疾病有关（WHO, 2018）。

根据经济合作与发展组织（OECD, 2018）的数据，四大非传染性疾病给欧盟经济体造成的损失占国内生产总值（GDP）的0.8%，这还没有考虑到因人们的健康问题导致的生产率下降所造成的间接健康成本。此外，先前的研究也将不运动与肥胖关联起来。在大多数发达国家，人们体重超标，进行的体育运动较少。这就是为什么这一趋势被认为是一种全球流行病（Caballero, 2007）。

体育运动与某些行为模式的改变，被认为是对抗肥胖最有效的策略之一。研究表明，持续的体育锻炼和饮食相结合，对儿童和成人都是一种有益的治疗方法（Astrup, 2001; Epstein Coleman & Myers, 1996）。此外，体育运动被认为是预防肥胖的一个有效的工具（Reilly et al., 2006）。甚至有证据表明，适量的体育运动可以降低肥胖的遗传概率（Karri & Jaakko, 2010）。目前，肥胖不仅对个人健康构成威胁，而且还导致世界各国医疗系统的费用增加。以2010年为例，在美国与肥胖相关的医疗成本估计达到3 158亿美元（Cawley et al., 2015）。穆勒-里门施奈德、莱因霍尔德、贝格赫费尔和维利希等人（Müller-Riemenschneider, Reinhold, Berghöfer & Willich, 2008）收集了797份关于肥胖对经济影响的出版物的结果。他们总共调查了10个西欧国家，调查结果显示，经济负担占各自国内生产总值的0.09%~0.61%。与肥胖相关的消费成本最高的是德国，为104亿欧元（Fry & Finley, 2005）。

定期锻炼的积极作用不局限于身体上的好处。相反，同样有人认为，经常进行体育运动的人精神上更稳定，心理上也更健康。因此，以前的研究已经证明了体育运动可以减轻焦虑症（Dunn, Trivedi & O'Neal, 2001），即如果一个人进行体育运动，患抑郁症的概率就不会那么高（Morris, Steinberg, Sykes & Salmon, 1990; Weyer, 1992）。此外，即使是抑郁症的症状，也可以通过定期锻炼而得到减轻（Dimeo, Bauer, Varahram, Proest & Halter, 2001）。研究表明，进行体育运动的人总体上比不进行体育运动的人更快乐。显然，心理疾病也消耗了国家医疗保健系统的巨额费用。

先前的研究表明，患有抑郁症或焦虑症的人，比没有这些疾病的患者为医疗系统带来了更高的成本（Simon, Ormel, VonKorff & Barlow, 1995; Welch, Czerwinski, Ghimire & Bertsimas, 2009）。索博茨基、约恩森、昂斯特和伦贝里（Sobocki, Jönson, Angst & Rehnberg, 2006）试图根据流行病学和经济证据估计在欧洲抑郁症造成的总成本。

他们的研究结果表明，在28个国家中，有2 100万人受到影响，2004年产生的费用约为1 180亿欧元。

除上述疾病外，体育运动被认为对癌症预防（Friedenreich & Orenstein, 2002）、儿童认知和学习成绩（Shephard, 1997; Sibley & Etnier, 2003）与冠心病（Berlin & Colditz, 1990）有积极作用。表4.1概述了对体育运动最常见健康结果的现有证据的系统性审查。

健康结果	文献综述
心血管疾病	Wannamethee & Shaper (2001)
缺血性心脏病	Batty (2002)
中风	Lee, Folsom & Blair (2003), Wendel-Vos et al. (2004)
高血压	Diaz & Shimbo (2013)
2型糖尿病	Jeon, Lokken, Hu & van Dam (2007)
癌症	
结肠癌	Quadrilatero & Hoffmann-Goetz (2003)
乳腺癌	Monninkhof et al. (2007)
直肠癌	Spence, Heesch & Brown (2009)
前列腺癌	Friedenreich & Thune (2001)
慢性呼吸道疾病	
哮喘	Eijkemans et al. (2012), Cindy et al. (2012)
肥胖	
抑郁症	Teychenne, Ball & Salmo (2008), Dunn, Trivedi & O' Neal (2001)

表4.1
受体育运动影响的疾病的成本贡献实证结果

4.3 通过体育运动降低健康成本的实证结果：微观经济学视角

人们运用微观经济学的观点，重点研究了参与体育运动对个人健康成本的影响。通常采用计量经济学方法，将个人参与体育运动的数据与所用的健康成本关联起来。总的来说，现有的证据表明两者呈此消彼长的关系，这意味着随着体育运动的增加，健康成本降低。由于背景不同，比较不同研究的结果相当困难，但在大多数分析中，潜在的货币开支的节约规模相当大。例如，卡尔森等人（Carlson et al., 2015）在"关注美国"的调查中发现，总医疗费用的11.1%可归因于体育运动不足。

"关注韩国"的调查结果显示，经常进行体育运动和从不进行体育运动的人相比，节约的支出要高出26.6%（Min & Min, 2016）。调查研究中，不进行体育运动的人每年的医疗费用高达1 437美元。这些人会采用相应的技术手段，来解决诸如内生性问题等方法论上的挑战。其结果还表明，不进行体育运动的人每年用于保持健康的总支出高达1 110.5美元，相当于收入的11.7%。欧洲地区的相关证据较少，主要是因为没有关于参加体育运动或个人健康成本的数据。

总的来说，从整体人口上进行统计，有具体的体育运动干预的结果得出来的结论更为乐观。例如，吉泽等人（Yoshizawa et al., 2016）发现，在60名有具体体育运动干预的日本参与者中，健康成本缩减了44.6%。汤等人（Towne et al., 2018）在美国的调查研究结果也表明，有具体的体育运动干预后，健康成本节省达30%以上。此外，研究人员调查了不同程度的体育运动，发现回报递减，这意味着通常从不进行体育运动的人在进行体育运动后，可以产生最高的边际支出减少（Carlson et al., 2015）。为了将单个研究的结果放在更广泛的背景下，应考虑以下方面。

首先，有必要确定体育运动数据是如何评估的。在大多数情况下，通过调查中的自我报告就可以获得（Carlson et al., 2015; Min & Min, 2016），但一些研究也使用加速度计或计步器的客观信息（Towne et al., 2018; Yoshizawa et al., 2016），来掌握人们的运动信息。这同样适用于自我报告（Carlson et al., 2015）或官方行政数据（Min & Min, 2016）的健康成本数据的收集。关于医疗费用，还必须考虑是否使用了总医疗费用，或者作者是否区分了由保险支付的医疗费用和个人必须自掏腰包支付的医疗费用（Chevan & Roberts, 2014）。最后，重要的是，要确定评估是基于具有代表性的人群样本，还是特定的子人群。例如，研究聚焦于具有特定健康状况的人群（Wang et al., 2019）或具有社会人口特征的人群（Towne et al., 2018）。

4.4　通过体育运动降低健康成本的实证结果：宏观经济学视角

上述研究概述了体育运动确实对解决许多重要的健康问题非常有益，并且可以在微观层面上大大节省医疗成本。因此，个参加体育运动会导致在医疗等相关行业中，产生非常高的成本。一个国家参加体育运动的人口增加，是可以缓解其医疗保健制度的压力的。因此，各国政府对开发人们参加体育运动的潜力表现出相当大的兴趣就可以理解了。根据现有的文献，许多国家（主要是欧洲和北美国家）都试图量化缺乏体育运动的直接和间接成本。

在欧洲和北美，与人们进行体育运动相关的经济利益，可以划分到国家卫生保健系统的成本节约潜力中去。

总的来说，在过去几十年中，欧洲的医疗费用显著增加，并且医疗费用成为一个国家总费用的主要贡献因素。然而，人们难以对体育运动在各个领域造成的经济影响程度做出比较，只有少数研究涉及欧洲地区（Kohl et al., 2012）。马丁等人（Martin et al., 2001）在苏黎世大学社会和预防医学研究所医学经济系进行了一项研究，他们试图调查瑞士人进行体育运动对健康的促进作用。

因此，研究人员回顾了已发表的文献，以便能够假设缺乏体育运动的相对风险，并估计相关的治疗费用。大多数的风险已被提及，如肥胖、2 型糖尿病、抑郁症、癌症或冠心病。研究人员根据瑞士相应的疾病病例总数，估算了一个费用，包括经常进行体育运动从而预防疾病节省的费用，或体育运动不足所导致的成本。调查结果显示，在230万例病例中，花费超过了40亿瑞士法郎（直接消费26亿瑞士法郎，间接消费14亿瑞士法郎）。

阿伦德、福斯特、斯卡伯勒和雷纳等人（Allender, Foster, Scarborough & Rayner et al., 2007）也采用了类似的方法，来估算英国不爱运动的人会支出的医疗费用。因此，研究人员在计算死亡总数和因这些疾病而损失的伤残调整生命年（DALY）之前，首先能够确定的是，从某种程度上来说，人们患上这些疾病是因为他们缺乏体育运动。伤残调整生命年数是一个综合性的衡量标准，它总结了因过早死亡而损失的年数和因残疾而受阻的生命年数。

随后，阿伦德等人确定了人口归因分数（PAF），并将该数据用于从英国国民保健制度成本数据中检验身体不活动的直接成本。在大多数相关研究中，人口归因分数的使用得到认可，并被定义为"如果某种危险因素暴露水平降至理论上的最低情况（如让全民都参与体育运动），使人群中发病或死亡降低的比例"（WHO, 2013）。他们的研究结果显示，缺乏运动的直接医疗成本约为10.6亿英镑。

间接费用，如因疾病或过早死亡而损失的时间，不包括在阿伦德等人的计算中。英国政府试图通过一项考虑到直接和间接成本的研究来解决这个问题。这项研究是英国政府2002年国家体育行动计划的一部分，被称为"比赛计划"。根据"比赛计划"的报告，缺乏运动造成的费用是82亿英镑，其中约17亿英镑与英国医疗保健系统有关，约54亿英镑是由缺勤造成的，约10亿英镑是由过早死亡造成的。

但是，由于报告没有说明具体的计算方法，所以必须谨慎对待这些数据。最近一项关于英国缺乏运动的经济成本的研究报告，是由斯卡伯勒等人（Scarborough et al., 2011）发表的。斯卡伯勒等人调查了

2006 年由缺乏运动以及吸烟、酗酒和肥胖等其他健康风险因素造成的
经济负担，采用的是与阿伦德等人（2007）相同的方法。再加上对每
个估计值的额外敏感性分析，"比赛计划"调查结果显示，与缺乏运动
相关的健康损失为 9 亿英镑，这一数字非常小，相比之下，饮食不良造
成的损失为 58 亿英镑，饮酒造成的损失为 33 亿英镑，吸烟造成的损失
为 33 亿英镑，肥胖造成的损失为 50 亿英镑。

马雷索瓦（Maresova, 2014）估计了捷克缺乏运动的成本，采用
的是比较风险评估法。总的来说，马雷索瓦考虑了 5 种不同的疾病（缺
血性心脏病、缺血性中风、2 型糖尿病、女性乳腺癌和结肠癌）。结果表
明，在捷克，缺乏运动所带来的经济负担占医疗总费用的 0.4%。与以
前的估计数字相比，该估计数字略低。

在北美地区，有多种研究试图描述定期锻炼对国家卫生保健系统的
经济影响。卡兹马兹克、格莱德希尔和谢泼德（Katzmarzyk, Gledhill &
Shephard, 2000）试图评估在加拿大缺乏体育运动所带来的经济负担，
并计算了体育运动增加 10% 对加拿大卫生保健系统的影响。为此，他
们从对中风、高血压、2 型糖尿病、骨质疏松性骨折的不同研究中获得
了缺乏体育运动导致的相对风险（RR）。

然后，与阿伦德等人（2007）和斯卡伯勒等人（2011）类似，人
口归因分数被用来评估慢性病和过早死亡的比例，前提是理论上可以完
全不进行体育运动。最终结果显示，与缺乏体育运动相关的成本为 21
亿加元，占加拿大医疗系统总成本的 2.5%。根据这些数字，体育运动
增加 10%，相当于每年节省 1.5 亿加元。

普拉特、马赛拉和王（Pratt, Macera & Wang, 2000）试图基于
1987 年美国全国医疗支出调查的一项研究来评估美国因缺乏体育运动
的直接医疗成本。普拉特等人的调查涉及 35 000 人，14 000 个家庭。
调查对象提供了有关社会人口因素、健康状况、医疗保健的使用和费用

尤其是老年人，可以从体育
运动中获益

以及健康风险行为（如定期进行体育运动）的详细信息。普拉特等人采用分层分析的方法，检验医疗费用与体育运动的关系。研究结果表明，年龄在15岁及以上且没有身体限制的参与者之间，存在显著的差异。

进行体育运动的人群，年平均医疗费用为1 019美元，而不进行体育运动的人群，年平均医疗费用为1 349美元。普拉特等人认为，按照1987年标准计算，将节省292亿美元，而按照2000年标准计算，将节省766亿美元。在切诺韦思和鲁辛格（Chenoweth & Leutzinger，2006）的另一项研究中，他们试图在7个州中调查美国成年人缺乏运动和超重造成的经济成本。切诺韦思和鲁辛格制定了一个成本评估框架，包括3个主要成本单位：医疗保健、工人赔偿（大多数工人的索赔集中在肌肉骨骼问题），以及生产力损失。其中生产力损失主要包括四类：出工不出力、残疾、工人绩效和为出勤而出勤。

在下文中，比例风险因素成本评估（PRFCA）被用于所有不同医疗条件的索赔和收费。该方法最初是作为卫生管理行业的计量成本核算工具而开发的。总的来说，切诺韦思和鲁辛格的研究显示，与缺乏运动相关的直接医疗费用达30亿美元。工人赔偿费用达10亿美元，生产力损失费用为540亿美元。然后，切诺韦思和鲁辛格用2.72的乘数计算出美国因缺乏体育运动而付出的总代价，约为2 511.1亿美元。

除北美外，其他国家也发表了关于上述主题的研究报告。卡迪亚克等人（Cadilhac et al.，2011）调查了澳大利亚增加体育运动的经济效益（见表4.2）。

澳大利亚以劳动力生产收益模型为基础，该模型基于增加体育运动这一已经实现的目标，衡量了澳大利亚经济中的生产收益/损失和税收影响。此外，卡迪亚克等人通过使用2004年澳大利亚全国卫生调查的数据，使用人口归因分数来估计卫生保健系统的成本。

作者	相关年份	相关国家	主要结果
马丁等人（Martin et al., 2001）	1999	瑞士	缺乏体育运动会产生40亿瑞士法郎的成本
阿伦德、福斯特、斯卡伯勒和雷纳（Allender, Foster, Scarborough & Rayner, 2007）	2002	英国	缺乏体育运动直接损失的成本是10.6亿英镑
文化、媒体和体育部	2002	英国	缺乏体育运动给英国带来82亿英镑的损失（其中英国医疗保健系统约占17亿英镑，旷工约占54亿英镑，过早死亡约占10亿英镑）
斯卡伯勒等人（Scarborough et al., 2011）	2006	英国	直接损失的成本为9亿英镑
马雷索瓦（Maresova, 2014）	2008	捷克	缺乏体育运动造成的直接医疗费用占医疗费用总额的0.4%
达尔迈尔、威克和布罗伊尔（Dallmeyer, Wicker & Breuer, 2017）		德国	到2060年，由缺乏体育运动造成的人均健康费用将增加30.7%
卡尔巴齐克和马茨凯维奇-伊齐亚克（Kalbarczyk & Mackiewicz-Łyziak, 2019）		波兰	到2060年，老年人的体育运动水平更高可能会使国内生产总值增加0.4%~1.2%
卡兹马兹克、格莱德希尔和谢泼德（Katzmarzyk, Gledhill & Shephard, 2000）	1999	加拿大	直接成本为21亿加元，增加体育运动可减少10%，每年可以节省1.5亿加元
普拉特等人（Pratt et al., 2000）	1987	美国	爱运动的人每年的平均医疗费用为1 019美元，不爱运动的人每年的平均医疗费用为1 349美元
切诺韦思和鲁辛格（Chenoweth & Leutzinger, 2006）	2003	美国（只有7个州）	直接医疗费为30亿美元，工人赔偿费用为10亿美元，生产力损失费用为540亿美元
卡迪亚克等人（Cadilhac et al., 2011）	2008	澳大利亚	增加10%的体育运动可以节省9 600万澳元

表4.2
体育运动对经济的影响

根据他们的计算，体育运动增加10%，11.4万人会增加工作时间、18万人会提高居家办公效益，并可为医疗保健系统节省9 600万澳元。

此外，该研究还估算了劳动力生产（1 200万澳元）、家庭生产（7 100万澳元）和休闲生产（7 900万澳元）的终生潜在的可以节省成本的机会。Ding等人（Ding et al., 2016）首次对缺乏体育运动的经济负担进行了全球分析。直接成本是用常用的方法——人口归因分数来衡量的。这项研究通过考虑过早死亡率和摩擦成本法，估算了生产率损失的间接成本。总的来说，有142个国家和地区接受了投资。论文作者发现，2013年全球经济总负担为538亿美元。此外，由于生产力下降，缺乏体育运动造成137亿美元的损失。

达尔迈尔、威克和布罗伊尔（Dallmeyer, Wicker & Breuer, 2017）与卡尔巴奇克和马茨凯维奇－伊齐亚克（Kalbarczyk & Mackiewicz-Łyziak, 2019）研究了老龄化社会背景下缺乏运动的经济成本。达尔迈尔、威克和布罗伊尔（2017）研究发现，在2060年前，由于缺乏体育运动，在德国这样的老龄化社会人均直接健康成本预计将持续增长。此外，他们的研究结果显示，短期内增加老年人的体育运动已经可以大大节省成本。卡尔巴齐克和马茨凯维奇－伊齐亚克（2019）调查了波兰卫生成本的情况。他们的研究结果表明，根据所用的体育运动衡量标准，增加体育运动所节省的费用在0.4%~1.2%。

4.5   总结

本章概述了体育运动对健康的益处，包括缺乏体育运动导致的相关疾病产生的费用会大幅减少。研究结果表明，人们缺乏体育运动会导致令人担忧的发展趋势，这就是为什么布莱尔（Blair, 2009）将其定义为"21世纪最大的健康问题"。以下这两个趋势尤其值得关注。

第一个是全球肥胖率的提高。研究已经证明了体育运动在预防和治疗肥胖方面的有效性。在过去的几年里，世界范围内与肥胖有关的医疗保健系统的费用大大增加，除了改善营养外，体育运动仍然是扭转这种发展趋势的有效手段。健身行业必须考虑到肥胖病的流行，并调整其产品。

例如，监测健康和体脂百分比数字的特别计划，或侧重于健康减肥方法的特殊训练，可能是一种有效的工具。此外，先前的研究表明，这些好处不局限于缓解身体问题。精神疾病，如抑郁症或病理性焦虑，也可以通过体育运动来治疗。如今，因人们承受更高程度的压力而导致的精神疾病日益普遍，心身耗竭综合征的增多就是个例子，很明显，体育运动在这方面的作用在未来几年将变得越来越重要（Blake, Mo, Malik & Thomas, 2009; Weber & Jaekel-Reinhard, 2000）。

第二个是在微观经济层面，先前的研究表明，进行体育运动的人群在健康成本方面会少很多支出。现有的研究主要集中在北美地区，记录了对不同社会人口群体的不同影响。例如，老年人尤其可以从体育运动中获得经济利益。未来的研究应该着眼于在欧洲地区验证这些结果。此外，还需要更多的研究来量化个人一生中的成本节约。现有证据表明，这些潜在的货币储蓄可以激励个人变得更加积极。因此，宣传这些好处可以帮助健身行业招揽新客户。此外，健身中心应该考虑实施让顾客最大限度地获得这些好处的健身计划。

同时，近期的文献已经提供了一些提示，说明体育运动是如何有效地降低国家医疗保健系统的成本的。然而，大概是由于这种评估过程过于烦琐，与这一主题相关的研究仍然非常有限。各国政府已经认识到提高公民体育运动水平的潜力。近年来，欧洲启动了多项旨在促进人们进行体育运动的倡议。然而，这些行动的有效性仍有待讨论（Roux et al., 2008）。

4.6   参考文献

- Allender, S., Foster, C., Scarborough, P., & Rayner, M. (2007). The burden of physical activity–related ill health in the UK. Journal of Epidemiology and Community health, 61(4), 344–348.

- Astrup, A. (2001). Healthy lifestyles in Europe: prevention of obesity and type II diabetes by diet and physical activity. Public Health Nutrition, 4(2), 499–515.

- Batty, G. D. (2002). Physical activity and coronary heart disease in older adults: a systematic review of epidemiological studies. The European Journal of Public Health, 12(3), 171–176.

- Berlin, J. A., & Colditz, G. A. (1990). A meta-analysis of physical activity in the prevention of coronary heart disease. American Journal of Epidemiology, 132(4), 612–628.

- Blair, S. N. (2009). Physical inactivity: the biggest public health problem of the 21st century. British Journal of Sports Medicine, 43(1), 1–2.

- Blake, H., Mo, P., Malik, S., & Thomas, S. (2009). How effective are physical activity interventions for alleviating depressive symptoms in older people? A systematic review. Clinical Rehabilitation, 23(10), 873–887.

- Caballero, B. (2007). The global epidemic of obesity: an overview. Epidemiologic reviews, 29(1), 1–5.

- Cadilhac, D. A., Cumming, T. B., Sheppard, L., Pearce, D. C., Carter,R., & Magnus, A. (2011). The economic benefits of reducing physical inactivity: an Australian example. International Journal of Behavioral Nutrition and Physical activity, 8(1), 99.

- Carlson, S. A., Fulton, J. E., Pratt, M., Yang, Z., & Adams, E. K. (2015). Inadequate physical activity and health care expenditures in the United States. Progress in cardiovascular diseases, 57(4), 315–323.

- Cawley, J., Meyerhoefer, C., Biener, A., Hammer, M., & Wintfeld, N. (2015). Savings in medical expenditures associated with reductions in body mass index among US adults with obesity, by diabetes status. Pharmacoeconomics, 33(7), 707–722.

- Chevan, J., & Roberts, D. E. (2014). No short-term savings in health care expenditures for physically active adults. Preventive medicine, 63, 1–5.

- Cindy Ng, L. W., Mackney, J., Jenkins, S., & Hill, K. (2012). Does exercise training change physical activity in people with COPD? A systematic review and meta-analysis. Chronic respiratory disease, 9(1), 17–26.

- Chenoweth, D., & Leutzinger, J. (2006). The economic cost of physical inactivity and excess weight in American adults. Journal of Physical Activity & Health, 3(2), 148.

- Department of Culture Media and Sports Strategy Unit. (2002). Game Plan: a strategy for delivering Government's sport and physical activity objectives. London. London: Cabinet Office.

- Dallmeyer, S., Wicker, P., & Breuer, C. (2017). How an aging society affects the economic costs of inactivity in Germany: empirical evidence and projections. European Review of Aging and Physical activity, 14(1), 1–9.

- Diaz, K. M., & Shimbo, D. (2013). Physical activity and the prevention of hypertension. Current Hypertension Reports, 15(6), 659–668.

- Dimeo, F., Bauer, M., Varahram, I., Proest, G., & Halter, U. (2001). Benefits from aerobic exercise in patients with major depression: a pilot study. British Journal of Sports Medicine, 35(2), 114–117.

- Ding, D., Lawson, K. D., Kolbe-Alexander, T. L., Finkelstein, E. A., Katzmarzyk, P. T., Van Mechelen, W., ... & Lancet Physical Activity Series 2 Executive Committee. (2016). The economic burden of physical inactivity: a global analysis of major non-communicable diseases. The Lancet, 388(10051), 1311–1324.

- Dunn, A. L., Trivedi, M. H., & O Neal, H. A. (2001). Physical activity dose response effects on outcomes of depression and anxiety. Medicine and Science in Sports and Exercise, 33(6), 587–597.

- Eijkemans, M., Mommers, M., Jos, M. T., Thijs, C., & Prins, M. H. (2012). Physical activity and asthma: a systematic review and meta-analysis. PLoS One, 7(12), e50775.

- Epstein, L. H., Coleman, K. J., & Myers, M. D. (1996). Exercise in treating obesity in children and adolescents. Medicine and Science in Sports and Exercise, 28(4), 428–435.

- Ezzati, M., Lopez, A. D., Rodgers, A., & Murray, C. J. (2004). Comparative quantification of health risks: global and regional burden of disease to selected major risk factors. Geneva: OMS.

- Fox, K. R. (1999). The influence of physical activity on mental well-being. Public Health Nutrition, 2(3), 411–418.

- Friedenreich, C. M., & Orenstein, M. R. (2002). Physical activity and cancer prevention: etiologic evidence and biological mechanisms. The Journal of Nutrition, 132(11), 3456–3464.

- Friedenreich, C. M., & Thune, I. (2001). A review of physical activity and prostate cancer risk. Cancer Causes & Control, 12(5), 461–475.

- Fry, J., & Finley, W. (2005). The prevalence and costs of obesity in the EU. Proceedings of the Nutrition Society, 64(03), 359–362.

- Jeon, C. Y., Lokken, R. P., Hu, F. B., & van Dam, R. M. (2007). Physical activity of moderate intensity and risk of type 2 diabetes: a systematic review. Diabetes care, 30(3), 744–752.

- Jones, N. S. C., Weiler, R., Hutchings, K., Stride, M., Adejuwon, A., Baker,P., & Chew, S. (2011). Sport and exercise medicine: a fresh approach. NHS Sport and Exercise Medicine Services: NHS North West.

- Kalbarczyk, M., & Mackiewicz-Łyziak, J. (2019). Physical Activity and Healthcare Costs: Projections for Poland in the Context of an Ageing Population. Applied Health Economics and Health policy, 1–10.

- Karri, S., & Jaakko, K. (2010). Physical activity helps to decrease the effect of genetic predis-position on obesity. Duodecim; lääketieteellinen aikakauskirja, 126(9), 1031.

- Katzmarzyk, P. T., Gledhill, N., & Shephard, R. J. (2000). The economic burden of physical inactivity in Canada. Canadian Medical Association Journal, 163(11), 1435–1440.

- Kohl, H. W., Craig, C. L., Lambert, E. V., Inoue, S., Alkandari, J. R., Leetongin, G., & Kahlmeier, S. (2012). The pandemic of physical inactivity: global action for public health. The Lancet, 380(9838), 294–305.

- Lee, C. D., Folsom, A. R., & Blair, S. N. (2003). Physical activity and stroke risk: a meta-analysis. Stroke, 34(10), 2475–2481.

- Maresova, K. (2014). The costs of physical inactivity in the Czech Republic in 2008. Journal of Physical Activity and Health, 11(3), 489–494.

- Martin, B., Beeler, I., Szucs, T., Smala, A., Brügger, O., Casparis, C., ... Marti, B. (2001). Economic benefits of the health-enhancing effects of physical activity: first estimates for Switzerland. Schweiz Z Sportmed Sporttraumatol, 49(3), 131–133.

- Min, J. Y., & Min, K. B. (2016). Excess medical care costs associated with physical inactivity among korean adults: retrospective cohort study. International Journal of Environmental Research and Public Health, 13(1), 136.

- Monninkhof, E. M., Elias, S. G., Vlems, F. A., van der Tweel, I., Schuit, A. J., Voskuil, D. W., & van Leeuwen, F. E. (2007). Physical activity and breast cancer: a systematic review. Epidemiology, 18(1), 137–157.

- Morris, M., Steinberg, H., Sykes, E. A., & Salmon, P. (1990). Effects of temporary withdrawal from regular running. Journal of Psychosomatic Research, 34(5), 493–500.

- Müller-Riemenschneider, F., Reinhold, T., Berghöfer, A., & Willich, S. N. (2008). Health-economic burden of obesity in Europe. European journal of epidemiology, 23(8), 499–509.

- OECD (2018). Health at a Glance: Europe 2018. Retrieved November 22, 2019.

- Pratt, M., Macera, C. A., & Wang, G. (2000). Higher direct medical costs associated with physical inactivity. The Physician and Sports Medicine, 28(1).

- Quadrilatero, J., & Hoffman-Goetz, L. (2003). Physical activity and colon cancer: A systemic review of potential mechanisms. Journal of Sports Medicine and Physical Fitness, 43(2), 121.

- Reilly, J. J., Kelly, L., Montgomery, C., Williamson, A., Fisher, A., McColl, J. H., ... Grant, S. (2006). Physical activity to prevent obesity in young children: cluster randomised controlled trial. BMJ: British Medical Journal, 333(7577),1041.

- Roux, L., Pratt, M., Tengs, T. O., Yore, M. M., Yanagawa, T. L., Van Den Bos, J., ... Heath, G. (2008). Cost effectiveness of community-based physical activity interventions. American Journal of Preventive Medicine, 35(6), 578–588.

- Scarborough, P., Bhatnagar, P., Wickramasinghe, K. K., Allender, S., Foster,C., & Rayner, M. (2011). The economic burden of ill health due to diet, physical inactivity, smoking, alcohol and obesity in the UK: an update to 2006–07 NHS costs. Journal of Public Health, 33(4), 527–5.

- Shephard, R. J. (1997). Curricular physical activity and academic performance. Pediatric Exercise Science, 9, 113–126.

- Sibley, B. A., & Etnier, J. L. (2003). The relationship between physical activity and cognition in children: a meta-analysis. Pediatric Exercise Science, 15(3),243–256.

- Simon, G., Ormel, J., VonKorff, M., & Barlow, W. (1995). Health care costs associated with depressive and anxiety disorders in primary care. American Journal of Psychiatry, 152(3), 352–357.

- Sobocki, P., Jönson, B., Angst, J., & Rehnberg, C. (2006). Cost of depression in Europe. The Journal of Mental Health Policy and Economics, 9(2), 87–98.

- Spence, R. R., Heesch, K. C., & Brown, W. J. (2009). A systematic review of the association between physical activity and colorectal cancer risk. Scandinavian Journal of Medicine & Science in Sports, 19(6), 764–781.

- Ströhle, A. (2009). Physical activity, exercise, depression and anxiety disorders. Journal of neural transmission, 116(6), 777–784.

- Teychenne, M., Ball, K., & Salmon, J. (2008). Physical activity and likelihood of depression in adults: a review. Preventive medicine, 46(5), 397–411.

- Towne Jr, S. D., Li, Y., Lee, S., Smith, M. L., Han, G., Quinn, C., ... & Ory, M. G. (2018). Physical activity and associated medical cost savings among at-risk older adults participating a community-based health & wellness program. PLoS one, 13(6), e0198239.

- Wannamethee, S. G., & Shaper, A. G. (2001). Physical activity in the prevention of cardiovascular disease. Sports medicine, 31(2), 101–114.

- Wang, F., Zhang, L. Y., Zhang, P., Cheng, Y., Ye, B. Z., He, M. A., ... & Wang, Y. J. (2019). Effect of Physical Activity on Hospital Service Use and Expenditures of Patients with Coronary Heart Disease: Results from Dongfeng-Tongji Cohort Study in China. Current medical science, 39(3), 483–492.

- Weber, A., & Jaekel-Reinhard, A. (2000). Burnout syndrome: a disease of modern societies? Occupational Medicine, 50(7), 512–517.

- Welch, C. A., Czerwinski, D., Ghimire, B., & Bertsimas, D. (2009). Depression and costs of health care. Psychosomatics, 50(4), 392–401.

- Wendel-Vos, G. C. W., Schuit, A. J., Feskens, E. J. M., Boshuizen, H. C., Verschuren, W. M. M., Saris, W. H. M., & Kromhout, D. (2004). Physical activity and stroke. A meta-analysis of observational data. International Journal of Epidemiology, 33(4), 787–798.

- WHO (2018). Noncommunicable diseases. Fact sheet.

- Weyerer, S. (1992). Physical inactivity and depression in the community. International journal of sports medicine, 13(06), 492–496.

- Yoshizawa, Y., Kim, J., & Kuno, S. (2016). Effects of a lifestyle-based physical activity intervention on medical expenditure in Japanese adults: a community-based retrospective study. BioMed research international, 2016.

第 5 章

社会经济学与人口统计学视角下的体育运动和锻炼

克里斯托夫·布鲁尔（Christoph Breuer）

瑟伦·达尔迈尔（Sören Dallmeyer）

约翰尼斯·奥尔洛夫斯基（Johannes Orlowski）

5.1　简介

过去几年里，欧盟的大多数经济体从21世纪第2个10年之初开始的金融危机中逐渐复苏。由于欧盟各个机构和各成员国在监管金融领域、改善政府的经济治理职能以及支持陷入经济衰退的国家方面实施强力政策，欧盟的经济实现复苏，失业率降至10年来的最低水平，公共财政整体良好。健身产业在过去10年稳步增长，反映了经济发展的积极走势。

然而，随着英国退出欧盟、气候变化以及一些国家潜在的经济过热，涌现了新的挑战。除了这些挑战以外，人口结构的变化将会让健身企业和整个行业在未来面临新的挑战。此外，人口结构变化和长久以来久坐的生活方式导致社会面临多个健康问题（England & Azzopardi-Muscat, 2017）。例如，超重和肥胖水平不断增加，严重影响健康（Abarca-Gómez et al., 2017; WHO, 2018a）。体育运动是应对这些挑战强有力的工具（Bassuk & Manson, 2005; Bull et al., 2004; Hillman, Erickson & Kramer, 2008）。

本章旨在概括目前欧盟整体宏观经济、社会人口和医疗经济发展的情况，包括丹麦、法国、德国、荷兰、英国、瑞典、波兰、意大利和西班牙等国家。另外，本章尽可能预测了中期未来发展。在医疗经济学方面，本章特别概述了与不进行体育运动相关的经济负担和疾病。总之，本章将介绍上述发展情况对医疗和健身领域的影响。

5.2   宏观经济发展

欧盟看似一体化，但各成员国的市场经济存在明显差异。因此，很难分析目前的发展及其对一些国家的影响。相反，具体国家的形势应该具体分析。以下内容简单总结了丹麦、法国、德国、荷兰、英国、瑞典、波兰、意大利和西班牙的经济形势。

经历漫长的复苏阶段后，丹麦的经济自2010年起逐渐增长。经济形势向好，导致就业率增长和收入上涨。劳动力市场的积极影响引发经济领域的个人消费不断增加，设备使用率也不断提高；预计这一趋势还将继续。在未来几年，潜在的风险包括国际贸易紧张局势进一步升级以及英国脱欧难题。此外，丹麦还有家庭总债务高和公共领域效率低下的经济风险（OECD, 2019a）。

法国的经济逐步复苏后还未恢复到经济危机之前的水平。例如，实际收入和生产力增长还处于低水平，就业率是欧盟最低的国家之一。2018年，全球不稳定因素甚至导致经济增长不如前几年。然而，税收减免、社会支出增加以及劳动力市场改革会促进个人消费。法国经济面临的主要威胁：一是公共部门如何联合起来、共同努力；二是对于实行改革可能会引发的社会抗议，如何采取有针对性的预防措施。

德国是欧洲最大的经济体，应对经济危机的能力最强，劳动力市场强劲，失业率低，收入稳步增长。然而，由于国际贸易增速大幅下降，德国作为出口型经济体，经济增长速度显著放缓。在接下来的几年里，预计经济增长速度进一步放缓。德国政府计划大力投资儿童保育、交通和数字基础设施，另外给教育、科研和创新提供额外资金。德国政府实施以上措施，再加上公共和个人消费预期增长这个情况，以期应对近期的消极趋势（OECD, 2019a）。

荷兰与其邻国德国相似，预计在2019—2020年经济增速大幅放缓。多年以来，荷兰的内需和外需一直稳居高位，贸易增速放缓很可能削弱经济增长。虽然在过去几年里荷兰劳动力市场强劲，失业率低，收入大幅增长，使个人消费处于高水平，但是经济下行趋势预计会对消费者信心产生消极影响，最终降低个人消费，从而导致失业率上升（OECD，2019a）。

围绕着目前正在进行的脱欧辩论（欧盟已于2020年1月30日正式批准英国脱欧），未来的不确定性已经给英国经济带来了负面影响。过去几年，个人消费和投资热度均显著放缓，导致了家庭购买力的下降。但是，失业率却处于历史低点，人们的实际工资略有增加。目前，经济形势还无法预测，因为英国脱欧的性质和时机存在不确定性。假设英国能够在脱欧后平稳过渡一段时间，预计2020年将会有1%左右的小幅经济增长（OECD，2019a）。

除英国之外，另一个地理位置不在欧元区的欧盟成员国是瑞典。在过去5年里，瑞典经济持续增长，GDP增长率将近3%。此外，就业率和个人消费也持续增长。然而，瑞典经济体量小，很容易受到全球经济剧烈变动的影响，因此经济增速预计会大幅下跌，失业率也会上升（OECD，2019a）。

谈及欧洲国家，波兰可以代表东欧国家。过去几年里，波兰经济迅速增长主要是由于劳动力市场繁荣，从而引发公共和个人消费持续增长。在未来几年，预计经济还将保持强劲增长势头，虽然劳动力市场进一步紧缩且收入增加，但公共和个人消费会下跌（OECD，2019a）。

南欧国家更是遭受了欧元危机的重创。此处详细介绍两个代表国家：意大利和西班牙。

这两个国家在过去几年里的经济发展迥然不同。在过去几年里,意大利经济疲软,GDP只是略微增长,个人消费也只是适度提高。过去10年间,就业率大幅提高,财政预算和公共债务总额仍然居高不下。虽然意大利政府将采取扩张性的财政政策,但预计经济增速还将放缓。此外,预计家庭消费会适度增长(OECD, 2019a)。

相比之下,西班牙的经济在过去5年里稳步增长,GDP增速约为3%,远高于其他欧洲经济体。这一积极趋势主要由不断上涨的内需驱动,尽管失业率依然处于较高水平,但还是出现了内需上涨的现象。在未来几年,失业率会持续降低,预计经济会适度增长,但贸易增速缓慢会降低国内需求(OECD, 2019a)。

5.3 社会人口学发展

在社会人口学发展方面,有两个话题的关注度特别高。第一,人口增长;第二,人口老龄化。这两个问题是当前欧盟及其成员国面临的最大的社会人口学挑战。现今,大约有5.13亿人生活在欧盟。到了2030年,预计人口数量会增加1.41%,达到5.20亿。

从国家的角度了解更多详情会发现,欧盟各成员国的经济增速似乎不是均衡增长。预计瑞典和英国在未来10年内是本章论及国家中增速最高的国家(分别是12.64%和7.23%),紧接着分别是丹麦(6.19%)、法国(3.13%)、荷兰(2.87%)和德国(0.97%)。值得注意的是,波兰和意大利人口数量会减少,这是例外。到2030年,预计波兰人口大约是3 700万人,比2019年少1.51%。到2030年,预计意大利的人口会减少2.35%,降至5 900万人(Eurostat, 2019a)。

但是人口减少在多大程度上会构成挑战甚至成为难题？比起人口绝对增减，人口的变化趋势似乎是更相关的问题。丹麦、法国、德国、荷兰、瑞典、西班牙、意大利、波兰和英国等高收入国家面临着低生育率和人口预期寿命延长的问题，这最终导致整体步入老龄化社会（European Commission, 2018）。由此可见，人口预期寿命延长导致对医疗护理的需求增加，有关医疗和退休计划的问题由此产生（Breyer, Costa-Font & Felder, 2011）。表5.1展示了65岁及65岁以上人口占整体人口的比例。这一比例在2012—2018年稳步增加，预计还将继续增长。

国家	2012	2013	2014	2015	2016	2017	2018
意大利	20.8%	21.2%	21.4%	21.7%	22%	22.3%	22.6%
德国	20.7%	20.8%	20.9%	21.0%	21.1%	21.2%	21.4%
瑞典	18.8%	19.1%	19.4%	19.6%	19.8%	19.8%	19.8%
西班牙	17.4%	17.7%	18.1%	18.5%	18.7%	19.0%	19.2%
法国	17.1%	17.6%	18.0%	18.4%	18.9%	19.3%	19.7%
英国	16.8%	17.2%	17.5%	17.7%	17.9%	18.1%	18.2%
丹麦	17.3%	17.8%	18.2%	18.6%	18.8%	19.1%	19.3%
荷兰	16.2%	16.8%	17.3%	17.8%	18.2%	18.5%	18.9%
波兰	14.0%	14.4%	14.9%	15.4%	16.0%	16.5%	17.1%

表5.1
65岁及65岁以上人口占整体人口的比例（Eurostat, 2019b）

经常用于阐释老龄人口相关问题的指标是老龄人口抚养比（指某一人口中老年人口数与劳动年龄人口数之比。通常用百分比表示。用以表明每100名劳动年龄人口要负担多少名老年人）。它显示了65岁及65岁以上的老龄预期人口数量，与15~64岁的劳动年龄预期人口数量之比。老龄人口抚养比越高，劳动力的负担越高，他们承担了供养已退出工作岗位、无法养活自己的老年人的责任。

2010年，欧盟的老龄人口抚养比达到26.1%，到2020年预计增长至31.6%，到2030年预计增长至38.7%。这一数据的领头羊是德国，2020年达到33.8%，2030年预计达到42.7%。

即便目前欧盟其他国家的这一数值较低，预计到2030年也会呈现类似的增长。因此，这意味着，为了供养经济不独立的老龄人口，劳动力的经济负担会急剧增加。

5.4　医疗经济发展

立足于医疗经济视角，下文将呈现不进行体育运动的人在演变过程中会遇到的具体问题（各国不进行体育运动的人口比例见表5.2）。首先，肥胖和心血管疾病等健康相关问题是导致欧盟人口患病和死亡的主要原因（Leal, Luengo-Fernández, Gray, Petersen & Rayner, 2006）。其次，因为以上疾病都可通过体育运动预防（Bassuk & Manson, 2005; Bull et al., 2004; Sjöström, Oja, Hagströmer, Smith & Bauman, 2006），所以其不能成为人们必须无条件背负的负担。

国家	不进行体育运动的人口占总人口比例（15岁及15岁以上）		
	总体	男性	女性
英国	35.9%	31.5%	40.0%
意大利	41.4%	36.2%	46.2%
西班牙	26.8%	22.9%	30.5%
瑞典	23.1%	21.5%	24.7%
丹麦	28.5%	25.7%	31.2%
法国	29.3%	24.3%	34.0%
德国	42.2%	40.2%	44.1%
波兰	32.5%	31.5%	33.4%
荷兰	27.2%	25.3%	29.0%

表5.2
2016年不进行体育运动的人口占比（15岁及15岁以上）（WHO, 2018b）

不进行体育运动的程度高会引发多种慢性疾病。医学专家和卫生医疗行业专业人士已经确定超重和肥胖是导致慢性疾病和长期发病的主要因素之一（Bull et al., 2004; Müller-Riemenschneider et al., 2008; Sjöström et al., 2006; Stein & Colditz, 2004），生活方式发展导致全世界范围内人们的体重大幅增加。肥胖及其并发症不仅对健康和生活质量产生负面影响，还会大大影响医疗支出。本章的系统性综述的目的是总结成本估值、对比欧洲各国因肥胖产生的成本。研究人员在美国医学文献资料库、荷兰医学文献资料库和循证医学数据库中进行结构化检索，找出相关文献。两名科研人员分别根据事先定义的纳入标准和研究方法评估出版物。从纳入数据库的研究中摘选有关肥胖成本的研究，计算肥胖成本相对于具体国家的国内收入总值的比例。其中，有 797 份出版物符合我们的研究标准，有 13 项有关 10 个西欧国家的调查研究与我们的研究相关，我们在综述中提到了这 13 项研究。研究发现，与肥胖相关的医疗负担高达 104 亿欧元。见诸报端的相关经济负担占各个国家的国内生产总值 0.09%~0.61%。穆勒－里门施奈德等人（Müller-Riemenscheider et al., 2008）发表了一篇预测与肥胖直接或间接相关的成本的文章，文中写到西欧各国与肥胖直接或间接相关的成本预计占国内生产总值的 0.09%~0.61%。

经济合作与发展组织预测，欧盟与肥胖直接相关的总医疗支出甚至会达到 3.3% 的更高比例（OECD, 2019b）。由于肥胖相关疾病对人口的健康状况有长期影响，尚未完全影响国民经济核算，所以预计肥胖成本还会进一步上涨。穆勒－里门施奈德等人（2008）进一步总结得出，需要制定针对儿童和青少年的预防策略。要想让医疗和健身行业提升公众健康水平，这一点很重要，政策制定者和健身企业应当充分考虑这一点。

表 5.3 显示了 9 个欧洲国家超重或肥胖的人口占比。根据世界卫生组织的定义，身体质量指数（BMI）大于等于 25 但小于 30 是超重，身体质量指数（BMI）大于等于 30 是肥胖。2018 年欧盟各成员国约一半的人口超重或肥胖。表 5.3 关注的国家依次是意大利（46.0%）、荷兰（47.3%）、瑞典（48.2%）、法国（49%）、德国（52.7%）、西班牙（53.0%）和波兰（53.3%），这些国家的平均比例约为 50%。英国（64.3%）比例最高，超出了平均水平。

表5.3
2018年超重和肥胖
人口占总人口比例
（15岁及15岁以上）
（OECD, 2019c）

国家	占总人口百分比	国家	占总人口百分比
英国	64.3%	荷兰	47.3%
西班牙	53.0%	瑞典	48.2%
波兰	53.3%	丹麦	51.0%
德国	52.7%	意大利	46.0%
		法国	49.0%

根据这些数据显示的趋势，预计在未来几年，欧盟大多数成员国的这些数字还将进一步增加（OECD, 2019b）。因此，"预防和治疗超重对个人和社会的健康都至关重要。医疗护理机构在监测患者体重和协助患者改善饮食和体育运动方面扮演着重要角色"（Stein & Coldity, 2004）。

心血管疾病

与不进行体育运动和超重相关的主要健康问题是心血管疾病。这类疾病是每年导致欧盟人口死亡的主要原因，也是导致发病率的主要原因（Leal et al., 2006）。图5.1显示，心血管疾病是导致欧盟这9个国家人口发病率的主要原因。然而，丹麦、荷兰和法国的数据显示，与其他6个国家相比，这3个国家的死亡率低一些。反过来，这3个国家的癌症致死率高一些。

医疗支出

前文呈现的挑战与显著增加的医疗支出齐头并进。根据欧洲心脏网络（European Heart Network, 2017）的报告，2015年欧盟的心血管疾病相关成本这一项就达到了1 110亿欧元。这个数字约占医疗总支出的8%。除了波兰的医疗支出相对略微降低以外，在过去10年里，前文提到的其余8个国家的医疗支出不断增加。法国和德国的医疗支出相对最高（GDP的11.2%），瑞典的增幅最大。2008—2018年，总医疗支出增加了2.7%，约占GDP的11.0%（见图5.2，OECD, 2019d）。

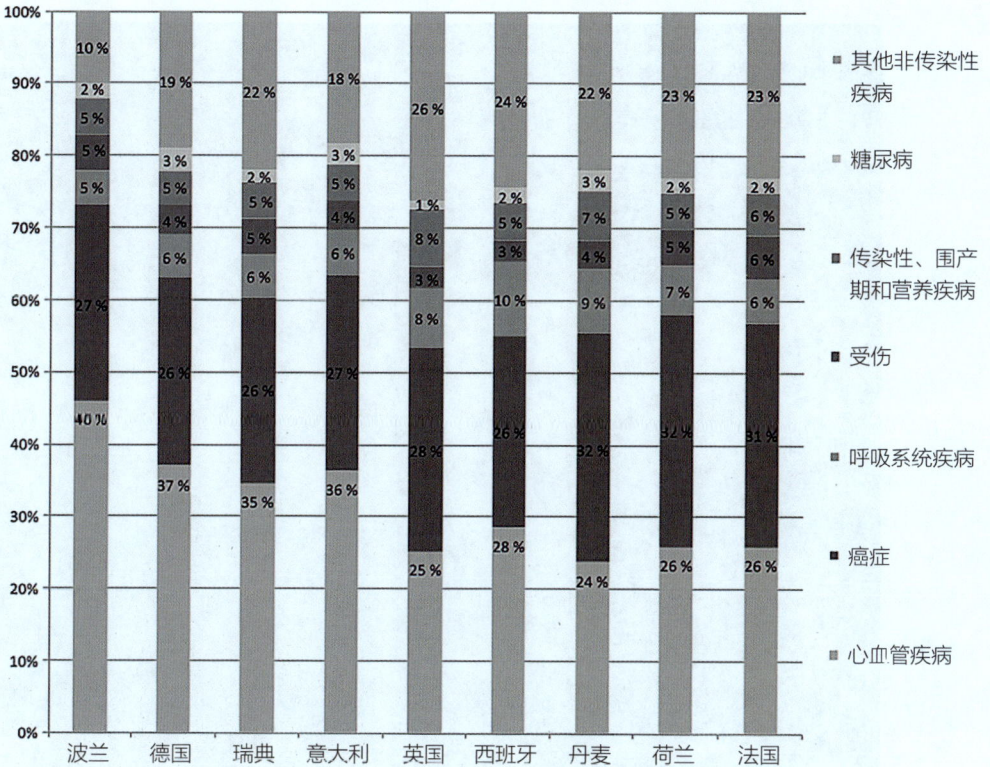

图5.1　2018年各国的死亡率（WHO，2018）

从长期角度来看，医疗支出预计还会进一步增加。根据经济合作与发展组织的数据，2016—2070年，这9个国家的医疗支出预计会在GDP中增加1.0~1.4个百分点。预计英国（1.5）增速最快，紧接着依次是丹麦（1）、波兰（0.9）、瑞典（0.8）、荷兰（0.8）、德国（0.7）、意大利（0.7）、西班牙（0.5）和法国（0.4）（OECD，2018）。

健身领域需要"全副武装"，以应对当前社会经济学和人口统计学的挑战

图5.2
截至2018年的医疗
总支出和增长总额
（OECD, 2019d）

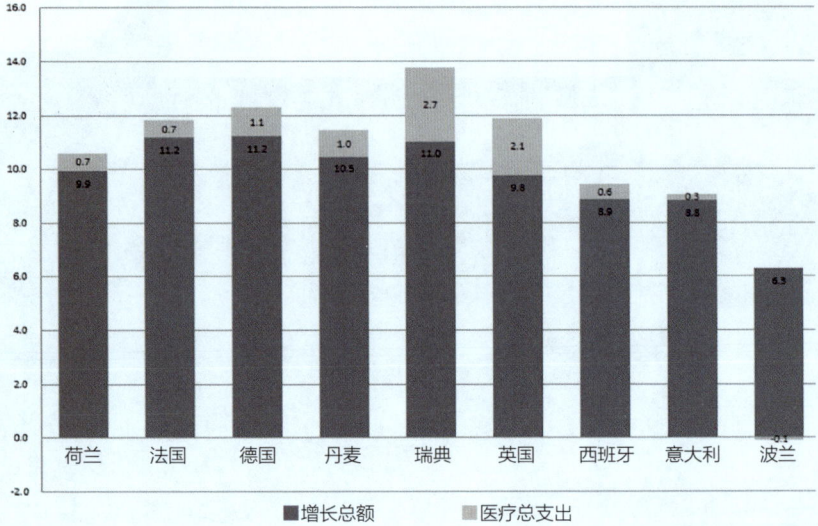

除了医疗总支出的数值以外，支出的构成也值得关注。例如，谁来承担这些开销？ 2016年，波兰的个人支出占到了医疗总支出的30.1%。与之类似的还有西班牙的个人支出（28.8%）和意大利的个人支出（25.6%）。占比较低的是英国（19.8%）、荷兰（19%）和瑞典（16.5%）。与其邻国英国相比，丹麦（15.9%）和德国（15.3%）个人支出占医疗总支出的比例较低（WHO, 2019）。另一项值得关注的是由家庭直接支付的个人支出，俗称自费支出。2017年的最新数据显示，这9个国家的自费支出各有不同。自费支出占比较大的是西班牙（23.6%）、意大利（23.5%）和波兰（22.99%），紧随其后的是英国（16%）、瑞典（15%）、丹麦（13.74%）和德国（12.5%）。与其他欧洲国家相比，荷兰（11.1%）和法国（9.4%）由家庭自费的医疗个人支出较低（Eurostat, 2019c）。

5.5　结论

本章介绍了欧盟当前和未来面临的宏观经济、社会人口和医疗经济的挑战，具体介绍了9个成员国的详情。不管在过去还是未来，这些发展都对上述国家的健身行业产生巨大影响。因此，健身企业应当尽早了解未来的挑战，相应地调整商业策略。

人口老龄化的转变会让这个行业面对平均年龄更大的客户，以及他们对健身和体育运动需求的不同偏好。健身企业在定义客户群体时应当牢记这一点。针对这些年龄段的人，有必要采取适合年龄的体育运动（例如，瑞典的"激活"、英国的"十大健康"和荷兰的"健身20"项目）。此外，还要应对超重甚至肥胖客户越来越多的问题。

为这些客户量身打造的项目在未来可能还要应对更多需求。欧洲各国的人均寿命稳定增长，投资自己未来的健康状况对个人越来越有吸引力。由于未来10年内，不进行体育运动的人的医疗护理支出预计会增加，保险公司和各国政府可能也会加强刺激，促进人们参与健身训练，以便预防如肥胖、糖尿病或心血管疾病等相关疾病。

虽然欧盟的经济形势逐渐从欧元区危机中恢复，但未来的经济挑战，尤其是英国脱欧，还会给经济带来不确定因素。潜在的经济衰退将会对健身行业产生负面影响，如影响客户为健身训练或其他体育运动等休闲时间活动的付费意愿。

总而言之，我们如果想要健身领域在未来10年像过去10年一样持续增长，则需要"全副武装"，应对当前社会经济学和人口统计学的挑战。

5.6 参考文献

- Abarca-Gómez, L., Abdeen, Z. A., Hamid, Z. A., Abu-Rmeileh, N. M., Acosta-Cazares, B., Acuin, C., ... & Agyemang, C. (2017). Worldwide trends in body-mass index, underweight, overweight, and obesity from 1975 to 2016: a pooled analysis of 2416 population-based measurement studies in 128. 9 million children, adolescents, and adults. The Lancet, 390(10113), 2627–2642.

- Bassuk, S. S., & Manson, J. E. (2005). Epidemiological evidence for the role of physical activity in reducing risk of type 2 diabetes and cardiovascular disease. Journal of Applied Physiology, 99(3), 1193–1204.

- Breyer, F., Costa-Font, J., & Felder, S. (2011). Ageing, health, and health care. Oxford Review of Economic Policy, 26(4), 674–690.

- Bull, F. C., Armstrong, T. P., Dixon, T., Ham, S., Neiman, A., & Pratt, M. (2004). Physical inactivity. In Comparative quantification of health risks. Global and regional burden of disease attributable to selected major risk faktors (pp. 731–881). Geneva: World Health Organization.

- England, K., & Azzopardi-Muscat, N. (2017). Demographic trends and public health in Europe. The European Journal of Public Health, 27(4), 9–13.

- European Commission. (2018). The 2018 Ageing Report. Economic and budgetary projections for the 28 EU Member States (2016–2070). Retrieved November 19, 2019.

- Europen Heart Network. (2017). European Cardiovascular Disease Statistics 2017 edition. Retrieved November 19, 2019.

- Eurostat. (2019a). Population projections. Retrieved November 18, 2019.

- Eurostat. (2019b). Proportion of population aged 65 and over. Retrieved November 17, 2019.

- Eurostat. (2019c). Out-of-pocket expenditure on healthcare. Retrieved November 18, 2019.

- Hillman, C. H., Erickson, K. I., & Kramer, A. F. (2008). Be smart, exercise your heart: exercise effects on brain and cognition. Nature Reviews Neuroscience, 9(1), 58–65.

- Leal, J., Luengo-Fernández, R., Gray, A., Petersen, S., & Rayner, M. (2006). Economic burden of cardiovascular diseases in the enlarged European Union. European Heart Journal, 27(13), 1610–9.

- Müller-Riemenschneider, F., Reinhold, T., Berghöfer, A., & Willich, S. N. (2008). Health-economic burden of obesity in Europe. European journal of epidemiology, 23(8), 499–509.

- OECD. (2019a). OECD Economic Outlook (Vol. 2019). OECD Publishing. Retrieved November 21, 2019.

- OECD. (2019b). Heavy Burden of Obesity: The Economics of Prevention. A quick guide for policy makers. Retrieved November 15, 2019.

- OECD. (2019c). Overweight or obese population. Retrieved November 19, 2019.

- OECD. (2019d). Health spending. Retrieved November 19, 2019.

- Sjöström, M., Oja, P., Hagströmer, M., Smith, B. J., & Bauman, a. (2006). Health-enhancing physical activity across European Union countries: the Eurobarometer study. Journal of Public Health, 14(5), 291–300.

- Stein, C. J., & Colditz, G. a. (2004). The epidemic of obesity. The Journal of clinical endocrinology and metabolism, 89(6), 2522–5.

- WHO. (2018a). Obesity and overweight. Fact sheet.

- WHO. (2018b). Global Health Observatory Data Repository. Physical inactivity by country.

- WHO. (2018c). Obesity and Overweight. Fact sheet. Retrieved November 22, 2019.

- WHO. (2018d). Noncommunicable Diseases. Country Profiles 2018.

- WHO. (2019). Global Health Expenditure Database. Retrieved November 14, 2019.

第6章

第四次工业革命：危险和希望并存的空前时代

斯蒂芬·萨瑞特（Stephen Tharrett）

6.1 简介

第四次工业革命被定义为以技术为动力的经济革命和文化革命。据《第四次工业革命》一书的作者克劳斯·施瓦布（Klaus Schwab）所说，这场最新的工业革命将从根本上改变我们的生活方式、娱乐项目和工作方法，以及人类和地球的关系。这场革命的规模、范围和复杂程度正在发生变化，也将继续变革下去。专家们把第四次工业革命描述为技术互相融合的时代，在这个时代里，实体领域、生物领域和数字化领域的界限愈加模糊。

前3次工业革命都对我们如何与外界交互造成了影响，但在第四次工业革命出现后，利害关系发生了变化，资本主义和人类生态系统也随之开始改变。这场工业革命，正以比前3次工业革命更快的速度改变着我们的生活方式，包括经营商业的方式。施瓦布在《第四次工业革命》一书中指出，这是一种非典型的进化类事件，更是社会和商业的变革性事件。第四次工业革命不同于前3次工业革命的3个方面如下。

- 颠覆性的变革速度。

颠覆性的变化在每一个瞬间都以呈指数倍增的速度发生。虽然以前的工业革命需要很多时间来逐渐发展，但这场工业革命正在以纳秒的速度带来变革。今天造成颠覆性影响的东西可能明天就会惨遭淘汰。

- 颠覆性的变革范围。

这场革命正在颠覆变革道路上的一切。全球所有地区、所有个体、健身行业等所有行业，将会一直受这场由技术推动的革命的影响。

- 变革的广度和深度。

第四次工业革命正在改变整个生产、管理、治理和消费体系。没有任何一个体系能独善其身。

第四次工业革命的影响正在整个商业世界回荡。客户期望程度、合作创新能力、组织形式和产品改进水平都在持续变化。套用克劳斯·施瓦布的话来说："我们生活在一个拥有巨大前景或有潜在危险的时代，这个时代对传统的经商方式和生活方式造成冲击。"

本章还将深入探讨构成第四次工业革命的基础，重点关注其对健身运营商的影响。我们将从数字达尔文主义原则开始探究；这一原则将给商业世界，尤其是健身行业带来巨大的挑战和机遇。下一步，我们将构建物联网（IoT），因为几乎所有当前以及即将到来的数字化颠覆变化都是建立在物联网的基础上的。在这里，我们将探讨关联最多的技术颠覆者，或如约瑟夫·顺彼得（Joseph Schumpeter）所说的"创造性颠覆风暴"，它们正在并将持续改变健身产业在未来10年的运作方式，包括人工智能、数字中间商、数字支付系统、移动应用程序、按需健身内容、可穿戴设备以及扩展现实（XR）领域和混合现实（MR）领域（扩展现实是指通过计算机技术和可穿戴设备产生的一个真实与虚拟组合的、可人机交互的环境。混合现实是将真实世界和虚拟世界混合在一起，来产生新的可视化环境，环境中同时包含了物理实体与虚拟信息，并且必须是"实时的"）。本章以两个欧洲健身运营商及其应用技术为例作为结尾。

6.2　数字达尔文主义：最新的进化

布赖恩·索利斯（Brian Solis）是一位数字科技的分析师，也是《互联网思维：传统商业的终结与重塑》一书的作者，他将这个时代定义为"一个技术发展速度和社会传播技术速度快于商业能够吸收这些技术变化的速度的时代"。换言之"数字达尔文主义"代表了数字技术在消费者和各行各业之间进化的不同步调。就像达尔文最初提出的进化论一样，随着环境和生态系统不断发生变化，有机生物体只有提高适应能力才能生存下来。达尔文称之为自然选择。快进到第四次工业革命，我们看到生态系统正在发生变化，特别是技术及其对消费者行为、员工行为、价值观和期望的影响方面。

消费者，特别是年轻一代（Z一代、千禧一代和X一代）已经毫不犹豫地率先与技术为伍。[Z一代指在20世纪90年代中期至2010年前出生的人。千禧一代，又名Y一代，指出生于20世纪，在跨入21世纪（即2000年）以后达到成年年龄的一代人。]对于Z一代和千禧一代，我们将他们定义为"数字土著"，他们在数字化生态系统中出生和成长。研究显示，这些数字土著寻求的是尖端技术的业务，这意味着他们希望与精通数字技术的机构建立业务往来。不幸的是，大多数企业都不是数字土著，尤其是在健身行业。数字达尔文主义的原则表明，那些不能连续且迅速地适应环境的企业会发现自己正在走向灭亡。对于健身行业来说，这意味着新的商业口号是"适应、快速适应，否则灭亡"。美国企业Blockbuster最初在推动自己适应数字化转型方面表现迟钝，最终成为数字达尔文主义的典型。

为了避免在这个数字达尔文主义时代消亡，索利斯等专家说，大多数企业都会陷入一种变化发生后才反应过来的陷阱。相反，他说，商业领袖必须投资于数字化转型。对数字革命浪潮不能及时做出反应是导致失败的原因。在名为《数字优势：数字领袖在各个行业超越同行的方式》的报告中，作者表示，在数字化转型方面（即文化、金融和领导智慧等方面）投入巨大的企业才能立足于未来。作者称这些企业为"数字精英"。

从健身行业的角度来看，这意味着运营商需要以科技为中心采取新的投资策略，而技术不仅可以印证企业财力，也可以印证企业组织文化和高层领导力。企业领导者想出了一些对策，来攻克数字达尔文主义的众多陷阱，这要求他们实施利用数字化技术转变商业模式的战略。如果不这样做，消费者就会越来越少，企业最终就会失去竞争力。

6.3   物联网

物联网指的是让计算机设备、数字化机器、机械式机器、无生命物体、动物和人类能互联共通的全球网络。所有连接到这条数字公路上的东西都可以向外传输或向内接收数据，而不需要人与人或人与机器的交互。物联网的功能是使带有开关的任何设备都能连接到互联网或彼此互相连接（Morgan，2014）。连接的可以是智能手机、恒温器、汽车、冰箱、跑步机、可穿戴设备、一头奶牛，甚至是机器零部件。物联网是构成第四次工业革命的基础设施。

Gartner 是一家在信息技术研究和咨询领域处于领先地位的企业，据他们预测，到 2020 年，物联网公路上的连接设备将至少达到 260 亿台，甚至可能达到 1 000 亿台。

物联网的口号是，任何可以连接的设备都会被连接（见图 6.1）。它们一旦连接起来，无论是机器还是生物实体，都将永久成为物联网的组成部分。在本章剩余部分介绍的每一个数字颠覆者都依赖物联网来完成任务。

图 6.1
物联网

6.4 人工智能

一开始，人们就对引进人工智能感到惊奇又抱有恐惧。那些在20世纪60年代长大的人对人工智能的认识可能源于《2001太空漫游》的哈罗（Halo）或《杰森一家》的罗西（Rosie）。如果你在20世纪70年代或80年代长大，第一次接触到的人工智能可能是《星球大战》中的机器人R2D2或《终结者》中的F800。再之后，如果你是千禧一代或Z一代，那么《黑客帝国》中的特工史密斯（Smith）或Siri很可能是你第一次涉足人工智能的契机。

人工智能，又称机器智能，是机器展示出来的"智慧"。机器智能是计算机系统的产物，通常能够与人类智能协同工作。模拟人类智能的机器需要感知环境，识别语音、味道、触感、文本和影像，学习将感知到的信息转换为可分析的数据，然后应用所学得出结论或做出决策。斯蒂芬·霍金（Stephen Hawking）在谈到人工智能时说："理论上，计算机可以模仿人类智能，甚至能超越它。在我们的人类文明史上，让人工智能成为现实可能是爆炸性的事件，也可能是最糟糕的事件。但这一切还是未知。因此，我们无法知道是否能无限度地得到人工智能的帮助，也无法知道它是否愿意为我们所用，甚至会不会在未来将我们摧毁。"

人工智能有两个层次。第一层是弱人工智能或狭义人工智能，它旨在执行某个特定的任务。例如Apple的Siri，或者Alexa的早期版本（Alexa是搭载在Amazon Echo音箱上的人工智能语音助手）。第二层是强人工智能，或者说是通用人工智能，像《终结者》系列电影中由天网描绘的那样，它可以借由系统或网络的形式出现，应用人类的认知能力，在不受人为干预的情况下找出解决方案。到2020年，强人工智能还未诞生，我们只能尽力完善、增强弱人工智能。目前，人工智能为我们所做的工作包括语音识别、面部识别、预测分析、学习、基本推理，以及与我们进行讨论。

定义人工智能的要素之一，与计算机从所获信息中学习的能力有关，无论它是利用数据输入还是借助能收集信息的传感器。在人工智能的世界里，这种学习能力分为3个层次。首先是深度学习，是对存储在服务器上的大量数据采用编程算法。其次是机器学习，它指的是计算机系统在没有人际交互的情况下解决问题，独立提供决策。最后，还有类似人脑的神经网络，以及在未来推动强人工智能的力量。

关于人工智能，还有最后一句话：小心应付人工智能偏差（也被称为机器学习偏差）。如果碰到糟糕的假设、糟糕的数据收集和输入，或假设错误等情况，那么也许就会导致用算法算出的结果从根本上产生偏差。人工智能偏差产生的原因有很多，如果开发者或用户都没有意识到潜在的问题，就可能会造成严重的后果。如果一个人工智能系统基于先前的假设使用了错误的数据，或者深度学习应用协议在实现一个算法时使用了错误的数据集，那么问题就出现了。

在计算机运算中，若输入错误数据，则输出亦为错误数据。例如，如果你的算法基于25~34岁美国人的数据进行适应性假设和计算，然后将其应用到55~64岁的德国人身上，很可能会得出完全错误的结果。

健身行业中的运营驱动型人工智能

在早期，人们将健身行业中最常见的人工智能理解成能做出预测分析的弱人工智能。这种人工智能存在于一些健身行业使用率高的软件平台（如Club Automation和Perfect Gym）上。这些软件平台包含基本的弱人工智能，通常用来辅助人工智能做好客户关系管理（CRM）工作。这些人工智能应用程序可以通过开放的应用程序接口（API），从销售终端机器（POS）或客户关系管理系统等各种来源中提取数据，然后使用预测分析来处理数据，从而对一个成员、一组成员或整个企业未来的行为做出预测。

最近，Keep（中国一家健身公司，开发了移动健身工具类应用，致力于提供健身教学、跑步、骑行、交友及健身饮食指导、装备购买等一站式运动解决方案）和TINOQ（美国一家位于硅谷并服务于健身与健康产业的技术公司）这两家科技公司推出了人工智能系统，可以从健身俱乐部网络上一切可能的数据源，比如通过处理数据来预测结果的传感器中，提取数据，访问数据。这些人工智能生成的分析可用于增加会员数量，减少会员流失，促进辅助销售，找到最受欢迎的团体课程和讲师，以及确定不受会员欢迎的设备。TINOQ允许健身运营商使用传感器（信标）和/或置于健身房的摄像头，来监测和追踪会员和员工的日常活动和消费偏好。我们认为，这是在健身行业中采用的主要人工智能类型，也是在《2019年国际健身产业趋势报告：什么风靡一时》中，健身运营商回答人工智能问题时使用的人工智能的代表（ClubIntel，2019）。这项研究表明，7%的欧洲健身运营商表示他们已经将人工智能纳入商业战略，仅次于美国14%的占比。

对于健身俱乐部、健身房等零售企业，针对人工智能或人工智能辅助客户关系管理系统，最有效的驱动方式之一是信标技术。人们将信标技术使用的传感器安置在一个实体地点。这些信标可以识别手机是否靠近，然后通过智能手机或借由系统中任何连接的设备发送或接收数据。这些信标使用所谓的蓝牙低能耗（BLE）技术来感知智能手机、智能戒指或智能手表的存在。

当谈到在健身环境中利用信标技术时，运营商可以在整个健身俱乐部的不同位置放置信标，允许它们追踪每个会员在俱乐部的行动轨迹。传感器获得的数据随后被输入信标平台，与俱乐部收集的其他数据相结合。信标平台使用弱人工智能，向会员的智能手机、智能手表或任何能听到声音的设备，发送个性信息。

这些信息包括会员登记、俱乐部促销活动、营销活动、奖励积分、特别活动通知，以及健身俱乐部希望每个会员收到的系统发布的所有信息。如果需要，信标平台可以发送一个简短的教学视频，提醒会员有即将到来的训练课程，征求会员对所使用设备的反馈，通知有特别课程的会员，提供人工智能辅助指导训练。最新系统甚至允许非接触式支付的形式。市场上领先的信标平台包括Beaconstac和与企业现有的客户关系管理系统完全集成的灯塔信标平台（Eddystone Beacon Platform）。英国GYMetrix公司利用类似于信标人工智能的系统，将传感器安装到健身房设备上来为运营商监测和追踪会员使用设备的情况。

利用人工智能规范健身

与其说在健身爱好者中，不如说在整个健身行业中，指导和支持个人追求更健康的生活方式的人工智能都不太受欢迎。在未来10年里，有可能会对健身俱乐部提供健身方案的方式产生较大影响的正是这些人工智能系统。这些人工智能系统使用生物传感器，在某些情况下可以使用移动应用程序和云端支持人工智能。在云端上，这些人工智能系统是教练也是培训师，为训练者提供咨询和指导服务，予以鼓励，拟定计划，最后将反馈于练习者。这些人工智能支持的许多训练系统都安装在了当今先进的可穿戴设备中。下面强调了一些突出的例子。

- Freeletics。

  Freeletics是一个人工智能支持或人工智能驱动的训练平台，也是全球下载量排行前三的健身训练应用程序之一。该应用程序允许个人输入数据，然后随着时间的推移，根据收集到的个人数据提供专门定制的训练计划。它是手机里的教练。
- Tonal。

  美国智能健身房运营商Tonal是一个人工智能驱动的训练系统，它使用传感器、人工智能平台和一台与其相连的健身器材。当一个人开始使用Tonal时，需要参加一个测试来提供身体能力方面的基本信息。在测试中，系统不断地衡量一个人在训练中是否需要调整力量和增减次数。随着时间的推移，它可以完全掌握个人的能力，并在训练中随时做出调整。

- Bolt Sport Technologies。

  该系统使用"智能鞋"，内置生物传感器，可测量跑步速度、步幅，并配有腕带，还可测量其他生物特征。该系统用实时收集来的数据对训练者给予指导和激励。

- Holodia SAS。

  这个基于虚拟现实的系统利用了人工智能技术。该系统可以跟踪和记录各种绩效指标，然后使用这些数据指导个人。

- Mirror。

  Mirror结合增强现实和人工智能共同驱动的训练平台，综合运用流媒体直播和点播的健身内容，制定了按需健身的方案。

本章下文可穿戴设备部分提到的其他人工智能驱动的训练平台，包括Sensoria（Sensoria是一家专注于用传感器填充服装的厂商，曾推出了具有心率监测功能的运动文胸、T恤等产品，其旗下的智能袜子在众筹平台获得了相当高的人气）、Nadi X瑜伽裤、Dash Pro耳机和以色列Life BEAM Vi智能运动耳机。首次在2017年推出的人工智能驱动的健身设备中，较具创新性的一款设备是来自中国制造商亿健的跑步机，它利用人工智能（亿健称其为"未来人工智能"）提供实时的个人训练数据。跑步机的人工智能功能如下。

- "Magic Mirror"智能人脸识别系统，可以检测使用者的身份，然后自动启动使用者的个人程序。

- "Magic Carpet Damping System"可降低身体受伤的可能性。该系统能感觉到运动模式的变化，并自动调整缓冲的减震效果。

- "Magic Wand"智能心率手柄可以遥控测量心率，控制跑步机的速度和坡度。它还允许你播放最爱的音乐。

6.5   数字中间商和数字聚合商

美国国家公共电台（NPR）在《星球货币》系列中发表了一篇题为《为什么数字中间商正在接管全球经济》（Smith, 2016）的文章，作者指出，"中间商"正在接管全球经济。第四次工业革命培育了一个生态系统，传统企业也可以在其中销售商品、提供服务，不再限制消费者获得服务的方式和地点。这句话暗指的是，数字中间商、数字聚合商或数字市场可以用更便捷的方式，将企业的产品以更便宜的价格打包转售给大众。美国西北大学凯洛格商学院的一位经济学教授丹尼尔·斯普尔伯（Daniel Spulber）的一项研究表明，在2010年，数字中间商对美国经济的贡献率为34%。他接着说，面对"中间人经济"，数字中间商已经深深参与其中，成为推动消费者产生购买行为的最具影响力的经济力量之一。在一个名为"新脱媒化"的博客中，博客主人声称，当今的数字中间商为买卖双方提供了增值的空间。数字中间商赋予买方的增值是，需要卖方与他们开展合作，而不是试图与他们竞争。

在过去的10年里，数字中间商一直在美化健身行业，现在看来，2019年似乎可能是美化最终得以成真的一年。《2019年国际健身产业趋势报告：什么风靡一时》（ClubIntel, 2019）中提到，24%的欧洲健身运营商表示他们与健身行业中间商有商业往来，比2018年报告的数值高出近8个百分点。这一百分比值在全世界排名第二，仅次于拉丁美洲35%的数值。在美国的健身行业中，数字中间商的主要合作伙伴是精品健身工作室，而在欧洲，健身俱乐部运营商就是数字中间商最大的合作伙伴。

在过去的几年中，我们发现数字中间商大幅增多，到2030年，他们可能会争相利用为健身消费者而诞生的市场规范来谋求利益。他们为了使这些数字平台成为主流平台，需要让设施采纳率达到25%~50%。健身行业中，数字中间商完美地体现了数字达尔文主义；消费者积极参与其中，而技术可以让所有角色各司其职，但大多数设施运营商还没有实现在技术上将其纳入商业模式的飞跃。

目前在健身行业，有两种核心商业模式和一种混合商业模式可供数字中间商选择。第一种是B2C模式，即直接面向消费者的模式，消费者购买健身套餐或在订阅项目时选择数字提供商，然后进入该提供商的俱乐部和工作室网络。美国健身订阅平台ClassPass率先应用了这种模式。第二种是B2B模式，或者说是企业对企业的模式，即数字平台将健身套餐和订阅项目直接出售给企业，继而由企业提供给员工。巴西健身初创企业GymPass是应用这一模式的重要企业。第三种模式是一种将B2C模式和B2B模式结合起来的混合模式。目前，美国健身订阅平台ClassPass和Zeamo应用程序采用了这种模式（见表6.1）。

健身行业中较知名、规模较大的平台有美国健身订阅平台Class Pass、英国在线服务平台Hussle（曾被称为PayasUgym），以及巴西健身初创企业GymPass。在过去的几年中，消费者已经看到了其他参与者的出现，如美国的FitReserve应用程序、美国纽约DIBS公司、英国Move GB平台、德国Urban Sports Club、美国Zeamo应用程序和最近一个按分钟付费的健身俱乐部应用程序Flexil。这些数字中间商让消费者通过另一种替代方式，进入健身俱乐部或健身工作室，使用室内的相关设施。未来10年，千禧一代和Z一代等数字土著将掌控经济，对于大多数想和这两代人建立联系的健身运营商来说，与数字中间商开展商业往来将成为必然。表6.1介绍了5个著名的数字中间商平台。

数字支付平台

许多企业将数字支付平台设为首选支付方式来收取服务报酬。两个主要的数字支付平台是数字钱包，如Apple Pay、Samsung Pay和Android Pay，以及PayPal Pro、Stripe和Authorize.Net等数字支付网关。ClubIntel在《2019年国际健身产业趋势报告：什么风靡一时》

（ClubIntel, 2019）中表明，32% 的欧洲运营商表示他们接受数字钱包，34% 的欧洲运营商表示他们使用数字支付网关。平均而言，欧洲健身运营商的数字支付解决方案在全世界有最高的采用率。

表6.1
五大知名数字中间
商平台概述

数字中间商	商业模式	说明
美国健身订阅平台 ClassPass	企业对消费者业务 企业对企业业务	在全球55个城市拥有12 000多个工作室 每月提供超过1 000 000节课程 为订阅者提供按需健身（FOD）功能 使用积分制，保证每个会员等级的积分都在规定范围内 价格变动前每个网点限购3节课 有5个不同的价格套餐 在纽约，套餐价格从每月19美元到199美元不等
美国的Fit Reserve 应用程序	企业对消费者业务	在美国5个健身市场拥有超过1 000家工作室 每月提供超过160 000节课程 将访问单个工作室的次数限制在最多4次 每月有4个核心套餐，能访问3~20次 在纽约，价格从59美元（会员3级）到349美元（会员20级）不等
英国在线服务平台 Hussle	企业对消费者业务	在英国拥有体育馆、游泳池和娱乐中心共2 700多个 提供单日的通行证以及5~10次的套餐 定价因所选家庭设施而异。一些无限制访问甚至高达100美元 只能使用网络中小于等于支付价格的的健身房
德国Urban Sports Club	企业对消费者业务 企业对企业业务	提供健身房、工作室、游泳池和团队运动场所 在法国、德国、意大利、葡萄牙和西班牙均有项目 提供4种基本会员资格（S、M、L和XL），每个会员都有不同等级的场地可供使用 除S级会员外，其他三级会员拥有无限访问权限 高端会员（L和XL）有按摩服务和增强型短消息服务（EMS）
巴西健身企业 GymPass	企业对企业业务	全球有健身房和工作室共约48 000家 遍布全球8 000多个城市 为企业提供不同价位的会员资格 员工只能在网络中使用价格相同或更低的健身房 员工可以通过支付企业补贴和会员费之间的差额，自费购买高端会员资格

数字钱包

人们可以在领先的应用程序平台上下载数字钱包这个手机应用程序，数字钱包允许用户将银行卡、信用卡、奖励卡和忠诚卡信息绑定在钱包上。他们钱包里的信息是完全加密的，在大多数情况下比信用卡和借记卡更安全。消费者可以在付款时刷卡或点击他们的数字钱包，前提是零售商拥有可以接受付款的合适的设备。2019年3月19日，《小企业趋势》在线期刊上发表了一篇文章，其中作者分享了用全球数字钱包支付的销售额占所有零售额百分比的数据。

2018年，全球6%的零售额是通过使用数字钱包达成的。在中国，36%的零售额是通过数字钱包完成的。在整个欧洲，德国和英国通过使用数字钱包贡献了5%的零售额，而在西班牙，数字钱包促成了3%的零售额，但在法国则只有1%。到2022年，预计有28%的消费者将会使用数字钱包支付。在各种各样的数字钱包中，以美元交易量来衡量，Apple Pay、Samsung Pay和Android Pay排行前三。研究报告称，55%的千禧一代（18~34岁）有数字钱包，46%的Z一代（35~54岁）有数字钱包，但在婴儿潮一代中，只有4%的人有数字钱包。

数字支付网关

数字支付网关是一种电子商务系统，旨在支持线上零售商和实体零售商的贸易活动。在安全加密数字平台上，对于购买服务和外包服务，数字支付网关会考虑到授权支付、出售商品、采集信息、退款服务或作废订单。根据平台的不同，用户可能会付费，或者在其他情况下通过订阅模式参与其中。PayPal在线支付系统和Stripe支付公司等数字支付网关向服务提供者或零售商收取的手续费用，通常占总交易金额的2.5%~3.5%。美国商业资讯网（Business Wire）刊登了一篇题为《数字支付平台将弃用现金》的文章（Business Wire, 2017），其中指出，在2017年，47%的消费者倾向于通过数字平台或数字支付网关进行支付，51%的消费者更喜欢通过数字平台支付账单（试想一下俱乐部会费的情况）。五大领先的数字支付网关是 Stripe 支付公司、PayPal 在线支付系统专业版、Authorize.net 支付接口、美国电子商务公司 BlueSnap 和轻量微信支付组件 WePay。

　　健身行业需要迅速建设好数字支付的配套设施，否则可能会被我们最大的客户群和潜在客户群（千禧一代和 Z 一代）排斥。调研表明，这些客户群目前是数字支付系统人数最多、最活跃的用户。到 2030 年，为了增强消费者购买意愿，促进会员体验货币化，数字支付网关和数字钱包可能会成为常态，虽然这早就在亚洲市场出现了。

数字加密货币

　　数字支付的最新形式包括数字货币或比特币这种众所周知的加密货币。加密货币利用加密技术或区块链来调整货币单位，在有些国家和地区独立丁中央银行之外核实资金的转移。通俗地说，加密货币相当于另一种去中心化的现金系统。在过去的一年里，使用加密货币已经成为一种全球现象。加密货币虽然还处于初级阶段，但不难想象在不久的将来，它将取代一些目前最新的数字支付网关。健身行业最近做出了一项创新，是一款名为 GYM Rewards 的移动应用程序，它允许用户通过健身赚取运动代币和健身加密货币。

6.6　按需健身：一个按需健身和流媒体健身内容的时代

　　我们生活在这样一个时代：消费者上网的时间比他们做任何事情的时间都多，甚至比睡觉时间还要多。物联网和智能手机出现后，消费者现在可以随时随地查看任何想获取的信息。一份题为《在线视频现状》（Limelight Networks, 2018）的报告称，市民每周在观看在线视频内容上所花费的时间平均约为 7 小时，其中 19% 的人所花时间超过 10 小时。随便哪一天，你都可以找到谈论我们沉迷于网络的文章和博客。我们数字化成瘾的结果之一是，按需健身模式开始兴起。按需健身是指以或通用或专业的健身内容和指导进行健身，而这些项目可以满足消费者随时随地的访问。

按需健身是从应用零售B2C模式的网站开始的，服务于普通消费者。这种网站提供了很多的可选项，来满足消费者不愿再维持传统健身房会员资格的需求。在过去的几年中，按需健身已经从单纯的零售B2C概念转变为另一种模式，许多健身行业组织、俱乐部和健身工作室现在自己提供相关的按需健身服务。美国精品健身AKT公司、欧洲Basic-Fit健身俱乐部、美国Core Power Yoga瑜伽工作室、美国连锁健身房Crunch、美国金吉姆连锁健身房Gold's Gym、德国Mc Fit健身连锁中心和美国Pure Barre健身公司等，现在提供按需健身内容，消费者可以通过每月订阅的方式访问这些内容。

虽然全美较大的几家家庭健身DVD录制商——Beach Body公司、纽约Daily Burn健身公司和美国Peloton互动健身平台等应用B2C按需健身模式的领军企业，仍然吸引着大多数寻求"随时随地"健身服务的健身爱好者，但这些服务现在由老牌的实体健身运营商提供，按需健身健身工作室、Les Mills公司、Wexer公司等实体运营商也提供相关服务。

到2030年，实体健身企业如果不能为会员提供按需健身服务，那么这些企业很可能会发现自己处于明显的竞争劣势。这些按需健身提供者又是谁呢？

下面是一些领先的B2C按需健身品牌。

- 美国Peloton互动健身平台。
  Peloton于2019年秋季申请首次公开募股（IPO），2018年营收9.15亿美元。他们的资料表明，他们每天提供超过1 000个预录课程和20个直播课程。他们提供每月19.49美元的普通订阅服务，对于购买自行车或跑步机的用户，每月提供39美元的额外订阅服务。目前他们有51.1万名健身用户。在过去的几年里，他们开设了网站，消费者可以在那里参加直播课程。

- Beachbody on Demand。

Beachbody在健身行业已经有几十年的历史了，其拥有独特的健身品牌，如美国经典训练DVD：P90X。基于其受欢迎程度，Beachbody现在为大约100万用户服务，提供1 100多个涵盖按需和流媒体内容的课程。该公司提供每月39美元的订阅套餐，99美元的年度会员资格，时间跨度可达3~6个月。

- Daily Burn网站。

Daily Burn网站是按需健身模式的"绿巨人浩克（Hulk）"。据报道，他们每月的订阅用户超过15万。他们提供包括运动塑形操、有氧跆拳道、高强度间歇训练、普拉提、伸展运动、力量训练和瑜伽在内超过1 000种不同种类的训练。他们的标准订阅金额是每月14.95美元，但是消费者可以用19.95美元购买高级会员，即可享受到个性化定制健身计划。

- Plankk Studio应用程序。

这个平台提供了大约1 000个直播和按需服务，由世界各地最好的讲师和教练来负责主讲。该平台允许消费者与讲师进行实时互动。标准订阅金额是每月14.99美元，但对于那些想参与直播课程的人来说，该平台使用类似于美国健身订阅平台ClassPass的代币系统，消费者可以通过这种代币系统，购买规定数量的代币，然后用这些代币兑换各种直播课程。

- Movement for Modern Life。

这个英国的平台将市场目标定位到了瑜伽和冥想。该网站提供温馨的体验，用户可以从800多个瑜伽、冥想和正念课程中选择自己想要的。基本款服务的订阅费用大约为每月11英镑。

- Mirror智能人脸识别系统。

  Mirror是健身市场中最新颖，同时也最具创新性的按需健身平台之一。它把自己定位为一种可以进行互动的健身房。该平台包括一个物理镜像或数字屏幕，同时也提供在线订阅的服务。"魔镜"集人工智能和增强现实（AR）技术于一身，从而提升了消费者的健身体验。订阅者可以在训练过程中同时看到教练和自己，在使用可穿戴设备的情况下，实时获取他们有价值的表现数据，最后可以从教练那里获得反馈和鼓励。"魔镜"的价格约为1 500美元，每月订阅金额为39美元。

6.7　健身行业中的按需健身提供商

按需健身最初是和传统实体健身体验竞争而被创造出来的衍生品，但后来演变成了健身设施运营商所需要的数字产品，用来增强其品牌影响，并在吸引当今数字土著的过程中保持竞争力。我们称这些精通数字技术和具备前瞻性思维的运营商为"健身数字商"。他们都是实体运营商，在某些情况下，还包括那些向他们提供数字内容的组织。《2019年国际健身产业趋势报告：什么风靡一时》（ClubIntel, 2019）中提到，在2019年，有19%的欧洲运营商表明在俱乐部为其会员提供按需健身服务，这一数值较2018年又上升了几个百分点。关于会员不在俱乐部时也要向会员提供流媒体服务这一问题，该研究同时表明，14%的欧洲运营商采用了这种做法。以下是健身行业中一些最著名的按需健身提供商。

- Core Power Yoga On-Demand。

  Core Power Yoga On-Demand固定提供按需健身服务，流媒体内容按传统的招牌课程的格式提供，金额为每月20美元。
- Crunch Live。

  Crunch是一开始就意识到按需健身平台对观众有价值的平台之

一。Crunch提供了超过85个标志性的课程，这些课程由Crunch的讲师主讲。客户还可以接收定制的训练计划和音乐播放清单。订阅费为每月9.99美元。Crunch网站的会员可以获取在线订阅的内容。

- Cyberobics by McFit。

    欧洲领先的低价俱乐部运营商McFit建立了一个名为循环有氧的按需健身平台，会员可以访问俱乐部内外的所有内容。该平台提供各种各样的按需健身课程，由来自全球各地的顶尖讲师授课。基础款订阅服务每月提供100多节课程，包年会费每月按2欧元缴纳，单独每月按5欧元缴纳。

- GXR by Basic-Fit。

    欧洲领先的低价俱乐部运营商推出了他们自己制作的名为GXR的在线锻炼视频，免费提供给会员，在俱乐部内外均可访问。会员可以选择使用由Basic-Fit教练带领训练的各种课程。

- Pure Barre On-Demand。

    针对做Pure Barre运动的客户以及健身消费者，该平台提供所有工作室的传统课程模式，金额为每月30美元。

- Forte。

    Forte是一家健身行业的供应商，允许独立和小型精品健身工作室为数字土著这类客户全天候提供体验服务。Forte使健身工作室运营商能够提供直播和按需课程。每月订阅费用为39美元。

- Les Mills On-Demand。

    2018年，Les Mills推出了按需健身平台，允许Les Mills俱乐部的客户订阅该平台。在该平台上，他们可以访问由Les Mills顶级教练教授的800多个Les Mills出品的训练课程。

- Wexer Mobile。

    Wexer提供按需健身服务，允许客户在Wexer支持的俱乐部中访问按需和直播课程。

6.8　移动应用程序

HootSuite（创建于2008年，是一款公司总部在加拿大的社交媒体管理工具）在2018年发表了一份题为《数字2019》的研究报告，其中表明，全球68%的公民被认为是独特的移动用户。电子营销网在2018年发表的另一份研究报告表明，普通市民在智能手机上花费的时间占全天的90%，他们沉迷于使用移动应用程序，其中81%的时间花在了他们最喜欢的5款应用程序中。Forrester Research公司的分析师托马斯·赫森（Thomas Husson）表示，移动应用程序在通往实体世界的路上建造了一座新颖的数字桥梁，这种工具将改变整个商界。今天，人们通过使用移动应用程序与世界沟通，我们借助这种方式与朋友、同事联系，也可以经营生意。

千禧一代是最可能使用移动应用程序的一代。研究显示，美国千禧一代每天使用移动应用程序的时间在2.5~3.5小时。Lifewire（美国一家专业的科技资讯类媒体网站）发表了一篇文章，标题是"什么是移动应用程序？"（Viswanathon, 2019）。该文章表示，移动应用程序不再是奢侈品，而是必需品。移动应用程序不仅对商业来说必不可少，而且已经被默认为与品牌方联系的主要手段（尤其对于年轻一代）。《2019年国际健身产业趋势报告：什么风靡一时》（ClubIntel, 2019）中提到，49%的欧洲健身运营商报告称通过移动应用程序完成了商业往来，这一比例比2018年增长了约9个百分点。

移动应用程序对于健身运营商来说是不可或缺的存在，尤其是因为该行业的主要客户是数字土著和移动土著。关于如何开发出让会员愿意使用的移动应用程序，在下面给出了一些建议。

- 尽可能简化。
  只设置对消费者来说重要的选项。消费者想拥有选择的权利，但可选项越少越好。他们需要专注于对他们来说重要的事情。经营的健身业务，可以考虑包括以下的一个或多个功能：带地图的定位工具、营业时间、课程安排、课程注册和预约功能、取消预约功能、支付功能，以及与员工及时沟通的功能。现今，人们甚至可以开发一个按需健身应用程序。

- 可用性至关重要。

  对用户的体验感友好一点。必须保证内容直观易懂，不要让用户思考。不要为本地土著设计，而要考虑新手的需求。尽可能减少阅读文本的流程，多使用图片和图形来解释说明。

- 定制。

  定制功能让会员可以用某种方式获取个性化的服务。

- 保持相关性。

  这意味着要定期更新应用程序。这需要不断收集反馈，确定对会员产生影响的因素。例如，一个健身企业的相关移动应用程序应该开发按需健身服务的应用功能。

- 去掉不必要的点击流程。

  人们不会愿意多次点击页面才能找到他们想看到的内容，尤其是在需要思考的情况下。尽量把点击次数最小化。在用户体验中，有个不成文的规则，叫"3次点击规则"，意思是永远不要要求用户点击3次以上才能到达想去的页面。新规则是，不管要求点击多少次，都要确保点击是无须思考且明确无误的选择。

- 内置分析功能。

  确保应用程序能够与客户关系管理系统和其他软件工具进行交互。用户不想让你知道他们在做什么，但内置的分析功能可以做到这一点。

- 提供离线功能。

  没有什么比拥有移动应用程序却无法连接网络更糟糕的情况了，因为这将毫无意义。运营商应确保应用程序在离线状态也可使用。

- 允许用户使用社交媒体登录。

  超过80%的用户都有社交媒体账户，因此需要考虑到，让用户使用自己社交媒体账户的用户名和密码进入俱乐部应用程序。

- 嵌入反馈系统。

  确保应用程序允许客户反馈体验。

- 为会员提供免费服务。

6.9 社交媒体

社交媒体已经默认为人们参加社交活动和维持人际交往的生态系统。社交媒体不仅为个人服务，它还是一种对企业有影响力的交流平台和营销平台。今天，使用社交媒体已经成为企业进入数字化领域的必经之路，他们可以讲述自己的故事、吸引潜在客户、与现有客户沟通和接触，并最终与更大的全球社群建立联系（见图6.2）。

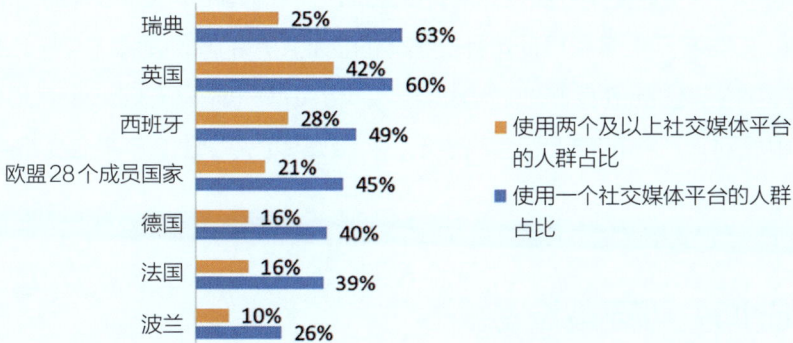

瑞典 25% 63%
英国 42% 60%
西班牙 28% 49%
欧盟28个成员国家 21% 45%
德国 16% 40%
法国 16% 39%
波兰 10% 26%

■ 使用两个及以上社交媒体平台的人群占比
■ 使用一个社交媒体平台的人群占比

图6.2
欧洲各主要国家及欧盟社交媒体平台使用情况

Hoot Suite的《数字2019》表明，在欧洲，使用社交媒体的成年人的比例：东欧最低，占48%；北欧最高，占67%（见图6.3）。按国家来看：瑞典在社交媒体上活跃的人口比例最高，为72%；而德国公民在社交媒体上的参与度最低，为46%。说到社交媒体平台，欧洲人更喜欢Facebook，Facebook用户占社交媒体用户总人数的60%~90%。在欧洲，最受欢迎的社交媒体平台排名第二的是Instagram，这个软件最受英国用户和西班牙用户的青睐。

图6.3
截至2019年1月，欧洲地区的社交媒体普及率

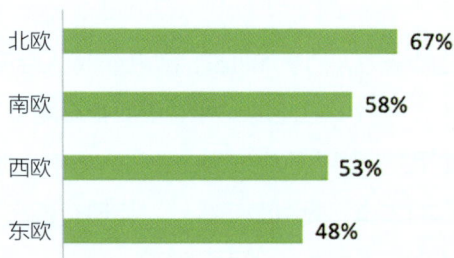

地区	普及率
北欧	67%
南欧	58%
西欧	53%
东欧	48%

谈到企业使用社交媒体时，在2017年，瑞典和英国是仅有的两个拥有60%甚至更多积极使用社交媒体的企业用户的欧洲国家（见图6.2）。《2019年国际健身产业趋势报告：什么风靡一时》（ClubIntel, 2019）中提到，75%的欧洲运营商表示，社交媒体已在2019年商业战略中占有一席之地。

6.10   可穿戴设备

可穿戴设备是一种数字设备，人们可以佩戴它来监控和追踪自己的身体活动记录，或身体活动不足的情况，以及能通过设备获得相关的指导和动力。电子商务网刊登了一篇名为《2019年可穿戴设备——高级可穿戴设备Pic-Up Pace》（Wurmser, 2019）的文章，其中表明大约有51%的成年人正在使用可穿戴设备。一家知名的市场调研公司Statista

称，2018年全球共销售了超过1.77亿台可穿戴设备。对于外行人士或不够专业的人来说，与Fitbit、Garmin、MyZone、Polar、Apple公司等生产的广受欢迎的健身追踪设备相比，可穿戴设备的产品组合更加畅销。

可穿戴设备有很多种类，其中包括健身追踪器、智能手表、可听戴设备、智能戒指、可穿戴服装（袜子、鞋子、裤子等），以及框架眼镜和隐形眼镜等被称为智能眼镜的设备。在2018年，Smart Insights网站发布了一项名为"2018年可穿戴技术统计和趋势"的研究，研究表示，腕带设备是最受消费者喜爱的可穿戴设备之一，2018年销售量超过1.01亿台。可穿戴服装销售量达560万件，而智能眼镜销售量达450万副，这两种产品也很受欢迎。2018年的可听戴设备属于一种边缘性产品，在2018年销售量达600万台。《2019年国际健身产业趋势报告：什么风靡一时》（ClubIntel, 2019）中提到，32%的欧洲健身运营商表示已将可穿戴腕带设备纳入会员体验服务中，这一比例较2018年上升了几个百分点。

可穿戴设备的独特之处，或者说至少部分设备的优点，在于它们应用人工智能甚至增强现实技术的方式。目前，可穿戴设备不仅可以追踪我们的行动轨迹，它们还可以监测我们的心率、呼吸频率、步幅、消耗的热量、旅行距离、步频和睡眠模式。

可穿戴设备将先进传感器和人工智能结合起来，可以提供指导性建议、个性化计划、动力，甚至是一段能够激励或安抚我们的配乐。拥有这些先进的可穿戴设备就像有一个健身专家在你身边。以下是有关市场上领先的可穿戴设备的简要总结，这些设备都有可能成为健身行业真正的改革者。

可听戴设备

- 智能蓝牙耳机Dash Pro。

  Dash Pro使用生物传感器来监测心率、运动速度、运动时间和运动距离等数据。这种可听戴设备特别适合人们在骑自行车、跑步和游泳的状态下佩戴。Dash Pro附带了一个名为Bragi的应用程序。这一可听戴设备允许用户在激活人工智能语音得到反馈和激励的同时，依然能保持训练记录。

- LifeBEAM公司开发的智能无线耳机Vi Sense。

  这款耳机内置生物传感器，可监测心率、心率变异性、劳累程度、运动速度、位置、天气和海拔高度等数据。这一设备能通过语音激活人工智能，引入个性化的程序，允许用户选择特定的程序，提供动力，并给用户设置挑战。它还可以通过配套应用程序追踪更多进展，因此Vi教练可以对你的努力进行个性化分析，然后设置有价值的挑战。

可穿戴服装

- Nadi X智能瑜伽裤。

  这款裤子不仅内置了能与手机应用程序保持同步的生物传感器，还设置了轻柔振动的功能，鼓励用户尝试更多不同的姿势。

- Sensoria智能运动袜。

  这款可穿戴设备内置了生物传感器，可监测运动距离、运动速度、运动风格、足部压力、步频和运动时间。附带的应用程序可以利用人工智能来为用户提供鼓励和引导。

- Hexoskin科技衬衫。

  Hexoskin科技衬衫附带了一个应用程序和一个可供下载数据的开放式应用程序接口（API）。该设备可监测心率、心率变异性、呼吸频率、每分通气量、加速度和强度水平。该设备与应用程序结合使用时，用户可以追踪自身训练相关的方方面面。

智能眼镜

- Level 智能眼镜。

  这种眼镜内置了传感器，包括加速计、陀螺仪和磁强计，允许佩戴者追踪运动距离、运动时间和消耗的热量。用户可以连接附带的应用程序，通过使训练游戏化而让训练变得生动有趣。

- Solos 增强现实智能眼镜。

  这种眼镜不仅可以记录活动水平、距离、时间和相关指标的数据，还可以使用增强现实技术让数据呈现在眼镜表面。

智能戒指

- Motive Ring 智能戒指。

  Motive Ring 智能戒指绑定了一个移动应用程序，可作为健身追踪器，监测行走距离、步数、心率和活动时间。Motive Ring 智能戒指还与 Alexa 互联网公司沟通联合，允许用户通过手势登录自己的 Amazon、Google 或 Facebook 账户。

- Oura Ring 智能戒指。

  这款戒指号称"世界第一健康戒指"，主要专注于追踪睡眠模式。该戒指内置光学心率监测器、三维加速计和陀螺仪。它可以让用户深入了解自己的睡眠情况、活动水平和应对一整天活动的准备状态。

6.11　XR：扩展现实

如果现实还不足以让我们感到压力，那么现在就要求我们着手处理增强现实、扩展现实和虚拟现实。只基于现实的活动已经不足以满足人们的需求。现在，我们如果想与潜在客户和现有客户保持密切联系，就必须融合一系列的现实因素。在进一步讨论之前，让我们在这些改变游戏规则的新现实基础上，进行一次现实感检验。

将科技作为健身产业的战略要务

增强现实

增强现实是一种技术，它使用智能手机、平板电脑、特殊眼镜和隐形眼镜，将计算机生成的心率、皮肤温度、跑步距离或消耗的热量等数据和图表、图像，叠映或覆盖在个人对世界认识的实时视图上。

另一种表达方式，是将数字信息与你对实际物理环境的看法实时地集成在一起，这样一来，你就可以学习到更多的东西，并能够更有效地完成任务。

扩展现实开发者会议（XRDC）于2019年8月发表了《AR/VR 2019年度创新报告》，其研究表明，增强现实在教育领域最常用，其次是制造业和医疗保健业。根据上述研究，大多数扩展现实侧重于开发企业的增强现实，如教育、产品设计和团队协作，43%的开发者报告称在该领域工作；其次是消费者增强现实开发，如游戏、电影和电视，31%的开发者报告称在该领域工作。

报道援引Apple公司首席执行官蒂姆•库克（Tim Cook）的话："我确实认为，发达国家以及最终所有国家的相当一部分人口，将每天都会经历增强现实，就像一日三餐一样。"我们如果相信蒂姆•库克，认为增强现实会影响我们生活的方方面面，这其中自然也就包括健身行业。

增强现实与健身

正如人们想象的那样，增强现实现在正进入健身领域，主要是附带以消费者为导向的产品。增强现实能够实时提供有关训练的可视信息，如心率、步幅、速度、阻力、完成动作的重复次数等。增强现实可以将超级虚拟教练置于你的全息视野，同时提供训练、指导建议和建设性反馈。增强现实可以通过在训练中添加游戏元素来增加锻炼的乐趣。增强现实还可以提供显示各种性能相关指标的平视显示系统。以下是一些能鼓励人们更加积极活动的知名增强现实平台。

Pokémon Go。

"Pokémon Go"是作为一款手机游戏发布的，它在人们对周围环境的实时视图中插入了宝可梦这样一个角色。游戏的目标是让玩家找到并捕捉宝可梦，或者在健身房训练他们。该游戏高峰时期每天在线人数可达4 500万人，一项对这些玩家的调查表明，这个游戏让玩家花更多的时间在户外进行探索，寻找更多的宝可梦，或者花更多的时间在新的健身房展开竞争。

《国际卫生地理期刊》（Wang, 2017）发表了一篇名为《宝可梦对大学生中健身参与者身体活动水平的影响》的研究报告，作者发现，近43%的受访者，尤其是久坐不动的人，为了抓住宝可梦去玩，更频繁地进行步行或慢跑等运动，还能经常去健身房锻炼。

Zombies Run。

2012年发布的"Zombies Run"是一款使用音频相关增强现实的移动沉浸式训练游戏。该游戏为练习者提供了超过200个任务，旨在激励他们在被"僵尸"追赶时行走、慢跑或快跑。该应用程序允许用户将数据同步到云端，从而追踪他们的活动并获得奖励。

Strava健身增强现实。

这个移动应用程序可以将三维地形投影到用户的环境中。它允许用户在增强现实可视化中骑自行车、跑步和徒步旅行。该应用程序还有附加功能，允许用户在增强现实的地形中移动时获得逐段语音导航。

虽然前面提到的增强现实平台和健身工具一样都是游戏，但现在市场上有一些增强现实应用程序是专门为健身应用程序设计的。以下是一些实例。

- Mirror。

  在前面我们讨论按需健身时提到过，"魔镜"叠映了讲师或教练以及同学的图像，当与附带心率监测器或Apple Watch同步时，会显示心率、消耗的热量和运动时间。

- ARX程序。

  ARX使用增强现实技术将锻炼变成一种有趣和有吸引力的体验。人们在锻炼时，可以选择用叠加的浮动文本和图像来观察他们面前的真实世界，监测自己的训练。用户如果愿意，可以进入一个虚拟世界，在那里玩与各种锻炼动作相关的游戏。人们可以单独使用该系统，也可以在教练的陪伴下使用它。

- Solos AR智能眼镜。

  设计这种眼镜是为了给健身爱好者和运动员提供信息，给予激励。这款眼镜在iOS系统智能手机和Android系统智能手机中都能兼容使用，支持集成音乐、群组通信和换镜片的功能。眼镜可以将心率、运动速度、步频和力量等数据以图片的方式显示在练习者眼前。这种眼镜还配有语音控制，让练习者可以随时查看特定的身体指标。

虚拟现实（VR）

从本质上讲，虚拟现实能让个人沉浸在交互式三维环境中，能给用户一种身临其境的感觉。当人类沉浸在虚拟现实的生态系统中时，感官能实时实地地感知到环境和伴随的体验。德国哲学家托马斯·梅青格尔（Thomas Metzinger）在谈到虚拟现实时说："虚拟现实相当于可能世界和可能自我，理想情况是想通过创造一种用户的主观存在感和完全沉浸感，使他们的体验尽可能真实。"

如今的虚拟现实平台包括HTC Vive、Oculus Quest、Oculus Go、三星VR、PlayStation VR、Google Daydream和Google Cardboard等。虚拟现实有两个主要应用。第一种是模拟真实的训练环境、教育环境和感受。目前，虚拟现实的应用增长主要来自由企业推动的应用领域，如发展教育事业，培训军人、医生和警察等人才，以及三维产品等项目开发。第二种是为视频游戏和营销交互创造有想象空间的环境。零售业现在正利用虚拟现实技术创建高度沉浸式和颠覆性的展厅，提供产品试用体验，组织沉浸式营销活动。目前以下3家老牌公司正在利用虚拟现实技术。

- IKEA。
  IKEA拥有虚拟现实展厅，吸引潜在客户不知不觉就沉浸在各种房间的设计中。
- Marriott International。
  活动策划人员使用虚拟现实技术，让潜在客户能够沉浸在不同的活动项目中，让他们真正感受到参加万豪举行的活动是一种什么样的体验。
- Patron。
  该公司利用虚拟现实技术，让人们从蜜蜂的角度参观其酿酒厂，以引起买家的兴趣。

虚拟现实健身

虚拟现实正向健身行业进发。《2019年国际健身产业趋势报告：什么风靡一时》（ClubIntel, 2019）中提到，欧洲约有2%的运营商称已使用增强现实技术，或同时使用虚拟现实技术，这一比例经统计与2018年持平。下面重点介绍健身行业中4家提供虚拟现实技术的领先运营商。值得注意的是，这些公司都没有将虚拟现实技术应用于市场营销、性能测试或教育事业，而是利用虚拟现实技术激励人们更多地锻炼身体，在其中获得游戏式体验。

- VirZoom。

VirZoom平台设计了一款立式自行车。健身俱乐部平台附带一个虚拟现实自定义模式的应用程序,可以通过蓝牙与一个独立的虚拟现实耳机相连接。如果人们将锻炼视为一场游戏,那么该平台就会让人们在锻炼时沉浸在各种虚拟的游戏世界中。

- Holofit。

Holofit平台可与立式自行车、划船机、椭圆机和踏步机配合使用,现已成为健身市场上最多样化的虚拟现实平台之一。和其他虚拟现实平台一样,练习者需要佩戴Oculus Quest头盔或Oculus Go头盔等可穿戴设备。该平台提供了多种虚拟环境供人们在锻炼时选择。此外,人们可以将多个有氧健身器材连接起来,提供群体的训练体验,或者仅仅是给锻炼人提供比赛的机会。人们还可以将这些机器连接到大屏幕的监视器上,这样其他去健身房的人就可以观看相关活动了。

- Icaros VR。

Icaros平台拥有专门的健身器材、独立的虚拟现实头盔和独立的软件。用户可以在飞行、潜水和驾驶等众多虚拟环境中做出选择。有些环境甚至能提供类似于电子竞技的多用户体验。

- Icaros VR。

Icaros利用人工智能技术设置抗阻力器械,配备可以自由组合的配重片系统,给用户提供了一种完全沉浸式的虚拟现实健身房的体验,同时提供HTC Vive头盔和相关软件供用户使用。Icaros的系统提供了抗阻力训练的选择。一项健身流程涵盖了多次剧烈运动,总共需要30分钟才能完成。这一平台将运动游戏化,让锻炼者与自己竞争,或者也可以同他人竞争。该系统使用人工智能技术来调整阻力,确保用户在整个流程中都能适当地挑战自己的承受限度。最后,系统利用增强现实技术,让锻炼者可以看到运动时间、消耗的热量和赢得的游戏点数等关键的性能指标。2019

年春天，Icaros 在旧金山开设了一家独立的虚拟现实健身房，接着第二家独立工作室于 2019 年秋季成功开业。

从长远来看，即使这种方法可能会给健身行业带来较大的利益，但是上述虚拟现实平台追求的是游戏化的虚拟现实，而不是一种更具模拟性和指导性的方法。人们要想利用虚拟现实给健身行业带来实际的影响，就要等到供应商成功采取一种将增强现实技术和人工智能技术结合起来的混合现实技术的方法才能实现。人们可以将个人训练、参加团体健身课程、建立人际关系等健身体验完整地结合起来，甚至随时在家中客厅进行锻炼，就像在健身房的小天地里一样。

两个欧洲运营商的案例研究及其利用技术的方式

1. 俄罗斯莫斯科的 Encore Fitness 健身俱乐部

目前，Encore Fitness 健身俱乐部在莫斯科经营着两家俱乐部，其他俱乐部正在开发中。

以下是首席执行官伊琳娜·库季纳（Irina Kutina）针对采访者提出的问题做的回复。

问：那么，想要通过技术丰富会员体验，同时为了提高运营效率、增加营业收入和减少管理费用，Encore Fitness 都采取了什么措施呢？

答：当在 2016 年开设 Encore Fitness 时，我们知道这种商业模式是在当前的数字时代推出的。因此，我们了解到，要想让 Encore Fitness 品牌成功地吸引目标受众，它需要的不仅是实体商业模式，还需要与我们的受众建立数字化关系。事实上，我们创建的是一种线上品牌。为了实现目标，拥有一个与实体领域和数字领域都能建立联系的品牌，我们采取了以下措施。

- 设计了一个直观易懂、方便快捷、功能强大、适应性强的网站，可跨多个数字平台和设备开展工作。
- 借助短信、社交媒体平台和电子邮件等数字工具，设计调整沟通策略。
- 引入云端软件，同时提供端对端分析，使我们能够优化各种管理流程。
- 整合数字基础设施中的前沿技术，如开发人工智能支持的人脸识别功能，优化会员识别的 RFID 频段，改善用于支付的数字钱包功能，配备附带二维码的健身设备来优化操作的同时给会员提供帮助，可以根据用户设置的调整设置能区分个人账户的有氧监护仪，强化用户在听音乐、看视频和浏览网页时需要的可接入电视和流媒体平台的多媒体系统，内置可在俱乐部监视器上进行实时追踪的 My zone 应用程序，以及建立在整个俱乐部的平板电脑和电视上都能展示的课程计划。

我们公司知道技术代表着行业的未来，所以一直致力于不断提升技术水平。

问：您能告诉我 Encore Fitness 是否在使用人工智能技术吗？如果有，你们会怎样利用人工智能技术，以在丰富会员体验的基础上增加企业的收入、促进销售，或者提高运营能力？

答：我们的愿景是创建自动化的数字基础设施，允许企业捕捉客户行为，针对每一位会员的行动轨迹，建立独立的数字化档案。我们现在正处于使用人工智能技术对会员行为进行预测分析的初步阶段，但我相信有了这些数据，一定可以更好地满足会员的需求。我们还能通过现在引入的这个系统，在多个数字通道中与会员保持联系。我们还可以借助该系统与会员进行实时沟通。

问：您能告诉我 Encore Fitness 是如何利用社交媒体来推动业务的吗？更重要的是，它是如何利用社交媒体来创建会员社区并推动会员之间的相互对话的？

答：在 Encore Fitness，我们重视社交网络在建立品牌中起到的作用。我们开发了自己的社交网络页面，主要的目标是与客户保持沟通。我们了解到，如今的客户希望能够与喜欢的品牌随时展开对话，而这个问题主要通过社交媒体才能解决。在英派斯，我们使用的沟通效率最高的社交媒体平台是 Instagram。以下是我们设立的与社交媒体相关的策略。

• 创造有趣的内容。我们努力发布新鲜的内容，让客户记住我们的存在，并培养他们不在俱乐部时的"害怕错过"的心理。我们通过使用 Instagram 展示俱乐部活动来实现这一点。

• 创建信息丰富、相关度高的内容。我们会介绍例如适当锻炼、保证营养和恢复训练等一些普遍的话题。我们也提供俱乐部所拥有的各种服务项目，满足会员的期望需求。

• 与会员进行实时对话。在我们的社交媒体策略中，重要的一点是直接通过发送短信与客户进行沟通，这使我们能够与会员进行实时对话，对会员的正面反馈和负面反馈都能及时做出回应。

- 回应给俱乐部的建议。我们处理公众在用户的个人页面、评论网站和各种平台上的关于英派斯的帖子和评论。

最后，我们发布有针对性的广告，用参与整个社交网络的方式，帮我们吸引到了更多新的潜在客户。

问：研究表明，绝大多数消费者希望通过移动应用程序与企业随时保持联系。我想知道 Encore Fitness 是否配备了移动应用程序？如果有，它能为消费者提供什么具体功能，来丰富整体的健身体验？

答：我们计划在2020年推出一款定制移动应用程序，配备完美健身房客户关系管理系统。我们认为，我们在软件中与会员接触的时间最多，而推出这款移动应用程序会进一步增强我们与会员保持联系的能力。英派斯应用程序发布后，会员可以在这个软件上搜索课程表、预约个人训练、预留课程位置、冻结会员资格、支付服务费用、续签会员资格，或者与私人经理聊天。

2. 挪威的 Stamina 家庭运动俱乐部

Stamina 家庭运动俱乐部在挪威经营着63家俱乐部，有70 000名注册会员。前首席执行官、现任人力资源经理希尔德·A. 桑德沃尔（Hilde A. Sandvoll）针对采访者提出的问题做了回复。采访由汉斯·明奇（Hans Muench）主持。

问：那么，想要通过技术丰富会员体验，同时为了提高运营效率、增加营业收入和减少管理费用，Stamina 都采取了什么措施呢？

答：目前，Stamina 并不认为自己处于技术的前沿。Stamina 认为，技术提供了一种让会员体验变得更富有价值的手段，同时也促进了俱乐部与会员之间的联系。Stamina 还认为，在将健身服务与医疗保健行业联合起来这一方面，技术还发挥着重要的作用。Stamina 目前正在探索人工智能技术能在让服务更加丰富方面提供什么帮助。

问：您能告诉我Stamina是如何利用社交媒体来推动业务的吗？更重要的是，它是如何利用社交媒体来创建会员社区并推动会员之间的相互对话的？

答：公司使用社交媒体的目的是，通过图像和视频的方式在上面发布自己的故事，通过开放的对话方式与会员建立信任，并为志同道合的会员建立他们自己的小社群。目前，公司的重心在以下3个社交媒体平台：Facebook、Instagram和Snapchat。每个俱乐部以及公司都有自己的网站。Stamina使用社交网站与会员展开谈话，按年龄和性别将会员进行分组，建立不同的沟通方式和沟通内容。公司认为，可以为不同的会员创建自定义的交流模式，让兴趣相似的会员自行建立联系。

问：研究表明，绝大多数消费者希望通过移动应用程序与企业随时保持联系。我想知道Stamina是否配备了移动应用程序？如果有，它能为消费者提供什么具体功能，来丰富整体的健身体验？

答：Stamina目前配备了一个移动应用程序，可供会员下载使用。目前，在Stamina的70 000名注册会员中，有70%的人下载了这个应用程序。该应用程序让会员可以在团体锻炼课程中预留位置，用移动会员卡获取访问俱乐部的权限。下一个版本的应用程序会增加一些功能，如预约个人训练课程、更快获取俱乐部的访问权、提供奖励的项目。未来的版本将考虑添加连接功能，在公司的社交媒体页面添加应用程序的链接，提升与会员进行对话的能力。

6.12   结论

第四次工业革命刚刚开始，到 2030 年，无论是从消费者和企业所青睐的技术类型，还是从数字达尔文主义的影响来看，它的发展速度都将遥遥领先于现在。到 2030 年，如果健身运营商不把科技视为战略要务，不围绕科技设定变革议程，那么它们很可能会成为落后的产物。那么，到 2030 年，对于一家健身运营商来说，要如何设定开展数字化变革的议程呢？以下是 5 个数字化手段，作者认为必须将这些手段加入每个健身运营商的数字化议程中。

- 将社交媒体置于沟通策略的第一位。

  精通社交媒体，将成为消费者和会员参与健身的先决条件。虽然除斯堪的纳维亚国家之外，目前只有不到 70% 的欧洲消费者活跃在社交媒体上，但到 2030 年，这一比例将接近 100%。此外，消费者想直接与企业对话，在他们选择的社交媒体平台上与企业接触。这一范式将使社交媒体不再扮演必需品的角色，而成为一种人们随时都可以使用的社交媒体。

- 使移动通信成为战略要务。

  成为移动数字土著。移动通信不再是奢侈品。相反，它将是一种商业必需品，为移动土著的社会提供相应的服务。如今，建立移动通信平台还有附加的好处，这是另一种当客户不在室内场地也依然能吸引客户的方式。到 2030 年，移动通信将不再只是为实体企业提供数字支持，相反，在获取客户、吸引客户、将客户货币化方面，它本身就可以比肩实体企业，甚至更加优秀。

- 为商业提供多样的人工智能技术。

  人工智能将成为健身行业中潜在的动力支持。到 2030 年，人工智能将远不止用于通过提供预测分析来指导我们做出商业决策。到 2030 年，人工智能将成为运营商与客户建立密切关系的主要手段。人工智能提供给会员的训练、教学和激励，比私人教练提供的要多得多。对于健身运营商来说，2030年将是一个新时代，人工智能可以充分又人性化地与商业进行融合。

- 了解按需健身模式在促进企业成功方面，与个人训练相比同等重要甚至更加重要。

  如今的消费者希望企业可以随时提供服务，到2030年，健身消费者需要服务提供商随时随地都能提供服务。到2030年，按需健身模式将不再是一种竞争优势，相反，它将是健身运营商必须拥有的服务。到2030年，按需健身模式必须具备人工智能技术、增强现实技术和实时同步通信技术。按需健身模式将成为健身运营商最重要的副业收入来源之一，它也将成为影响和带领人们进入俱乐部的一个重要手段。

- 为了加强教育、促进营销，采用增强现实技术和虚拟现实技术。

  在2020年，人们会用增强现实技术和虚拟现实技术作为健身体验的替代品，如应用全息健身的三维增强现实手游Holodia、VirZoom自行车和黑匣子虚拟现实，但这种替代并不能体现出它们未来的价值所在。增强现实技术和虚拟现实技术的真正价值体现在针对员工和消费者的教学领域，且在营销和销售方面有更大的价值。到2030年，转型的健身企业会设立数字平台，让消费者无须到健身房就可以体验每一个环节。想想宜家的虚拟展厅，再想如何进一步发展。有些健身运营商运用营销手段，通过虚拟现实技术和增强现实技术吸引消费者，让消费者从潜在客户逐渐转为会员，这些健身运营商会在2030年成为蓬勃发展的健身企业。

6.13 参考文献

- Adarsh, Marika (2018). Gym Marketing with Beacons: 5 Ways to Improve Your Gym Member Retention Strategy.
- Bei, Lee (2019). Netflix of Gyms: The Best On-Demand Fitness Streaming Platforms for the Home.

- Business Wire (2017). Digital Payment Platforms Primed to Topple Cash.

- Carmon, Ashley (2018). Your Next Activity Tracker Could be a Pair of Glasses.

- ClubIntel (2019). 2019 International Fitness Industry Trend Report–What's All the Rage.

- Colon, Alex (2019). Best Fitness Trackers for 2019.

- Dalei, Sam (2019). 19 Examples of AI Shaking Up Business as Usual.

- Draper, Sam (2018). Top 5 Smart Clothes for Workout Freaks in the Market Right Now.

- Fosco, Molly (2019). AI Begins Exercising Power Over Your Home Fitness.

- Gerber, Scott (2012 and 2016). 13 Must-Have Features for Your Next Mobile App.

- Hootsuite (2019). Digital 2019. Essential Insights into How People Around the World Use the Internet, Mobile Devices, Social Media, and E-Commerce. Vancouver, CA.

- Jones, Will. 3 Benefits of Beacon Technology for Health Clubs.

- Kassel, Gabrielle (2018). The Greatest Guide to the Best Streaming Fitness Programs.

- Limelight Networks (2018). The State of Online Video 2018.

- Liu, Shanhong (2019). Fitness Activity Tracker Statistics and Facts.

- Marvin, Rob (2018). American's Spend over 11 Hours a Day Consuming Media.

- Mitroff, Sarah, M (2019). Peloton, Daily Burn and More: Best Workout Subscriptions Apps.

- Morgan, Jacob (2014). A Simple Explanation of 'The Internet of Things'.

- Price, Dan (2019). The 10 Best Workout Apps to Get in Shape.

- Proffitt, Cas (2017). Top 10 Artificial Intelligence Companies in Health and Fitness.

- Schwab, Klaus (2016). The 4th Industrial Revolution: What it Means and How to Respond.

- Smart Insights (2018). 2018 Global Digital Future in Focus.

- Smith, Craig (2019). 15 Interesting ClassPass Statistics and Facts by the Numbers.

- Smith, Stacey (2016). Why Middlemen are Taking over the Global Economy.

- Solis, Brian (2014). Digital Darwinism: How Disruptive Technology is Changing Business for Good.

- Steele, Lauren (2018). CES 2018: Everything You Need to Know About Connected Workouts.

- Swah, Michael (2019). Put a Ring On It: The Best Smart Rings.

- Viswanathan, Priya (2019). What is a Mobile App.

- (VR) Intelligence and Super Data (2018). New Enterprise Realities. Industry Perspectives and Key Metrics on Business Applications for Virtual, Augmented and Mixed Realities.

- Wong, Foiona (2017). Influence of Pokeman Go on physical activity level of university players: a cross sectional study. International Journal of Healthgeographics.

- Wurmser, Yoram (2019). Wearables 2019. Advanced Wearables Pick Up Pace as Fitness Trackers Slow.

- XRDC (2019). AR/VR Innovation Report (2019).

第 7 章

构建敏捷组织

马里纳·莱利（Marije Lely）

7.1 简介

当试图定义敏捷时，许多人将敏捷与速度联系在一起。他们说敏捷意味着做事更快。在定义敏捷的时候，让我们从体育科学的角度来看一下敏捷的定义，这个定义放在我们的健身环境中是非常合适的："敏捷是以有效、高效的方式改变身体方向的能力。实现这一目标需要平衡、速度、力量和协调的结合"。然而，敏捷本身并不是一个目标。这是一种达到更广泛目标的手段；它有助于提升体育活动的表现，有助于身心健康。

任何组织都可以变得更加敏捷。因为敏捷更像是一种思维方式，而不仅是一种方法论，而且考虑到快速、巨大的变化和复杂性，几乎影响到每个工作环节，所以很难找到一种工作方式，原则上不适合通过敏捷思维方式进行改进。

但敏捷性本身不应成为一个追求的目标。然而现如今，变得敏捷、行动敏捷，以及提升敏捷度，已经成为街头巷尾人们热议的话题。事实上，敏捷这个词已经因为无限制的市场营销而变得几乎毫无意义。所以，退一步，你要问自己的第一个问题是："为什么要变得敏捷？我想通过提升敏捷度后，达到什么样的目标？"要确保有一个清晰且令人信服的理由，让周围大多数人都能够认可，因为必须一直努力，才能通过一些改变取得成功。

7.2 数字世界中的全频道

正因为如此，荷兰ING银行集团首席运营官马里纳·莱利（Marije Lely）总是喜欢谈论"敏捷"这个词，认为这是改善客户体验、推动市场发展、提高员工参与度和提高生产率的重要手段。她清楚地记得在2015年夏天，ING银行集团开始了一段将其传统组织转变为一种"敏捷"模式的新旅程，其灵感来自Google、Netflix和Spotify。

尽管ING银行集团作为数字创新者起步较早，他们意识到有必要从"多渠道"方式转向"全渠道"的银行业愿景，以服务于在数字生态系统中日益紧密联系的个人和企业。他们的愿景是开发一个开放的平台，客户在那里不仅可以使他们的金融需求得到满足，还可以从第三方获得超越传统银行业务的服务。这也意味着，ING银行集团的数字系统必须无缝衔接到其他生态系统中，通过这种方式，该公司可以随时随地为客户提供在线服务。

由于公司运转良好，没有特别的财务问题或其他的紧急问题触发这种转变。然而，随着新的数字分销渠道的迅猛发展，客户行为也发生了迅速改变，而客户的期望正被其他行业的数字领导者塑造，这种现象不仅仅发生在银行业。在这个金融科技的时代大数据、超连接的客户会随时随地要求更多、更快、更好和质量更高的服务。此外，银行产品已经变成了商品，各个银行的储蓄或活期存款账户的特征，没有真正的区别。要想从竞争中脱颖而出，唯一的办法就是给客户提供更好的体验，一种真正与众不同的客户体验。

ING银行集团的客户希望银行的日常业务能够100%实现数字化，银行提供一次解决，无须二次办理的方案，为客户提前做好相关准备工作。同时，客户希望银行可以提供个性化的、关联紧密的、极为私密的意见，允许客户可以任意选择不同的咨询渠道。动态客户档案系统是所有这些互动的核心，能够主动提供个性化意见，因为这正是客户现在所期望的。

这样的做法，使得人们开始在新的全渠道环境中，专注于开发客户需求。提供无缝和始终如一的高质量服务，可以使客户通过一个渠道开始他们的旅程，并无缝切换到另一个渠道，继续享受服务。

　　此外，ING银行集团认识到，提供金融服务业务，最终还是科技公司的专属。然而，科技改变世界，也并非偶然。在将技术应用于银行业务方面，ING银行集团曾经发挥过积极作用，并仍然在发挥着积极作用。但要跟上发展，保持领先地位，必须更深刻地意识到这一点，并真正努力成为一流的技术公司。

　　这就是为什么ING银行集团会关注那些在新数字时代取得巨大成功的公司。这些公司因其服务客户的方式、提供个性化解决方案和互动的方式而受到赞赏，并根据客户的个人情况和需求提供定制化服务。它们理解这一切都是关于创新的，并且真正知道如何将这种关注嵌入创新活动中。还有，它们管理客户关系的方式，是真正建立客户忠诚度的方式。ING银行集团关注的不是其他银行，而是真正的科技公司。因此，ING银行集团走访了这些公司，去体验、学习它们的不同之处。

　　ING银行集团学到了什么？归根结底，这些科技公司有3个共同的重要因素。（1）科技公司会在实践中学习。它们尝试在各个层面大量开展研究，积极地从中学习。（2）科技公司更新内容的速度很快。它们在很短的反馈循环等更新迭代中工作，旨在提取有效内容，淘汰无效内容。他们没开始多久就会遭到失败，而且经常失败，而不是在3个月后发现某些东西不起作用。（3）科技公司在成功之前不会停止。它们非常清楚通往完美的道路一直在建设中，每次都会不断地改变、调整，以达到更高的水平。

　　它们都有共同的工作方式和独特的民族文化，并且在小团队中工作。这些团队有着共同的目标，遵循敏捷的"宣言"，与客户密切互动，并且能够不断地重塑它们所从事的工作。受这些公司的启发，ING银行集团将其应用到自己的业务中，从而致力于向全渠道组织转型。一个关键的目标是能够更快地响应不断变化的客户需求，同时还能够真正灵活地围绕客户组织渠道，消除渠道之间的界限，在每个渠道中建立完全相同的客户体验。

在这一转变中，最重要的是通过打破组织的简仓结构（企业简仓结构是指企业内部以部门划分职责，虽然在同一个企业，但不同部门之间就像独立的简仓，缺少交流、共享信息甚至合作），减少交接和官僚作风来提高效率和改善合作。它们通过最大限度地增强员工能力、专注于（数字化）人才和创建高绩效团队来提高员工参与工作的程度。

7.3 ING银行集团的发展新旅程

所以，基于所获得的灵感和制定的目标，ING银行集团的发展新旅程即将开始。回顾过去，开始这种新的敏捷的工作方式，是ING银行集团转型的首要因素。但是，请仔细阅读接下来的内容，因为这是一种实现更高目标的手段，同时也是实现向全渠道组织转型成功的关键因素。

第二个关键因素是建立正确的组织结构，明确角色和治理方案，以打破阻碍敏捷性的简仓结构。ING银行集团坚持"端到端原则"，在拥有多学科专家的团队中工作，团队中包括营销专家、产品和商业专家、用户体验设计师、数据分析师和互联网技术工程师，以及所有需要专注于解决客户需求的人员。团结起来，共同走向成功。

第三个关键因素是互联网技术中的持续交付。ING银行集团的目标是每两周发布一次新的软件，而不是一年5~6次重磅发布。交付周期是要缩短的，了解经营的技术专家和懂技术的经营人员组成的团队可以进一步缩短反馈和交付周期。因此，产品开发和互联网技术运营的整合使创新的新产品功能得以开发，使ING银行集团成为荷兰第一大移动银行。

而且，这一切都源于工匠精神。在敏捷绩效管理模型中，最重要的是人们的专业知识。"保持好奇心。继续学习。做得比任何人想象的都好。不断发展成为一个更令人敬畏的自我。"在ING银行集团，这就是所谓的工匠精神。

最后，支持以上所有的基础是文化，这并不是在程序中定义并记录下来的东西。ING银行集团花费了大量的精力和时间，试图在敏捷文化中建立一种行为、所有权、授权、以客户为中心的示范。而且，在那之后，这个行为模式的确深深融入了ING银行集团的精神与文化中。

例如，Zappos开设了为期3周的入职培训计划，要求每个员工在新的客户忠诚度团队呼叫中心至少花一周时间接听客户电话。另一个很好的例子是Google使用的点对点招聘方法，这使得团队在性别、性格和技能方面比以前更加多样化。此外，还有一个关键的问题是在新的工作环境中进行的投资，这些投资是为了营造一种科技园区般的氛围，而不是营造一种传统银行的氛围。实际上，横亘在企业之间的高墙已被拆除，更多的开放空间被创造了出来，员工之间可以进行更多随意的交流。

7.4　敏捷

现在必须从正确的角度来看待这种敏捷的工作方式，所以让我们详细说明如何将工作敏捷付诸实践。ING银行集团的敏捷工作方式是建立在一些基本原则之上的，这些原则听起来非常简单，但是当你把它们应用到你做的每一件事上时，它们就是成功的关键。

- 我们在高绩效团队中工作。
- 我们赋予团队话语权。
- 我们关注人才和技能。
- 我们不断向客户学习，并将学习应用于改进。
- 我们从全局出发确定优先发展事项。
- 我们的组织设计和工作方式是一致的。
- 我们组织起来很简单。

- 我们重复使用，而不是重新发明。
- 我们的目标始终引领着我们。

如果你真的接受了敏捷的组织工作方式，就可以彻底摆脱曾深信不疑的工作结构。这是一个大胆的举动。你的目标变了，管理和组织的方式也变了。价值观改变了，沟通方式也变了。敏捷工作是一种思维方式，你不需要表现得敏捷——你就是敏捷的。你们需要彼此信任，承担责任，让事情发生。这就创造了一个快乐的、参与其中的员工队伍，表现出主动性，并为变革做好了准备。

这种工作方式是如何实现的？每个人都在团队中工作，这是一个小型的自主团队，负责点对点的客户需求。团队由不同的学科专家组成，如客户旅程专家、数据分析师、互联网技术开发人员和用户体验设计师。产品负责人监督小组的工作，并对产出负责。好的团队领导人负责确定团队的工作方式、技能和文化，以确保他们作为一个高绩效团队运作。一个公司的关键人物，完全专注于支持和指导自己的工作团队，以提高工作效率。

小队成员在一个特定的团队中发挥专业知识并发展他们的技能。例如，数据分析团队、产品管理和过程管理团队。团队领导应该说明如何完成工作，并定义"怎样才能出色地完成"，还需设定质量标准和指导方针，以帮助团队实现它的目标。团队领导应注重技术支持，同时也关注了团队成员的个人发展和绩效管理。

小队之间的凝聚力是如何产生的？即设定一系列目标相同的小组。例如，抵押贷款组、银行审核组、商业贷款组、或是莱利组（对自己负责）。

7.5　怎样才能发挥作用

当然，这种敏捷工作方式的本质并不是基于小队、分会的组织方式，其本质在于人们如何使其协同工作。

让我们从核心团队开始，团队是ING敏捷组织的基本单元。自导向、自主的团队对他们自己特定的客户实现端到端的负责。小队最多由9人组成，有时少一些，有时多一些。但本质上小队规模不是太大，因为太大的话交接和调整会使效率低下。如果小队规模太小，那么他们很可能需要其他小队来帮助他们实现自己的目标，这又会产生依赖性，形成共同付出。这正是我们要避免的浪费。

小队建立在不同的学科、专业领域和背景之上。成功的关键因素之一是开发运营工程师和客户旅程专家之间的合作，他们在一个团队中一起工作。如今，互联网技术部门和商业部门的同事紧密合作，不断地为客户构建和提供新的服务。另外，关键是所有的专业技能或职能，以前在筒仓组织，现在是点对点运作。这本身就有助于合作，创造了对彼此交付部分的更好理解，从而产生更好的最终产品。

在自主和协调之间保持健康的平衡是一个持续的挑战，但成功关键是如何做到平衡（见图7.1）。小队的自主权在任何时候都应得到最大限度的尊重，因为充分授权是关键。与此同时，协调是至关重要的，只有这样才能确保所有的小队一起最大限度地实现整体目标。最初强调的是自主权，提高了自主权的重要性，并给予了小队充分的自由。后来引入了协调计划，如从Netflix公司学习的季度业务回顾（QBR）。这是一个银行领域的季度工作流程，所有部落领导都会根据银行的目的对其审查和预览。

这直接关系到领导层在向这种新的工作方式转变以及使其真正发挥作用方面的关键作用。你可以建立任何结构或开始任何一种新的工作方

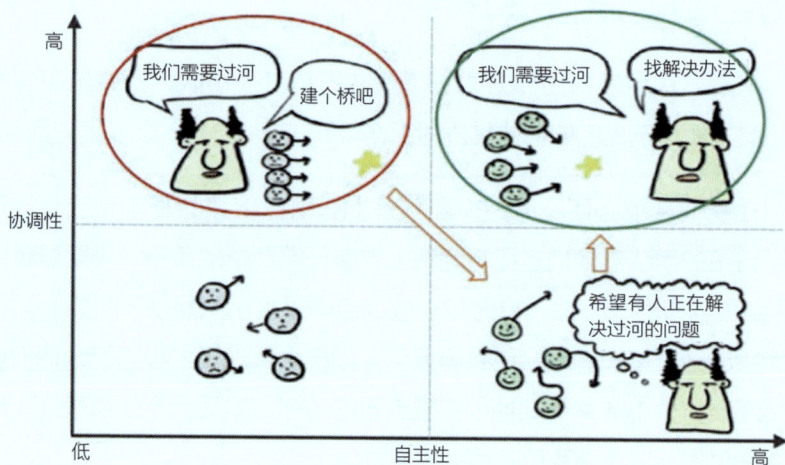

图 7.1
自主性和协调性的分歧（ING 银行集团文件）

式，但如果高级管理人员不向部落的人提出根本不同的问题，也不改变他们的工作方式，那么一切都不会改变。

简单明了地说，领导者的焦点已经从"方式"转变为"原因和重心"。首先，领导者会得到激发，让目标驱动所做的一切，并讲述自己的故事，因为每一个目标背后都有一个故事。重点除了个人目标，还有部落的目标。这种以顾客为中心的目标，引导整个部落向前发展。当这个目标具有吸引力、挑战性，并且真正阐明了企业的目标时，"唯一"剩下的就是让一个领导者赋予团队权力并为他们服务。这意味着领导者要成为一个促进者，赋予团队权力，创造一个让人们成长、学习和放松的环境，以便他们能够进行实验。

除了这些真正使其发挥作用的关键因素外，还有一些重要的支持方面可以最大限度地促进这种工作方式。一直走下去，敏捷意味着它会影响一切，因此在支持诸如人力资源、财务、工作场所服务等过程中也将是关键。例如，Google 采用点对点招聘方法，并用点对点的经验取代了分层招聘过程。

一个由同事组成的招聘团队负责挑选应聘者，而不是由招聘经理来挑选。在公司各个级别的团队都用这种方法招聘了数千名员工之后，没有人行使过任何否决权，这无疑表明该体系运作良好。值得注意的是，现在的团队在性别、性格和技能方面比以前更加多样化。除了招聘流程外，其他关键的人力资源产品或流程也发生了变化，如从年度绩效周期转向持续反馈。提供灵活的工作条件，如陪产假和无限假期，并注重福利。

7.6　总结

最后，如何将敏捷应用于工作中，以及如何让它继续工作，这要在实践中才能发现。设计理念可以很好，但是不断地调整会让它变得更好。关键是要开始并愿意在体验过程中进行调整。而且，在技术不断改进的同时，企业需要对自身进行结构调整，以实现持续地进步。什么有效，什么不起作用，是一个需要反复试验的问题。敏捷工作名副其实，没有什么是一成不变的，这是 ING 银行集团工作方式的精髓，也是许多组织为迎接未来 10 年而采取的方式。

7.7　参考文献

- Harvard Business Review "Transformation at ING; Agile", Boston, April 2018.

第2部分

行业相关主题

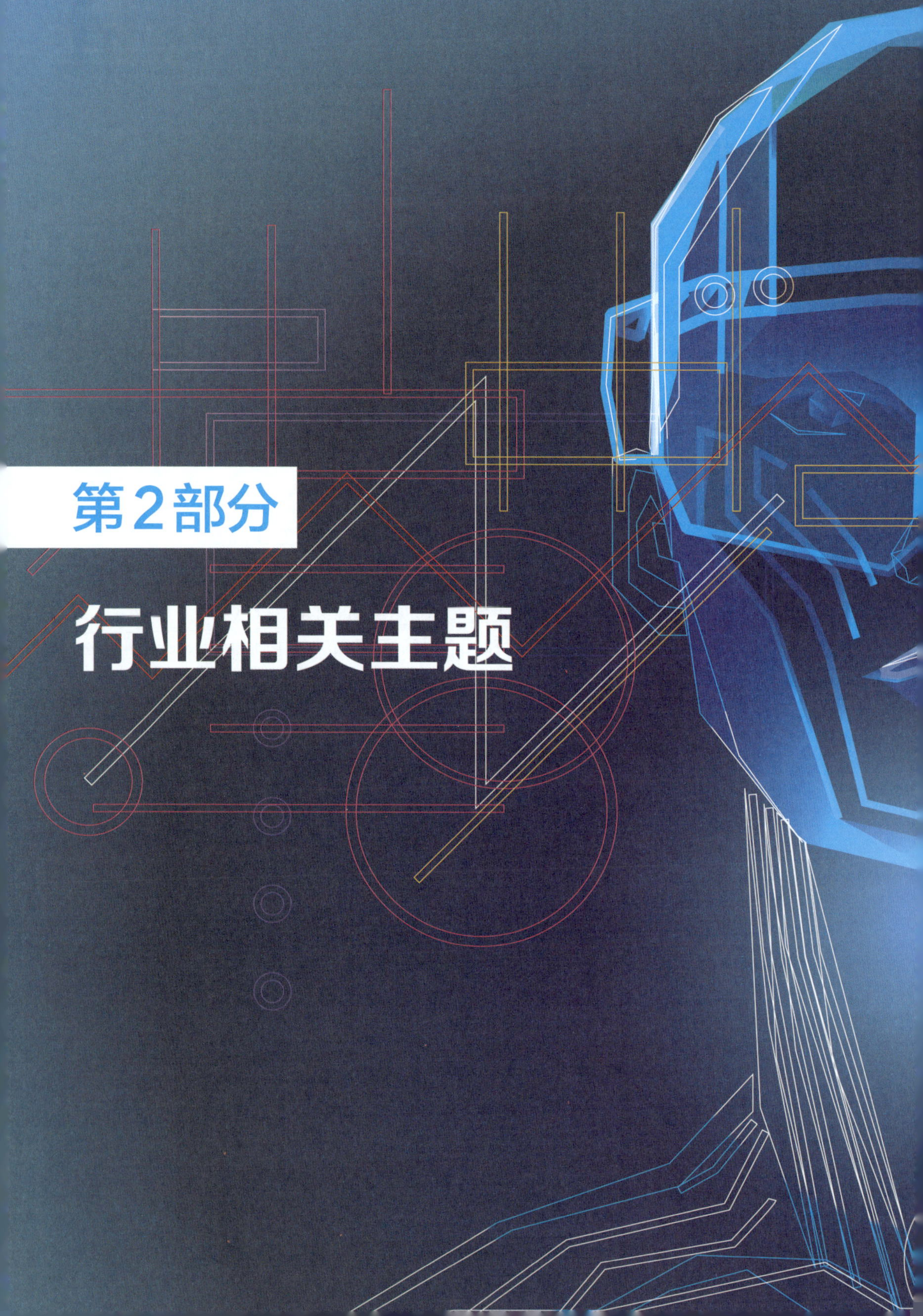

第8章

健身领域企业的社会责任

安德烈亚斯·保尔森（Andreas Paulsen）

8.1　简介

虽然健身和体育活动领域依然处处被标榜为新兴产业，但在2010—2020年，这个行业逐渐强大起来，并创新改革商业模式，外部投资涌入增多，这都明显见证了健身行业的成熟之处。行业从业者团结起来，建立了更强大的行业协会，共同解决问题。大量行业从业者显然越来越渴望通过制定行业职业标准等措施，来提升这一行业的内部专业化和外部形象，通过强身健体的体育活动，推动这一行业发挥改善所有人生活的潜能。

在过去一二十年里，健身和体育活动行业的先驱们富有远见，外部资本和创意不断涌入，所以，健身和体育活动领域的发展超越了传统健身行业。这让健身和体育活动行业以开放的姿态包容其他领域的创新、前卫思想，提升了自身的发展。

这一行业正在经历以及在未来几年还会经历真正颠覆性、加速的数字化浪潮，现实就是这种情况。这一行业日益增长的社会意识和企业公民责任，抑或是其更正式的名称——企业社会责任，也是这种情况。本章的内容表明，越来越多的健身企业已经开始用更有价值的语言与顾客以及更广泛的世界交流。长久以来，欧洲健身与健康协会和英国健身与健康协会（ukactive）等一直致力于从更广泛的社会角度引领和促进这一行业的积极社会影响。

经典利他主义在西方世界广为人知，其特点是富有的顾客和企业达到一定的财富水平后回馈社会，消费者和广大社会感激地接受这一点。但是当今的欧盟和西方世界的企业不仅受更高社会法律义务的约束，而且越来越多的主力消费者，尤其是更年轻的消费者，也希望企业将经典利他主义纳入企业社会责任的章程。

这囊括了性别平等、绿色转型、社区拓展和社会融合等问题。但是，一些企业为避免潜在的公共舆论，将履行更高的企业社会责任标准视为一种风险规避，而更多企业由于新的市场机会和想要提高消费者忠诚度，愿意履行企业社会责任。还有一些行为是出于纯粹的道德，很多企业承担了比要求或预期更多的企业社会责任。

本章将结合具体案例和更广泛的社会辩论，以及企业社会责任所发挥的市场潜力，详细介绍在健身和体育活动领域中，企业社会责任意识不断发展的浪潮。

8.2　性别平等、同工同酬、社会融合

2010—2020 年，社会融合纳入了企业的社会责任，在欧洲大陆产生了巨大的吸引力。尤其是性别平等的问题，在过去几十年里走出了学术圈和政治圈，全面改变了社会规范和商业实践。在两性更加平等的传统欧洲国家和欧盟机构的领导下，欧盟各成员国程度上虽有差异，但都在考虑采取促进社会中性别平等的措施；一些国家已经为大型企业制定了具有约束力的性别平等标准，如《英国企业治理条例》中关于性别平等的要求。

另外，社会融合是企业社会责任的常见内容，重点远超性别平等，社会融合包含了所有边缘化社会群体。例如，社会融合包含了技能低下、很难在劳动力市场立足的移民，也包含了体力有限的老年人、来自贫寒家庭的儿童等。

在企业管理的性别平等方面和在就业策略及营销策略中实施社会融合方面，健身和体育活动领域与欧洲规模宏大的一些产业相比无疑还有一段距离。虽然健身和体育活动领域的劳动力大多是女性，占据主导地位，但欧洲龙头健身企业的顶级高管很少是女性。但幸运的是，近年来女性高管的数量逐渐增加。传统上这个行业男性占主导地位，传统模式现今让位于新型商业模式、新消费者类型和新雇主类型，使这一行业从更广泛的意义上重新定位了锻炼和强身健体的体育活动的方向，使更多元化的受众能够接触到健身和锻炼。

这种发展自然也带来了一些包容方面的意外的效果，至少在某种程度上，从以审美为导向、年龄不平衡的最佳健身结果的定义转向更全面的、以健康为导向的定义。因此，欧洲的老年人、儿童、低收入人群和其他非传统的健身消费者涌入健身和健康行业，这种现象前所未有。健身和健康行业的新型商业模式和新型、更触手可及的概念迎合了更多样化的消费者，这是这一行业在北欧和整个欧洲大陆普及率目前达到20%的主要推动力（EuropeActive/Deloitte, 2019）。

在我们审视行业内性别平等的实际情况时，针对英国超过250名员工的公司的男女收入差距（GPG）做出了一份强制性报告，报告中提供了一些基本的见解。例如，PureGym通过收购丹麦Fitness World，即将成为欧洲第二大健身俱乐部运营商，其在同工同酬和男女就业机会平等方面取得巨大进展的消息已见诸报端："所有女性的平均收入的中位数比男性的低9.3%……造成PureGym的男女收入差距的主要原因是，我司2018年收入较低的女性人数更多，而收入较高的女性和女性高管人数较少。在缩小男女收入差距方面，我们已经取得进展，从去年报告的18.1%下降了……例如，截至2018年4月5日，PureGym有7名高管，其中3名是女性……"

同样，欧洲医疗健身的龙头企业英国Nuffield Health公司，也报告了2018年的进展："……我们的平均男女收入差距依旧低于英国全国平均水平，从去年的4.8%下降至今年的3.4%。"英国Nuffield Health公司还特别致力于招募更多女性担任高管。

此外，非政府组织近期提出了一些有趣的倡议来促进健身和体育活动领域的性别平等。其中有两个值得一提：健身行业妇女协会（WIFA）为全球女性商业领袖提供联系网络和相关导师；欧洲健身与健康协会最近修改了协会的价值、使命和愿景，明确要求协会的领导层和员工团队都要致力于推动性别平等的发展。

伊比利亚半岛的领军企业 GO fit，近期提出了可持续性计划，概括了该企业在性别平等、绿色转型和社会融合方面的社会责任。在 GO fit 可持续性计划中，该企业提到其具体目标是企业各级所有职位招聘实现性别平等。2019 年 GO fit 发布的招聘信息中有 34 个管理岗，在成功应聘者中大约有 55% 是男性，45% 是女性。有趣的是，GO fit 的可持续性计划符合联合国的 17 个可持续发展目标（SDG）。联合国的第 5 个可持续发展目标定义了性别平等的目标，而第 3 个和第 10 个可持续发展目标分别与良好健康和生活水平以及消除不平等相关，这表明了 GO fit 的长期目标是让健身大众化，为所有人提供健身服务。

在北欧，丹麦医疗健身企业 Fit&Sund 的宗旨之一是为非传统健身消费者提供健身和锻炼服务。自 2016 年起，Fit&Sund 一直为缺乏体育锻炼的老年人和儿童开展为期 5 周的公益性健身项目，目标是通过扫除健身和锻炼的社会经济障碍，围绕这个主题建立社区，在与缺乏锻炼的负面影响做斗争的人口区域改善人们的健康状况。Fit&Sund 深受欢迎的生活方式锻炼的灵感来自欧洲健身与健康协会 2015PAHA 项目。Fit&Sund 勇于承担社会责任，近期宣布了企业的目标是成为丹麦绿色健身和健康链。在该目标的指引下，从 2020 年 1 月起，Fit&Sund 的所有电力将源自绿色能源 [本章的作者安德烈亚斯 · 保尔森（Andreas Paulsen）是 Fit&Sund 的共同创始人兼现任总经理）]。

8.3　绿色转型和环境可持续性

2019 年 5 月，在欧洲议会选举期间，选民关注的第二大关键议题是气候变化、全球变暖和环境保护，仅次于经济发展的议题（见图 8.1）。在 8 个欧盟成员国中，气候变化和环境保护是选民最忧心的问题。从整体上看，欧洲的选民和消费者越来越意识到二氧化碳排放的负面影响，以及过度消费对自然环境造成的损害。

因此，无论国界、政治界限、性别和年龄，越来越多的欧洲消费者认为，企业管理的负责之处应是管理企业对环境的影响，实施有效的可持续解决方案。在2019年10月发布的最新欧洲晴雨表的调研中，欧盟公民议程清晰地强调了绿色转型的重要性，将气候变化和环境保护列为首要政治议题，而这也是欧盟公民认为欧洲议会应当解决的问题。

ESG（Environmental, Social, Governance），全称"环境、社会、治理"，已成为西方甚至是全球的企业报告标准，它为内部和外部利益相关者呈现了在环境保护、社会和良好的企业管理方面，企业的运营和倡议所产生的影响。ESG用于分析企业在整个企业价值链中的整体影响，广受会计和咨询机构的欢迎，而会计和咨询机构协助企业满足政府的ESG相关要求和消费者对企业社会责任的期望。

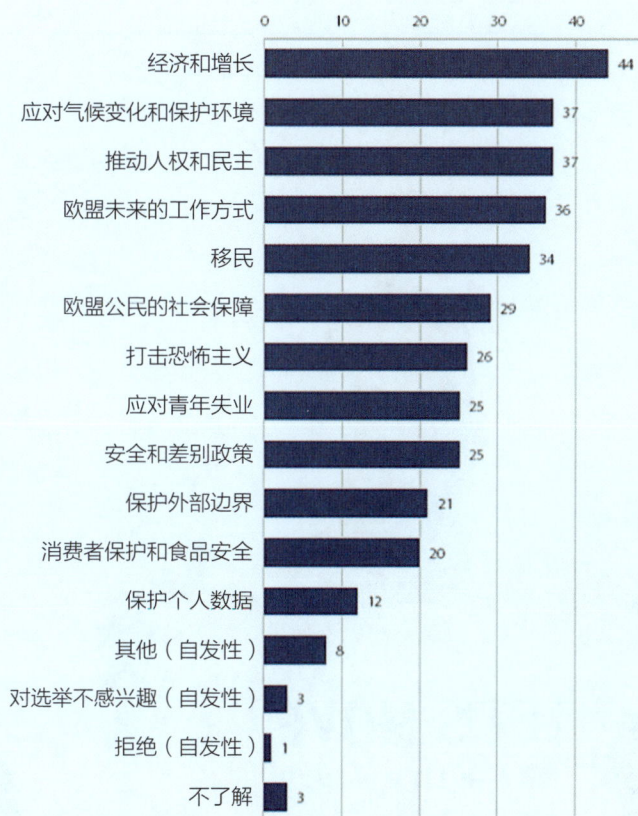

图8.1
影响欧盟公民投票决定的主要问题
（Eurobarometer, 2019）

2018年欧洲市场领军企业Basic-Fit的年度报告中的示例可以说明，ESG报告已成为健身和体育活动领域中大型运营商和企业的行业规范。Basic-Fit发源于荷兰，并且在荷兰的证券交易所上市，目前在5个欧盟国家开业。该企业的使命：

"Basic-Fit具有可持续性，提供的服务和产品对人们的健康和福祉会产生积极影响。我们的核心产品清晰地体现了联合国关于良好健康和福祉的可持续发展目标。我们认为，通过完成使命，我们可以实现这一目标，让健身普及到欧洲的每一个人（Basic-Fit, 2018）。"

人类的个体健康和福祉与他们生活的社会的总体福祉直接相关

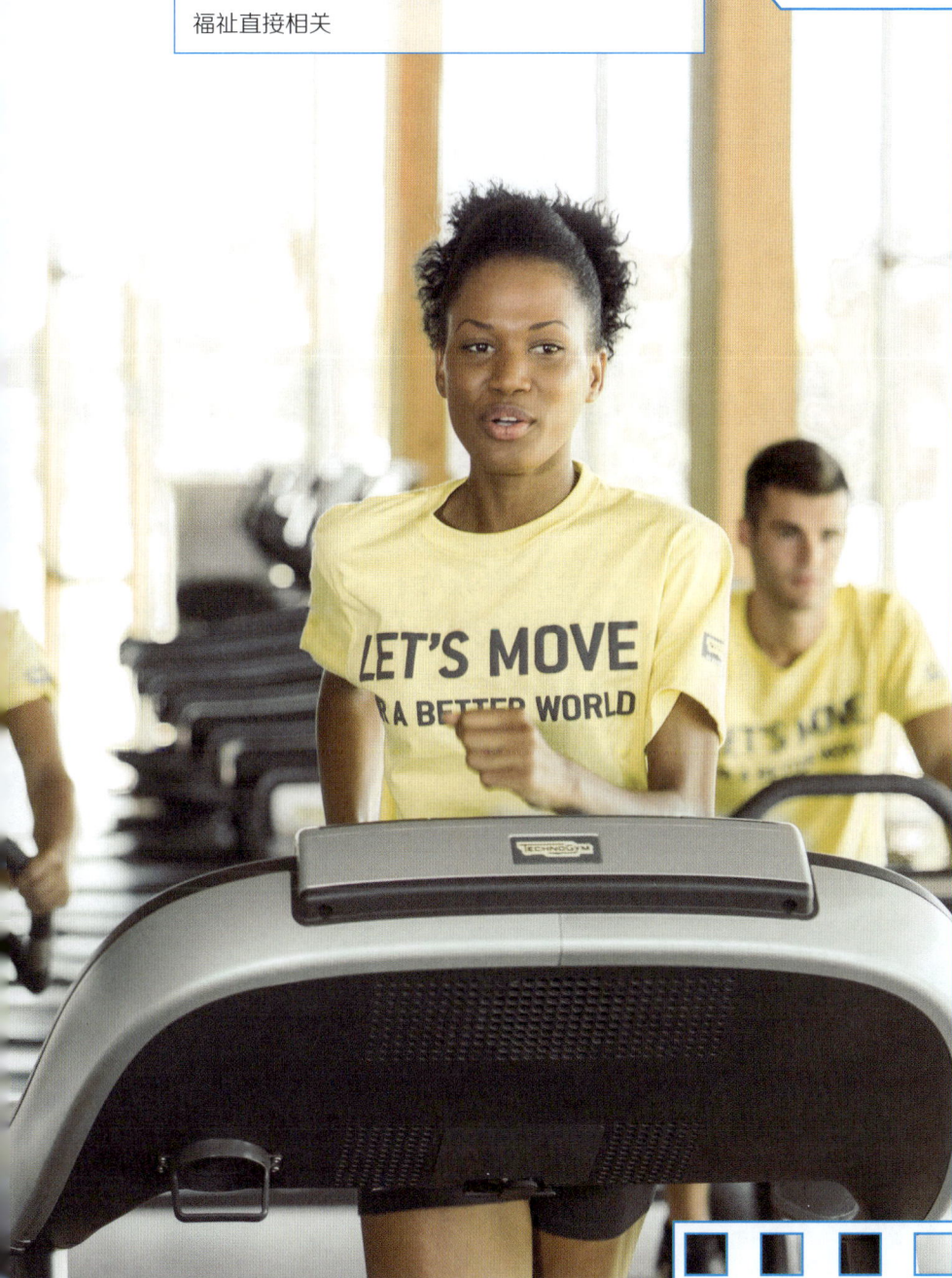

由于荷兰最近出台了新的法律，要求大型企业公开发布有关能效和节约能源的数据，Basic-Fit已经采取措施以提高整个企业的环境可持续性。除了发布自2019年起实施的12条环境可持续性关键绩效指标，该企业在年度报告里还提到，它采取了降低二氧化碳排放量的具体倡议，包括采用绿色能源和能效；还有其他绿色环保倡议，如减少损害环境的废弃物。此外，根据ESG，该企业报告了自身的社会影响，如推动社区变得更加健康，以及在反腐和保障职场人权等方面满足良好治理的高标准。

有一个有意思的案例是Fitness World，它发源于丹麦，但是目前除了丹麦以外还在波兰和瑞士营业。该企业在年度报告的ESG部分指出，Fitness World在财政支持下已经采取了一些措施，减少二氧化碳的排放，促进环境可持续性发展：

"2018年，公司特别专注于减少水和其他能源的消耗。最终，多个领域的成本均有所降低，对环境的影响也减少了。例如，我们把健身房里所有的灯泡换为LED灯，这显著减少了能源消耗（Fitness World，2018）。"

一些健身设备供应商早已发现了健身消费者以及健身俱乐部运营商中日益增长的绿色环保动态。SportsArt以绿色健身企业的身份亮相，10多年来一直投资节能研发，生产健身设备。它还根据可持续性路线，进行了生产设施转型。

Technogym基于完善的环境原则得以建立并维系发展。该企业选用可再生、健康、安全的产品材料，如每个产品的可回收材料平均占到产品重量的95%以上。从Technogym大厦内的自然冷却系统到休闲健身中心的清洁能源，Technogym致力于将总部打造为绿色能效的模范。Technogym的拆卸系统能够确保在产品生命周期结束时简单地回收原材料，甚至连包装都能多次反复回收利用。

　　此外，美国Life Fitness在2011年引入了其绿色环保项目，为旨在减少二氧化碳和其他有害物排放的健身馆增添了新的混合技术设备和能效认证。在众多的独立健身馆运营商中，总部位于伦敦的Terra Hale以"伦敦首个环境友好型健身目的地"的独特标签，直接吸引了城市里有环保意识的年轻消费者。

　　环保意识和绿色创新在健身行业占领高地的最后一个示例是"树和火车"慈善活动。这项活动由成功的健身科技企业Motosumo发起，受众囊括了全球的运动爱好者。2019年年底，Motosumo举办了为期一周的"树和火车"慈善活动，全球共有338个健身馆参与，总计燃烧了约3 000 000卡（1卡约为4.18焦耳）热量，种植了2 000多棵树。

8.4　社区拓展、社会责任、企业公民责任

外部参与者，尤其是政治决策者，依然对健身和锻炼行业怀有相对常见但非常不幸的误解，即这一行业的中心主要围绕着后现代的利己主义倾向，围绕着体育活动和锻炼，威胁到社会生活——这是对于大众体育的传统认知。幸运的是，在健身和锻炼行业里，越来越多有远见的企业家认识到了这种外部批评，越来越促进这一行业为推动社会体育活动、围绕体育活动建立社区做出巨大贡献。英国健身与健康协会2018年的出版物清晰地表明了健身和锻炼领域对社会的积极影响。

同样，欧洲健身与健康协会的"#BEACTIVE"大型活动，展示了整个欧洲大陆的健身和健康俱乐部运营商与当地社区的联系，让人们更积极地参加体育活动，指导人们养成更健康的生活方式。同样值得注意的是，与当今社会的任何其他单一发展不同，健身和锻炼领域此举无疑是以个人或群体为基础，对欧洲人强身健体的体育活动做出贡献（Europe Active/Deloitte, 2019）。

一些有远见的健身和锻炼企业家甚至进一步向世界表明，我们这一行做好了准备，偶尔会从令人印象深刻的理想主义和利他主义角度来承担社会责任。例如，阿尔加（Ray Algar）的健身馆乌托邦（Gymtopia）项目，保证联合健身和健康俱乐部做对社会有益的好事，使其成为真正重要、有价值的社群。就像社区珍视当地学校、图书馆或足球队一样，阿尔加也十分珍视此项目。健身馆乌托邦的目标是成为全球平台，通过慈善捐助让健身和锻炼行业与全世界的社区联合起来。比如，巴西企业Companhia Athletica每年向会员收集约4 000双运动鞋，将其捐助给贫困儿童，让他们参加体育活动。

　　还有另一个项目令人印象深刻，即莱美与联合国儿童基金会联合推出的公益行动。Les Mills 是团体健身最大的全球供应商之一，为世界各地签约的合作俱乐部提供工具包，包括独特的音乐项目，供各个俱乐部的筹款团队使用，让他们组织当地的公益行动。2019 年该项目筹措的资金被用于支持联合国儿童基金会在埃塞俄比亚多个村庄安装太阳能热水系统。

8.5　结论

除了与企业社会责任相关的新法律要求以及公民和消费者的期望之外，健身行业的各方参与者也认识到自己企业的社会责任，这种现象前所未有。该行业的主要产业链实施了ESG标准，根据这些标准，它们与相关的联合国可持续发展目标保持一致，规模较小的供应商有意识地为全欧洲更健康、更幸福的当地社群做出贡献。

毫无疑问，健身、锻炼和体育活动行业，包括欧洲健身与健康协会等行业协会已经确定了企业社会责任的巨大潜力。这不仅是一种通过与新的消费群体建立联系，让普及率超过20%的营销策略，而且它还向内部和外部利益相关者表明，我们的行业趋于成熟，和成熟的行业一样承担社会责任，不把自身视为孤岛，而是将自身视为社会不可或缺的一部分。

当我们有创造性的勇气，重新思考传统的健身观念，理解除身体健康外人的健康还包括社会和精神因素时，新的、有前景的机会会清晰地出现在这一行业和各个企业面前。这是这一行业能够实现的目标。这一目标一旦实现，健身的市场普及率将超越20%，健身行业将与社会建立更广泛的联系。

此外，我们应该理解，在未来，健身和锻炼消费者将愈加要求我们这一行业提供的产品和服务对环境和社会都有益。对他们来说，人类的个体健康和福祉与他们生活的社会的总体福祉直接相关。越来越多的利益相关者期望这一行业的企业作为社会的一员，在经营企业的过程中有明确的责任感。这应当被视为这一行业协助应对当代社会严峻的健康和福祉挑战的巨大机会，这一行业已经被证实非常擅长应对这些挑战。

8.6　参考文献

- Basic-Fit (2018). Annual Report 2018. Hoofddorp, The Netherlands.

- Eurobarometer (2019). The 2019 European elections A pro-European and young electorate with clear expectations First results of the European Parliament post -electoral survey.

- EuropeActive/Deloitte (2019). European Health & Fitness Market Report 2019. Brussels.

- Fitness World (2018). Annual Report 2018.

第 9 章
欧盟健身市场的并购

卡斯滕·霍拉斯奇（Karsten Hollasch）

BJ RN 集团（Björn Lehmkühler）

9.1 简介

自2014年Deloitte联合欧洲健身与健康协会发布第一份《欧洲健康与健身市场年度报告》以来，"增长"（包括会员数量和收入的增长、健身俱乐部和连锁运营商的增长，以及国内和国际健身市场的增长）一直是该报告中反复出现的主题之一。这些增长主要是由有远见的企业家、人们对健身和健康产品不断增长的需求，以及生态系统和价值链的延伸（其中许多得到了兼并与收购的支持）推动的。本章概述了欧洲健身市场最近的兼并与收购活动，包括健身行业首次公开募股以及战略与金融投资者的重大交易。

9.2 敲门：健身市场的首次公开募股

2019年10月22日，星期四，SATS集团的首席执行官桑德·格拉维尔（Sondre Gravir）和首席财政官塞西莉·埃尔德（Cecilie Elde）共同按响了奥斯陆证券交易所的门铃，在一旁陪同的还有一些穿戴着深蓝色跑步装备的SATS集团员工。这一具有象征性的行为表明，截至2019年9月，斯堪的纳维亚半岛最大的健身运营商SATS集团已经进行了首次公开募股。该集团拥有近70万名会员，分布在4个国家的148家健身中心。尽管该公司股票以初始价格区间的低端上市，每股23.50挪威克朗（约2.30欧元），公司通过首次公开募股发行了大约5 770万股新股，共筹集了14亿挪威克朗（约1.38亿欧元）的资金。在首次公开募股之后，该公司的市值约为40亿挪威克朗（约3.93亿欧元）。

奥斯陆证券交易所的首次公开募股只是过去几年欧洲健身行业众多股票上市中的最近一次（见图9.1）。在SATS集团之前，波兰Benefit Systems（2011年在华沙）、英国The Gym Group（2015年在伦敦）、荷兰Basic-Fit（2016年在阿姆斯特丹）、意大利Technogym（2016年在米兰）和瑞典Atic Fitness（2017年在斯德哥尔摩）等公司，也曾

图9.1
SATS集团在奥斯
陆证券交易所的首
次公开募股（图片
来源：Ole Berg-
Rusten NTB/
Scanpix）

在欧洲各地的证券交易所上市。

截至2019年12月5日，SATS集团股价小幅下跌至22.00挪威克朗（-6%），北欧运营商Atic的股价几乎跌了一半（从51.00挪威克朗跌至26.40挪威克朗）。但自从各公司首次公开募股以来，大多数欧洲健身股表现良好（见图9.2）。The Gym Group的股价上涨了约25%（从202.50英镑增至253.50英镑），Basic-Fit的股价上涨约131%（从

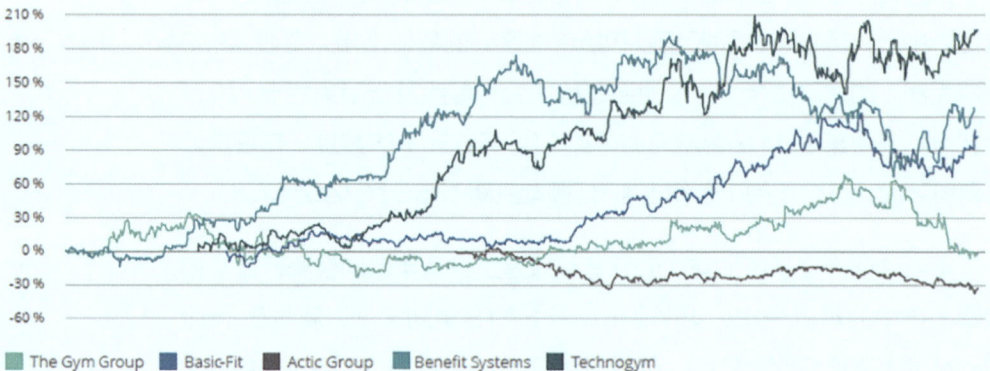

The Gym Group   Basic-Fit   Actic Group   Benefit Systems   Technogym

图9.2   部分公司的指数化股价发展

14.00欧元增至32.45欧元），泰诺健的股价上涨约202%（从3.75欧元增至11.33欧元），几乎每家健身公司的市值都成倍增长。与此同时，尽管2018年和2019年初，Benefit Systems的股价大幅下跌，但自2016年3月以来，其股价也翻了一番。

9.3　持续高水平的并购活动

总的来说，首次公开募股为健身公司提供了各种各样的机会，因为它可以使公司上市，筹集大量资金，同时与常规的并购交易相比，它能引起更多公众的兴趣和关注。同时，首次公开募股过程通常需要大量的财务和人力资源，往往超过中小型公司的资源，上市公司的监管要求更高，如根据各自的法律以及会计准则，需要更频繁和更详细地披露公司信息。另一个需要考虑的因素是公开交易时股票市场的波动性。

上述这些方面只是欧洲健身市场近期并购交易中首次公开募股只占很小比例的主要原因之一。事实上，在过去的许多年里，《欧洲健康与健身市场年度报告》中部分并购交易数量达到了新的纪录水平，从2011年的7次增加到2014年的19次，最近的一次是2018年的24次并购（见图9.3）。

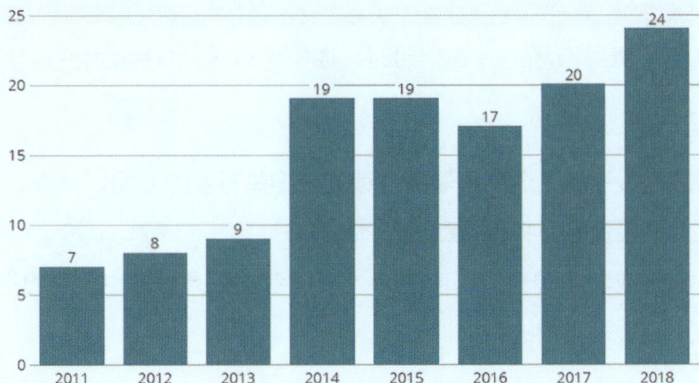

图9.3
2011—2018年部分并购交易数量

在此背景下，还应提及的是，这些数据仅包括涉及至少4家健身集团的交易，以及收购一家固定健身公司的多数股权，这意味着许多较小的并购交易以及少数股权投资不包括在上述24个选定的并购交易中。此外，本分析侧重于静态健身市场，因此不包括更广泛的健身生态系统中的公司的交易，如健身器材公司和健身中介机构。本章后面列出了这些市场领域的一些主要交易。

尽管截至本文撰写之时，24次大型并购交易的纪录不太可能在2019年被打破，但2019年，欧洲健身市场仍有大量交易。仅在欧洲大陆排名前30的健身运营商中，2019年的收购名单中包括Migros公司（收购德国Greinwalder和MFIT集团内部交易）、Basic-Fit（收购荷兰Fitland）、LifeFit公司（收购德国SmileX）、Groupe Moving（收购法国Fitlane）和VivaGym公司（收购西班牙Duet Fit）。

与此同时，Bridges Fund Management等私募股权公司，以及Pihlajalinna和Norsk Treningshelse等社会和医疗保健公司收购了中小型健身连锁店。这加强了战略和金融投资者对欧洲健身产业的持续兴趣，这是过去几年观察到的一个趋势。

9.4　买方和卖方：战略投资者推动市场整合

在分析健身市场的并购交易时，通常可以区分3种类型的卖方和收购方。

- 战略投资者，通常是健身连锁店或相关行业的公司。
- 金融投资者，特别是私人股本公司。
- 出售或收购健身俱乐部的个人投资者。私人股东也可以包括购买上市公司股票的个人。

　　对于卖方，自2015年以来，个人每年撤资最多。这些个人一般是将公司出售给大型连锁企业或金融投资者的创始人。此外，每年都有几名金融投资者退出投资（在私募股权投资行业是常见的），而战略投资者则出售部分业务，如专注于某些细分市场或地理区域。后者的一个例子是高级运营商Virgin Active，该公司将其14家英国俱乐部出售给David Lloyd Leisure，并于2017年剥离了整个伊比利亚业务（西班牙8家俱乐部，葡萄牙4家俱乐部）。

　　对于买方，金融投资是2014年和2015年最常见的收购类型之一，每年19起收购中有10个金融投资。然而，尽管在2016—2018年，金融投资者的收购兴趣仍然很高，但战略投资者成为主要买家，他们分别进行了13次、12次和18次收购（见图9.4）。同样，战略投资者仍然是2019年的主要投资者类型。

战略
投资者　8

金融
投资者　7

创始人/
私人股东　9

战略
投资者　18

金融
投资者　5

私人股东　1

图9.4
按投资者类型划分
的并购交易
（2018年）

战略投资者

　　这一发展符合整体的整合趋势，在欧洲许多特别成熟的健身市场，这种趋势普遍存在，主要由领先的运营商推动。虽然2014年欧洲健身市场上前30名运营商当时拥有1 020万名会员，但2018年排名前30的运营商拥有1 540万名会员。

这意味着会员数量增加了50%以上，这个数字大大超过了同期会员总数的增加。同时主要运营商的市场份额从2014年的约20%增加到2018年的近25%。

虽然获得市场份额是许多战略投资的共同目标，但通过并购实现这一目标的方法可能有所不同。这些差异很大程度上与两个关键维度有关，即收购是在现有的还是在新的地理市场进行的，以及公司关注的是现有的还是新的产品或细分市场（见图9.5）。

图9.5
产品/市场环境

	现有产品、细分市场	新产品、细分市场
现有市场	市场渗透	产品发展
新市场	市场扩展	市场多元化

市场渗透

在健身交易的背景下，市场渗透是指一家公司从同一地理区域的市场上收购一个直接竞争对手，或者两个这样的公司合并的情况。最近的一个例子是Basic-Fit从荷兰同行Fitland手中收购了30家俱乐部，并于2019年7月成功收尾。虽然Fitland最初在中端市场运营，但Basic-Fit将新收购的俱乐部纳入自己的管理，因此截至2019年9月，Basic-Fit在荷兰的俱乐部增至198家，并巩固了其市场领导者的地位。

此外，VivaGym公司于2019年11月收购Duet Fit，巩固了其在伊比利亚健身俱乐部市场的地位。据该公司称，截至2019年底，公司预计将在西班牙和葡萄牙运营90多家健身俱乐部，拥有超过32万名会员和1 000多名员工，2019年年底之前Duet Fit将新增13家俱乐部。另一家通过收购不断增加其市场份额的公司是Benefit Systems，该公司在波兰健身市场（和国际市场）进行了多次交易，以增加其自身健身俱乐部的数量，此外还不断扩大其聚合网络。例如，除了Zdrofit、Fabrika

Formy、Fitness Academy和Fitness Place等现有品牌外，还包括在2018年收购的FitnessClub S4、Fit Fabric和Calypso的股份。

在英国，折扣市场领导者Pure Gym也通过在2018年收购一家规模较小的竞争对手，收购了Soho Gyms背后的Ovalhouse公司以及它在伦敦的10家俱乐部，从而增加了其健身俱乐部的数量。正如Pure Gym首席执行官汉弗莱·科博尔德（Humphrey Cobbold）在《欧洲健康与健身市场年度报告》中所述："有机和并购双轨增长的主要优势是双重的。第一，你可以更快地成长；第二，你可以在不同的地方成长。"大约在同一时间，2018年7月，The Gym Group从低成本健身运营商easyGym手中收购了伦敦的13家健身公司。The Gym Group宣布，它打算通过收购实现现有基础设施的规模效益，同时收购也支持了公司到2020年实现拥有200家健身房的目标。

虽然这些都是主要运营商收购弱小竞争对手的例子，但两个大型竞争对手的合并往往代表着相当高的市场整合程度，因此在某些情况下会引起竞争主管部门的强烈反对。例如，2014年7月，在竞争和市场管理局（CMA）决定进入调查程序的第二阶段后，Pure Gym和The Gym Group的合并计划终止。据Pure Gym称，这一过程的"完成时间表不明确"被视为"对客户、员工和管理层不利"，两家公司仍继续独立运营。

市场扩展

另一个相当常见的战略投资情况是通过收购将当前或可比概念扩展到另一个地理市场。虽然一个新市场通常代表一个完全不同的国家（即国际化），但理论上也可以指同一国家的一个新地区。通过并购来扩大市场的方法通常要与在各自市场上逐步开设俱乐部的备选方案进行权衡。尤其是在国际化的背景下，通过并购扩展市场可以拥有许多优势，如现有的基础设施、人力资源和品牌知名度，以及相对快速地获得规模的能力。同时，如果被收购公司需要适应现有概念，则可以申请额外费用。

市场扩展的一个突出例子是英国折扣运营商Pure Gym于2019年12月宣布收购丹麦健身市场领导者Fitness World。通过此次收购，Pure Gym进入丹麦、瑞士和波兰市场，同时在会员人数方面也成为仅次于Basic-Fit和RSG集团的第三大欧洲健身集团。根据公司的信息，合并后的集团在484家健身俱乐部拥有约180万名会员，其中包括约120万名Pure Gym公司和约60万名Fitness World公司的会员。

就在一年前，Fitness World通过收购折扣运营商basefit.ch进入了瑞士健身市场。在交易时，据basefit.ch公司信息，该公司是瑞士市场第二大运营商，拥有33家俱乐部的70 000名会员。basefit.ch这个品牌在收购后被保留。通过这笔交易，Fitness World在波兰扩展后又进入了另一个国家。

最近通过并购进行国际扩展的另一家公司是SATS集团，该公司于2018年6月宣布以1 340万欧元（约1亿丹麦克朗）的价格从Parken Sport & Entertainment收购丹麦运营商Fitness dk。这项收购标志着SATS集团在2014年年底将旗下的22家Fresh Fitness品牌的场地出售给Fitness World后重返丹麦市场。这也巩固了该公司在首次公开募股前在北欧国家的领先地位。

此外，2018年1月，西班牙折扣运营商VivaGym收购葡萄牙健身俱乐部运营商Fitness Hut，成为伊比利亚半岛最大的健身俱乐部运营商之一。有趣的是，规模较小的运营商竟然收购了规模较大的俱乐部。交易时，VivaGym经营着21家俱乐部，而Fitness Hut有27家健身房。虽然这两个品牌都在收购后保留下来了，但每个连锁店的成员都可以在另一家连锁店接受培训。与此同时，VivaGym的竞争对手之一Altafit在2018年通过收购IFitness在西班牙市场扩张，增加了14个健身中心，这些健身中心也可以进入加那利群岛和巴利阿里群岛运营。这笔交易是

Altafit的第一笔收购，之前Altafit一直是有机增长的。

产品发展

除了扩大现有细分市场的规模或市场份额外，健身运营商还可以涉足其他细分市场。虽然这通常是通过有机地推出新品牌来实现的，如RSG集团推出的"John Reed"概念，但产品开发也可以通过并购来完成。

其中一个例子是德国Fitness First（现为LifeFit公司）收购总部位于汉堡的运营商elbgym，这代表着公司进入"高性能健身"市场。据LifeFit首席商务官克里斯托夫·科利内（Christophe Collinet）所言："elbgym是一家在区域内建立起来的公司，拥有强大的品牌、定位清晰的产品、积极激励的创始人和团队。这是一个比较成熟的概念，可以在其他城市实施，我们可以支持其快速增长。"

此外，2019年年初，总部位于瑞士的Migros集团宣布收购德国咨询公司Greinwalder & Partner，该公司还以"FT-Club"品牌运营多家功能培训机构。由于Migros集团已经在德国市场经营其优质品牌"INJOY"和"Elements"，所以这并不代表它进入一个新的国家，而是进入一个新的细分市场（功能健身）。

市场多元化

尽管与其他案例相比，一些健身运营商也以一种不同于其原有商业模式的理念，冒险进入了一个新的市场。例如，上述LifeFit公司不仅通过收购elbgym扩大了其在功能健身市场的业务，还于2019年收购了德国折扣运营商smile X。对于一家主要专注于高端/中端市场俱乐部、功能健身甚至在线健身等其他领域的公司来说，这不仅意味着公司进入折扣细分市场，它还应该加强LifeFit在萨尔州和莱茵兰－普法尔茨地区的地位，此前该公司在那里经营的健身中心相对较少。

我们有理由对未来几年强劲的并购活动感到乐观

其他行业投资者

除了来自健身市场（即健身连锁店）的战略投资者，还有相当一部分相关行业的公司对健身运营商进行了战略投资。例如，瑞士零售商Migros，截至2018年，该公司已建成欧洲第三大健身连锁店。

此外，上市的芬兰社会和医疗服务提供商Pihlajalinna俱乐部在2019年1月收购了芬兰运营商Fit1，在此之前约一年，还收购了10家Forever健身俱乐部。在交易时，Forever有大约2万名会员。通过这些战略投资，Pihlajalinna计划扩展其在预防性职业保健和康复服务方面的服务。

另一家来自挪威的医疗保健公司Norsk Treninghelse在2018年6月全面收购了Stamina Trening。Stamina Trening成立于2012年，被收购时它拥有42家俱乐部、50 000名会员，是挪威第二大健身连锁店。通过收购，Norsk Treninghelse旨在改善为会员提供的服务，并将其扩展到物理治疗和康复等医疗领域。

金融投资者

尽管大多数收购都是由战略投资者进行的，但金融投资者仍然是主要的市场驱动力，并对健身公司保持着很高的兴趣。从欧洲健身市场会员数排名前10的运营商来看，这一点就显而易见了。除了RSG集团、clever fit（创始人各自拥有）和Migros集团外，这些运营商目前或以前（部分）由金融投资者拥有。

- Basic-Fit：3i Group在首次公开募股前是公司的大股东，在2019年12月以每股31.25欧元的发行价出售6.2%的已发行股本后，仍持有15%的股份。

- Pure Gym：2017年11月由北美大型私募股权公司Leonard Green & Partners（LGP）收购，据报道，收购价格约为6亿英镑（约6.78亿欧元）。在健身和健康行业内，LGP此前投资过Equinox和SoulCycle，目前拥有美国大型运营商Lifetime fitness，并于2016年通过一笔交易将其私有化。Pure Gym此前由私募股权投资者CCMP Capital Advisors所有。

- The Gym Group：在首次公开募股之前，该公司为Bridges Ventures公司所有。该公司于2017年出售其已发行股票。Bridges Ventures公司目前投资VivaGym集团，并支持该公司成为伊比利亚半岛领先的折扣运营商。此外，Bridges Ventures公司在2019年收购了总部位于英国的énergie Fitness公司，该公司在英国和爱尔兰经营着100多家健身俱乐部。

- David Lloyd Leisure：2013年11月，这家总部位于英国的高级运营商以8.3亿欧元的价格出售给TDR Capital。

- SATS集团：自2014年Health & Fitness Nordic（当时包括SATS集团、Fresh Fitness和Metropolitan brands）与ELIXIA Nordic合并以来，SATS集团一直由私募股权集团Altor equity Partners（51%）和丹麦保险集团TryghedsGruppen（49%）所有，直到最近的首次公开募股。

- Fitness World：在2019年12月被Pure Gym收购之前，Fitness World一直由北欧私募股权基金FSN Capital（自2015年起）和丹麦投资公司Kirkbi A/S（自2017年起）所有，创始人和管理层也进行了投资。2017年，FSN Capital将其64%的股份出售给Kirkbi，这是一家由Kirk Kristiansen家族控股的控股投资公司，也是LEGO集团的控股股东。

并非巧合的是，许多公司在过去几年中也是欧洲健身市场增长最快的健身运营商之一，有些公司作为收购者参与了并购交易，而另一些公司则将其资金用于有机推广。同时，金融投资者的兴趣并不局限于欧洲排名前30的健身运营商，近年来许多中型健身连锁店与金融投资者建立了合作关系。仅在德国市场，这包括高级运营商Meridian Spa & Fitness（AFINUM），或区域折扣连锁店，如jumpers（NORD Holding）或wellyou（AUCTUS 资本合作伙伴）。

9.5　展望动态健身市场

虽然本章主要关注静态健身市场，但值得一提的是，并购活动也会影响更广泛的健身和健康生态系统的其他部分。

这包括高度整合的商业健身器材市场，全球市场领导者美国Life Fitness于2016年1月收购了包括Cybex在内的多家公司。2019年5月，有消息称，美国Life Fitness本身由其前所有者Brunswick出售私募股权给KPS资本公司。今年早些时候，设备制造商Precor（作为Amer Sports的一部分）被中国运动服装集团Anta体育产品领导的财团收购。

此外，近几年，投资者的兴趣转向了健身中介机构。2019年8月，Urban Sports Club与荷兰运营商OneFit合并，这是这家总部位于慕尼黑的公司继之前收购Fitengo（2015年）、99Gyms（2016年）、Somuchmore（2016年）、FITrate（2018年），以及2018年12月与B2B提供商INTERFIT合并后的最新并购交易。另一家德国B2B平台Hansefit的股票于2018年7月被私募股权公司Waterland收购，该公司此前曾投资于静态健身市场。

9.6　总结

如前所述，近年来欧洲健身行业的并购活动一直处于较高水平，尤其是在静态健身市场，以及更广泛的健身生态系统中。这一趋势在很大程度上是由战略投资者推动的，他们的目标是增加市场份额并开拓新市场，但也受到金融投资者对欧洲健身和健康行业的持续兴趣的推动。基于乐观的经济前景和欧洲健身市场预期的持续增长，我们有理由对未来几年强劲的并购活动感到乐观。

9.7　参考文献

- EuropeActive/Deloitte. European Health & Fitness Market Report (various editions).
- Fitness News Europe, Mergermarket and various other news sources as well as publically available company information (e.g. press releases and reports).

第 10 章

代际动态：消费者正在改变

斯蒂芬·萨瑞特（Stephen Tharrett）

10.1　简介

1964年，鲍勃·迪伦（Bob Dylan）发行了一首歌曲《时代正在改变》，意在为时代的改变创作一首赞歌。到2019年，50多年过去了，这首歌的主题完全契合这一场席卷了全球的世代巨变、文化巨变和社会巨变；在未来10年里，这些变化正在并将持续对整个世界和健身行业造成影响。我把这些世代巨变及其对健身行业等商业的影响，称为"代际达尔文主义"。

代际达尔文主义从代际的角度讲述了时代演变的规律，由代际差异造成的冲突和挑战创造出了一种新的环境，企业必须迅速适应、随时调整，否则就会受代际达尔文主义任意支配。正是这一范式构成了本章的重点，我们将针对健身行业中的代际动态，提出分析见解，然后为希望在代际达尔文主义时期进步、发展的健身运营商提供指导建议。

本章将从各个世代的简要概述开始，讨论他们的定义是什么，以及我们给他们贴上这种标签的原因。其次，我们将探讨一些全球性的，以及欧洲特有的代际动态。再次，我们将概述未来10年中，这几代人哪些观念和行为对健身行业影响最大。然后，我们将探讨与每一代人联系紧密的健身行为。最后，我们会为健身运营商提供一份运营规划，这不仅是让他们能在代际达尔文主义的变革影响下生存下来，更要让他们发展得愈加繁荣兴旺。

10.2　今天的世代

代际标签是一种"非常美国化的概念"，但在过去的几十年里，代际标签按出生时间的框架划分，对社会行为进行集合描述，这项标签已经深深融入全球人口统计学家、市场营销人员和商务专业人士的行为方式中。

在2019年，我们发现目前同时存在的世代多于人类历史上任何一个阶段。当今有7种不同的世代在欧洲居住，甚至遍布全球，其中四代人正在并将继续对健身行业产生深远影响；到2030年，第五代人可能也会对其造成重大的影响。那么，这几代人是谁，他们的出现又代表了什么？

- 最伟大的一代。这一代人在1910—1924年出生。到2020年，这一代人的年龄将在96~110岁。到2030年，这一代人中如果还有人健在，可能也只有非常少的一部分了。

- 沉默一代。这一代人在1925—1946年出生。到2020年，这一代人的年龄将在74~95岁。到2030年，还健在的人将在84~105岁。

- 婴儿潮一代。这一代人在1946—1964年出生。到2020年，这一代人将在全球总人口中排名第3，他们的年龄在56~74岁。到2030年，他们的年龄将在66~84岁。

- X一代。这一代人在1965—1979年出生。到2020年，这一代人的年龄将在41~55岁。到2030年，他们的年龄将在51~65岁。他们是全球最后以模拟技术为基础的一代，也是最先通过个人计算机进入数字世界的一代。

- 千禧一代或Y一代。这一代人在1980—1999年出生，而皮尤研究中心（Pew Research）认为1996年是截止年份。到2020年，这一代人的年龄将在21~40岁。到2030年，他们的年龄将在31~50岁。数字技术、社交媒体的引入、物联网、移动技术、全球多样性、全球经济等因素，影响了这一代人。他们是首先被称为数字土著的一代。

- Z一代。这一代人在2000—2010年出生，皮尤研究中心认为他们这一代要从1997年算起，至2010年止。到2020年，这一代人的年龄将在10到20或到23岁。到2030年，他们的年龄将在20~33岁。移动技术、社交媒体、即时短信等因素影响了这一代人。他们是数字土著，也是第一代移动土著。

- 阿尔法一代。这一代人在2010年后出生。到2020年，这一代人的年龄将在0~10岁。到2030年，他们的年龄将在10~20岁。他们目前正以每天增加250万人的速度来到这个世界。这一代人仍在被塑造中，可能会对他们造成影响的因素包括意识形态两极化、移动技术、社交影响者、人工智能、虚拟现实和数字经济。

在这七代人中，未来10年会对健身行业造成影响的四代人，分别是婴儿潮一代、X一代、千禧一代和Z一代。

10.3　代际动态及其对欧洲的影响

代际动态对消费者的购物方式、购物地点、购买商品等相关购买行为影响重大。因此，无论涉及品牌意识、生活方式还是健身本身，都需要对代际动态有充分的了解。此外，了解国家的代际构成发生转变的方式也同样重要，因为这些转变会对商业战略产生深远的影响。沉默一代和婴儿潮一代等老一辈人正进入老龄化阶段，这也会对购买医疗保健服务和健身用品等购买行为造成极人的影响。千禧一代和Z一代等年轻一代正逐渐成熟，他们将成为构建消费主义的主要力量。

人口学家用来掌握全球代际动态的一种方法是统计"人口支持比"，即千禧一代、X一代和年轻婴儿潮一代等20~64岁的适龄劳动人口与婴儿潮一代和沉默一代等65岁及以上的老年人口之比。一个国家中，人口支持比越大，年轻人口越多，而人口支持比越小，老龄人口就越多。在所有地区中，目前是欧洲的人口支持比最小（见图10.1）；到2030年，欧洲将继续保持最低数值，这意味着到那时，欧洲65岁及以上的人口将在总人口中占比最大。预计到2050年，欧洲60岁以上的人数将会占到总人口的35%。

2015年和2030年，全球范围内的人口支持比

人口支持比是指20~64岁的人口与65岁及以上的人口之比

■ 2015　■ 2030

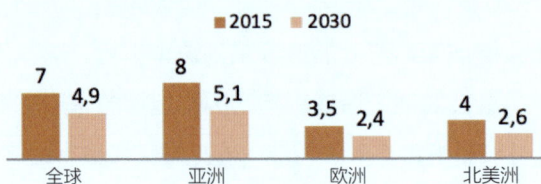

图10.1

　　欧洲各代人面临的挑战，不仅在于沉默一代或婴儿潮一代的人口占比越来越高，更严重的是千禧一代和Z一代的人口占比非常低。与其他地区或国家相比，千禧一代和Z一代在欧洲占比较小，如图10.2和图10.3所示。那么，这些代际动态对欧洲健身运营商究竟意味着什么呢？以下是两种见解。

千禧一代人口占比

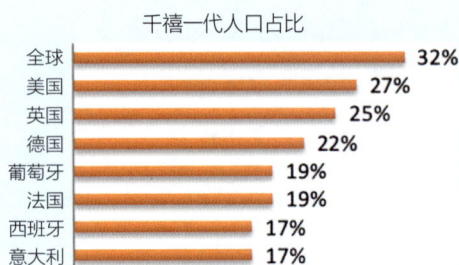

图10.2

Z一代人口占比

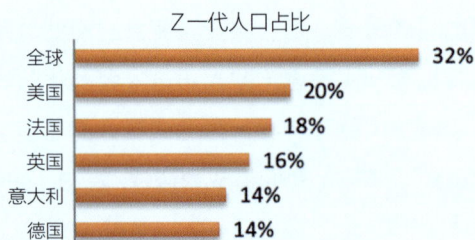

图10.3

- 国际健康及体育运动俱乐部协会的数据表明，美国健身俱乐部会员中，千禧一代占比最大，而在未来10年，Z一代可能会发展成最大的会员群体。这两代人虽然在欧洲消费市场只占一小部分，但仍然可能会对会员人数造成重大的影响。健身运营商需要更多地关注如何提高这两个群体在健身行业中的市场普及率，而不是只重视消费市场要如何发展。

- 婴儿潮一代和沉默一代在欧洲人口中占比过大，更不用说欧洲还有进入老龄化的X一代。因此，健身运营商需要研究一些策略，思考至少在未来10年内，如何提高老龄人口的市场普及率。

10.4　婴儿潮一代、X一代、千禧一代和Z一代的观念和行为

在代际达尔文主义的时代，健身运营商要想针对健身体验做出有效的营销、规划和设计，就必须了解每一代人的潜在态度和潜在行为，重点需要了解与婴儿潮一代、X一代、千禧一代和Z一代相关的各种因素。表10.1中提到每一代人之间的区别。

婴儿潮一代	X一代	千禧一代	Z一代
UPS	Google	Netflix	Google
Home Depot	Amazon	Google	Netflix
USPS	Netflix	Amazon	YouTube
Lowe's	UPS	YouTube	Amazon
Fed X	Home Depot	Target	Oreo

表10.1
不同世代认可的前5名美国品牌

本章剩余部分将对每一代人做出概述，探讨他们的哪些态度和行为可能会对健身行业产生较大影响。我们将从婴儿潮一代开始，以Z一代收尾。

婴儿潮一代

婴儿潮一代诞生于二战结束之后。直到2016年，他们都还是人类历史上人数最多的一代人，那么，根据美国市场和欧洲市场对婴儿潮一代展开的研究，这一代人有哪些性格特征？

- 他们坚信自己可以改变世界。他们自我意识强烈、纪律严明、有梦想，而且渴望独立。

- 他们是工作狂，想通过长时间工作来换取成功，而他们对成功的定义取决于工资的金额、置办的房产和佩戴的珠宝。

- 他们约占全球人口的21%，约占欧洲人口的25%。

- 到2030年，婴儿潮一代的年龄将增长至65岁及以上，基本每天都有10 000人达到65岁这一转折点。

- 他们控制着全球70%的财富，在全球80%的储蓄银行和贷款银行拥有资金，每年存入银行的资金约4 000亿美元，这几乎是其他一代目前支出的两倍。

- 全球著名的市场监测和数据分析公司——Nielsen公司，对6 500个品牌的销售群体展开追踪，其中72%的品牌的销售额依赖于半数婴儿潮一代的购买量。

- 用联网计算机了解产品的人占86%，通过移动设备研究产品的人占14%。

- 67%的人患有至少一种慢性疾病，到2030年，就诊人数将是目前的两倍。

- 17%的人不信仰宗教，90%的人是已婚状态。

- 60%的人通过电视获取新闻。

- 78%的人使用网络，82%的人使用社交媒体。75%的人使用Facebook，21%的人使用Instagram。

- 千禧一代有51%的人每周上网时间在15小时以上，与他们相比，婴儿潮一代上网时间更多。

- 82%的人拥有移动电话。

- 在移动应用程序方面，最受婴儿潮一代欢迎的前3位分别是Facebook Messenger（占48%），iTunes音乐播放器（占48%），以及Camera+相机软件（占40%）。

- 40%的人购买Apple公司产品，Apple公司已成为婴儿潮一代最大的科技产品供应商。

X一代

通常人们将X一代视为被遗忘的一代，现在媒体对婴儿潮一代和千禧一代大肆宣传，而X一代正夹在这两代中间。在美国，X一代是所有世代中人口最少的一代，截至2020年人口可达6 600万。在欧洲，X一代占比最大，超过了婴儿潮一代的比例。

那么，根据美国市场和欧洲市场对X一代展开的研究，这一代人有哪些态度和行为可以作为有代表性的性格特征呢？

- 在美国，他们被称为"钥匙一代"，因为父母都在工作，所以他们在性格形成时期常常是独自一人。（"钥匙一代"指父母外出打工的留守儿童。他们一般十来岁，生活在城市，因父母双亲或单亲外出学习进修或经营公司等，他们留守在家，或是被托付给亲戚、祖辈，成为有别于农村留守孩子的一个群体。）
- 他们认为自己非常独立、雄心勃勃、自主性强、勤俭节约、愤世嫉俗、处事灵活、以家为本、工作努力、适应性强、有事业心。
- 与婴儿潮一代在某个年龄结婚的概率相比，他们在同样年龄结婚的可能性更小，但比千禧一代结婚的可能性大。
- 60%的人表示每周至少进行两次锻炼。
- 他们经历了经济衰退，净资产遭受到严重打击，X一代的平均净资产损失了45%。其中44%的人对挣到能退休的钱持悲观态度。
- TD Ameritrade赞助进行了一项研究，该研究表示，X一代在追求非必要的生活方式上，每年会消费588美元，比千禧一代约少250美元，比婴儿潮一代约少100美元。
- 92%的人有智能手机，69%的人拥有台式计算机，61%的人拥有笔记本电脑，5%的人拥有平板电脑。
- 81%的人表示，他们搜索信息的第一来源是互联网。
- 他们活跃在社交媒体上。图10.4列出了X一代在不同社交媒体平台所花时间的百分比。34%的人认为自己是社交媒体的忠实用户。

- 每周平均上网34小时，其中用手机上网21小时，用计算机上网9小时，用平板电脑上网4小时。45%的人表示他们还经常用手机拨打电话。
- 41%的人在社交媒体上关注品牌，这些在线上关注品牌的人中有58%想购买品牌的商品。
- 86%的人用手机上网，而76%的人用计算机上网。
- 每天上网时间平均超过5小时，其中3小时花在PC端上，2.3小时花在移动设备上。
- 全球范围内，46%的人在PC端购买商品，49%的人在移动设备上购买商品。图10.5提供了一份数据，关于美国X一代和欧洲X一代发生网购行为的方式对比。

千禧一代

千禧一代是人类历史上第一代数字土著，他们在计算机和数字技术的引入和发展的伴随下成长。那么，根据美国市场和欧洲市场对千禧一代展开的研究，这一代人有哪些态度和行为可以作为有代表性的性格特征呢？

- 到2025年，他们将在全球劳动人口中占75%；到2030年，他们将在美国劳动人口中占50%。
- 在同一时刻，千禧一代消费量将占总消费量的50%。他们每年的直接购买量总计约为2 000亿美元，间接购买量为5 000亿美元。
- 他们每年在非必需品上平均花费838美元，比X一代多300美元，比婴儿潮一代多200美元。
- 被问及影响消费行为的因素时，43%的人说是朋友和家人；33%的人说消费就有乐趣；21%的人说是社交媒体引导所致。在每一个因素中，这些百分比都远远高于婴儿潮一代和X一代。
- 与其他几代人相比，他们更可能因非必要支出而产生信用卡债务，49%的人表示有这种行为发生。

- 在美国，他们因学业产生的债务平均为25 000美元。
- 他们擅长表达自我，75%的人在至少一个社交媒体平台上注册了个人资料；20%的人在网上发布了自己的视频；38%的人有1~6个文身，23%的人至少有1个身体装饰。
- 94%的美国千禧一代拥有智能手机，80%的人每晚伴随着智能手机的使用进入睡眠。千禧一代每天花在手机上的时间平均约370分钟，其中13%的人表示甚至超过10小时。
- 谈到美国千禧一代在智能手机上花费约370分钟都会做什么，图10.6展示了按活动划分所花时间的总览。
- 40%的人表示与手机互动比与同其他人联系更加频繁。

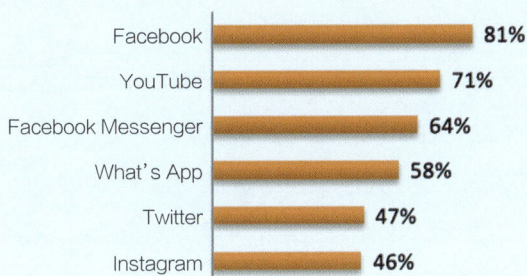

图10.4
X一代中在不同社交媒体平台所花时间的百分比

图10.5
X一代网购行为

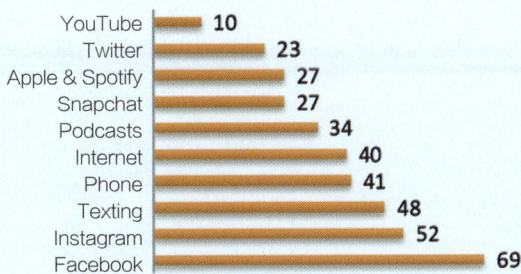

图10.6
2019年美国千禧一代在智能手机上花费
约370分钟，按活动划分所花时间

- 90%的人平均每个工作日在社交媒体上花费1.8小时。

- 千禧一代喜欢使用移动应用程序。他们每天平均花2.6~3.2小时沉迷于移动应用程序。对美国千禧一代来说，有5个最重要的移动应用程序：Amazon占35%、Gmail邮件占30%、Facebook占29%、Facebook Messenger占18%、YouTube占16%。

- 60%的人会将制作的内容上传到互联网，其中大部分是视频的形式。

- 40%的人说他们最喜欢的社交影响者比朋友更了解自己。

- 55%的人如果不经常与社交媒体接触，就会有错失恐惧症（FOMO）的体验。

- 84%的人如果信任一个机构，很可能为某个项目捐款，90%的人在信任遭到破坏时可能停止捐款。就这一点而言，42%的人表示会为激励到他们的项目而努力奋斗。

- 86%的人表示愿意在网上分享品牌偏好，尤其是发布在社交媒体上。他们会在社交媒体上与品牌接触。

- 80%的人只想为拥有尖端技术的公司工作。

- 47%的人表示，工作与生活的平衡至关重要，这一点与前几代人的思维大不相同。

- 他们希望能够随时与喜爱的品牌进行对话。这一代人明显比其他几代人更信任品牌的含义，但他们更有可能因信任问题而终止交易。

- 推动千禧一代与企业建立业务关系，有三大最重要的因素：企业有道德标准占36%、保护数据的能力占28%、开展的广告活动类型占28%。相反，导致千禧一代可能与企业结束交易也有三大原因：企业有不道德行为占38%、企业风格发生变化占29%、企业未能保护数据占25%。

- 68%的人希望获得综合购物体验。

- 他们比前几代人更愿意住在家里，其中22%的人在家中自食其力，36%的人说他们仍然可以从父母那里得到经济支持。

- 72%的人获得高中文凭，40%的人获得大学文凭甚至更高学历。

- 59%的人在互联网上获取新闻，61%的人从电视上获取新闻。这两个数值极为接近。如果还有人通过广播或报纸获取新闻，那么人数也不会多。
- 他们一直推迟结婚，只有46%的人表示他们已经步入婚姻。相比之下，X一代中已婚的占57%，婴儿潮一代占62%，沉默一代占83%。
- 他们希望妇女拥有同工同酬等丰富多样的权利，可能拥有跨种族的婚姻，更有可能融入不同种族或不同意识形态的关系中。
- 36%的人不信仰任何特定的宗教。
- 80%的千禧一代表示，他们对自由职业和合同工作等零工经济很感兴趣。

欧洲千禧一代与美国和全球的这一代有很多共同点，也有很多区别。其中包括以下内容。

- 欧洲90%的千禧一代每天使用互联网，相比之下，X一代和婴儿潮一代分别占78%和48%。
- 欧洲千禧一代有90%的人拥有智能手机（美国千禧一代占92%），他们每天在手机上平均花费5个小时。
- 80%的人在网上搜索产品，60%的人在网上购物，这远多于其他欧洲世代所占比例。
- 英国46%的千禧一代使用iPhone，而美国有53%。
- 德国68%的千禧一代使用笔记本电脑，41%使用平板电脑。对比来说，美国有78%的千禧一代拥有个人计算机，64%拥有平板电脑。
- 欧洲大约9%的千禧一代使用可穿戴设备，而美国的这一比例为20%。
- 意大利71%的千禧一代表示离不开智能手机，占比最高；其次是荷兰，占68%；英国是61%；德国是54%。

- 50%～60%的欧洲受访者表示社交网络是一种必要的沟通方式，这一比例远远低于美国千禧一代。

- 欧洲千禧一代虽然也使用社交媒体，但他们中使用四大社交媒体平台的比例明显很低，如图10.7所示。

- 在自己国家的商业、环境、个人金融、经济状况和社会政治方面，欧洲千禧一代比全球千禧一代或美国千禧一代持有更加悲观的态度。Deloitte推出了一种名为"MILLZ Mood Monitor"的新工具，衡量上述类别的千禧一代的悲观指数和乐观指数并进行打分，0分代表绝对悲观，100分代表绝对乐观。图10.8展示了欧洲各个国家与全球和美国的MILLZ分数。

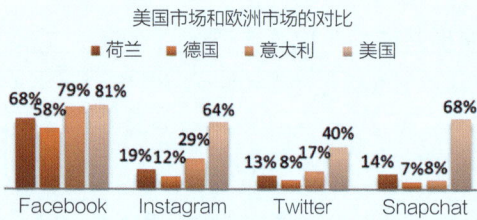

图10.7
千禧一代使用各种社交媒体平台的百分比

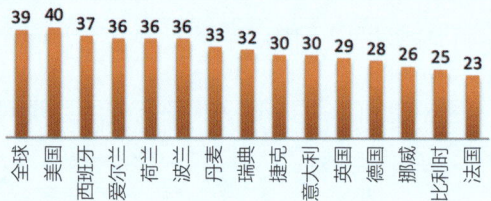

图10.8
欧洲市场和全球市场的MILLZ分数

- 欧盟统计局最近的数据表明，47%的欧洲千禧一代仍与父母同住。意大利千禧一代在家居住的人口占比最高，达67%。在德国和英国，这个比例降到了34%，而在丹麦，千禧一代似乎已经不再受家庭束缚，只有20%的人仍然住在家里，这一比例和美国几乎一样。

Z一代

Z一代最近到了一个关键的转折点，字面意思就是，千禧一代正逐渐成为在全世界拥有人口最多的一代，占世界总人口的32%。这一转折点发生在千禧一代超过婴儿潮一代，成为地球上人口最多的一代人之后的几年。那么，根据美国市场和欧洲市场对 Z 一代展开的研究，这一代人有哪些态度和行为可以作为有代表性的性格特征呢？

- Mckinsey 于 2018 年发布了一份报告，将这一代人称为"真实的一代"，因为他们坚持不懈地追求着真理。
- Z 一代认为自己善于分析、讲求实效、小心谨慎、脆弱敏感、适应性强、思想开放，而且富有社会责任感。
- Z 一代比千禧一代更希望拥有家庭，购置房产。
- 到 2020 年底，Z 一代的支出将占消费总额的 40%。
- 他们是第一代 100% 的数字土著，依赖移动技术和社交媒体生活。
- 他们具有超认知能力，能收集和参照多个网络信息来源，作出决策。
- 他们被认为能熟练掌握将虚拟体验和线下体验结合起来的方式。他们是将人工智能、增强现实和虚拟现实变为现实的第一代。
- 与前几代人，特别是千禧一代相比，Z 一代深深相信，在网络上展开对话是解决冲突极为有效的手段。
- 人们将消费视为个人身份的体现，只是通过消费来获取商品或服务，而这并不是对其的占有。消费还会极大地受到伦理因素的影响。
- 98% 的 Z 一代拥有智能手机，而千禧一代的这一比例为 94%。
- 85% 的人在网上了解新兴产品和现有产品，69% 的人根据自己在社交媒体上看到的信息，访问在线网站。
- 80% 的人拒绝从涉及丑闻的公司购买商品。
- 在社交媒体方面，只有 9% 的人认为 Facebook 是首选平台。34% 的人喜欢 Instagram，35% 的人偏爱 Snapchat。
- 71% 的人表示 Snapchat 是他们保持联系的首选平台，75% 的人更喜欢用 YouTube 发表详细的内容。

- 他们每天平均观看68个视频，50%的人说YouTube是生活中唯一离不开的应用程序。
- 71%的人每天在线观看视频的时间超过3小时。YouTube的访问率为80%，而Facebook视频内容的访问率为79%。
- 英国Z一代每天平均花10.6个小时上网，而美国Z一代的平均时间为6小时。
- 他们花在手机应用程序上的时间比其他世代的人多20%，在最喜欢的应用程序上所花的时间比其他世代的人多30%。他们每月平均花3~4个小时在非游戏时间上，用4~5个小时来玩移动游戏。
- 在个人抱负方面，Z一代有3个首要愿景：环游世界占56%、挣钱致富占52%、买房占47%。
- 谈及他们所担忧事项时，气候变化、恐怖主义和失业风险在前几位，如图10.9所示。
- Z一代总体上比千禧一代或其他前几代人更悲观，欧洲Z一代比美国Z一代更悲观。图10.10显示了Z一代的MILLZ评分。

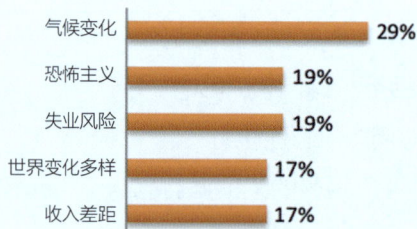

气候变化　29%	美国　41
恐怖主义　19%	全球　40
失业风险　19%	英国　33
世界变化多样　17%	意大利　32
收入差距　17%	德国　31
	法国　27

图10.9
Z一代所担忧事项的百分比

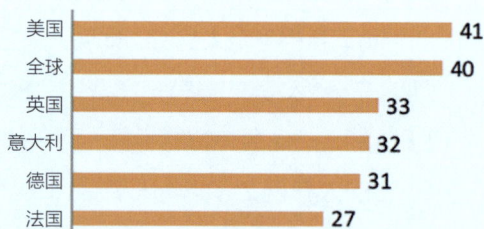

图10.10
与美国和全球相比，欧洲部分国家Z一代的MILLZ评分

10.5　代际健身行为

每一代人的观念和行为是如何影响健身方式、健身内容、健身原因和健身地点的？在这一节中，我们将探讨每一代人在运动中的差异，以

及与健身设施相关的世代行为。

每一代人在运动中的差异

各种研究成果让人们可以了解每一代人参与运动的资料。为了让读者了解这些代际运动行为，我们将分享一些研究数据。

2017 年在线消费者调查平台 globalwebindex 研究

在2017年第一季度，调查平台对67 575名全球互联网用户展开了一项研究，调查他们每周至少参加一次锻炼的人数。在这项研究中，76%的千禧一代表示每周锻炼一次，X一代有70%，婴儿潮一代有64%。

2019 年健身软件开发商 Mind Body 发布了一份题为《2019 美国健身人群的行为、态度和趋势》的研究报告

这项研究调查了17 000名年龄在18~65岁的人，于2018年秋季开始进行。一些与代际动态相关的重点包括：表10.2强调了影响最多的三大受众群体——18~25岁的年轻千禧一代，大龄千禧一代和26~45岁的年轻X一代，以及大龄X一代和46~65岁的年轻婴儿潮一代。对于同一组如何进行小组分析，表10.3和表10.4指出了重点。

18~25岁的年轻千禧一代	大龄千禧一代和26~45岁的年轻X一代	大龄X一代和46~65岁的年轻婴儿潮一代
自由搏击	自由搏击	瑜伽
全面强健	全面强健	游泳
游泳	游泳	骑行
远足	瑜伽	力量训练
骑行	骑行	有氧健身

表10.2
按代际划分的前五大锻炼项目

	18~25岁的 年轻千禧一代	大龄千禧一代和 26~45岁的年轻X一代	大龄X一代和46~65岁的 年轻婴儿潮一代
表10.3 按代际划分的四大 群体锻炼项目	瑜伽	瑜伽	瑜伽
	力量训练	力量训练	尊巴/舞蹈健身
	尊巴/舞蹈健身	尊巴/舞蹈健身	力量训练
	跳舞	团体骑行	团体骑行

	18~25岁的 年轻千禧一代	大龄千禧一代和 26~45岁的年轻X一代	大龄X一代和46~65岁的 年轻婴儿潮一代
表10.4 每一代人锻炼的主 要原因	看起来更健康	减重/增重	健康长寿
	减重/增重	看起来更健康	减重/增重
	感受舒适	感受舒适	感受舒适

欧洲晴雨表

欧洲晴雨表专项调查了欧洲市民的健身水平和体育活动水平。报告按不同年龄阶段进行分类。虽然这些年龄群体与本章中重点探讨的四代人所代表的年龄群体并不完全相同，但他们之间的关系非常密切，这为研究欧洲人的健身水平和体育活动水平提供了一个很好的切入点。报告的主要结论如下。

- 40%的欧盟国家市民表示，他们每周至少参加一次健身或体育活动。大龄Z一代和年轻千禧一代等年龄在15~24岁的个体，最有可能每周至少参加一次体育活动，占62%。25~39岁的大龄千禧一代是参加运动的人中排名第二的一代，占46%；紧随其后的是40~54岁的X一代，占30%；最后是55岁及以上的老年婴儿潮一代，占30%。
- 15%的欧洲人表示，他们在健身俱乐部或健身中心参加健身运动和体育活动，户外活动占40%，家庭活动占32%。
- 在健身俱乐部或健身中心参加健身运动和体育活动的人中，人口占比最大的是大龄 Z 一代和年轻千禧一代等 15~24 岁的人。在 55 岁及以上的人中，只有 6% 的人表示他们会去健身俱乐部或健身中心参加健身运动和体育活动。

- 当被问到是什么激励他们参加健身运动和体育活动时，年龄在 15~25 岁的人表示有以下几个主要原因：为了改善健康状况占 49%，为了娱乐占 44%，而为了改善身材占 29%。此外，55 岁及以上的成年人表示有两个主要原因：改善健康状况占 55%，对抗衰老占 25%。

代际行为和健身机构

国际健康及运动俱乐部协会 2019 年健身俱乐部消费者报告和美国人口普查在 2018 年 7 月最后一次预估的人口数据表明，26% 的千禧一代在健身机构注册了会员。X 一代在有可能成为健身机构会员的几代人中人口占比排名第二，2018 年有 23% 的 X 一代拥有会员资格。千禧一代是健身机构会员中最大的一个群体，占 33%，这一点不足为奇；其次是 X 一代，占 24%。

图 10.11 直观地展现了各代人在健身机构中参与健身的程度，以及每一代人占总人口的百分比。从各代人的角度来看，男性和女性的总占比几乎相等，都只占了半数，但千禧一代的女性和男性的比例分别为 55% 和 45%。

- 婴儿潮一代是会员续费时间最长的一代，为 7 年以上，而 18~24 岁的年轻千禧一代的会员续费时间最短，为 2.9 年。X 一代的会员续费时间在 4.8~5.7 年。
- 年轻千禧一代最有可能拥有多家机构的会员资格，34% 的人会有不止一个。Z 一代是第二多拥有不止一个会员资格的一代，大约占 29%，如图 10.12 所示。

- 65岁以上的大龄婴儿潮一代是健身机构最活跃的用户，平均每年去131次。大龄X一代和年轻X一代是第二大活跃的会员群体，平均健身频率分别为每年116次和115次。

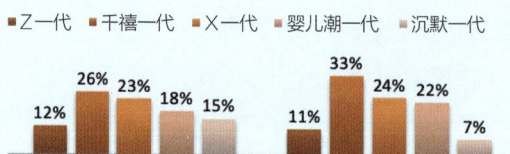

图10.11
世代对健身机构会员的影响
基于2018年美国人口普查预估人数和国际健康及体育运动
俱乐部协会2019年健身俱乐部消费者报告中的会员数据

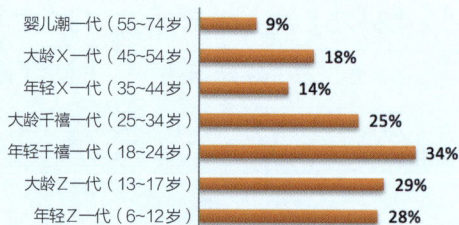

图10.12
几代人中，拥有超过两家健身机构会员
资格的会员百分比

- 千禧一代最喜欢跑步、做瑜伽和做高强度间歇训练，而婴儿潮一代最喜欢散步、骑固定式自行车和做水上运动。表10.5按每代人的偏好，将其与整个健身行业平均水平对比，列出了排名前3的活动。

表10.5	千禧一代	X一代	婴儿潮一代
千禧一代、X一代和婴儿潮一代钟爱的健身活动前3名	跑步	跑步	散步
	瑜伽	自由举重（哑铃/举重）	固定式自行车
	高强度间歇训练	椭圆机	水上运动

在机构偏好方面，无球拍运动且无体育馆的这种非营利、只健身的机构，在五选三中排名前列。表10.6基于参与特定机构类型的人口比例，展示了排名前3的机构偏好。

表10.6	Z一代	千禧一代	X一代	婴儿潮一代	沉默一代
每一代人钟爱的健身机构类型前3名	非营利组织	非营利组织	仅适用于健身	仅适用于健身	非营利组织
	基督教青年会	仅适用于健身	多功能机构	非营利组织	仅适用于健身
	多功能机构	多功能机构	非营利组织	基督教青年会	基督教青年会

精品健身工作室是千禧一代的主领地。超过6%的千禧一代拥有精品健身工作室的会员资格，而精品健身工作室的会员中，千禧一代占41%。

精品健身工作室的第二大受众群体是X一代，大约占5.6%。X一代这一群体在所有精品健身工作室会员中占28%。

10.6　在代际达尔文主义时代蓬勃发展

美国前总统亚伯拉罕·林肯（Abraham Lincoln）在面对他那个时代的文化风暴时说："……今天的局势危难重重，而我们必须肩负起历史的使命。面对前所未有的局势，我们必须有新思维、新行动。"这句话特别适用于未来2020—2030年这10年，因为这是代际达尔文主义赋予健身运营商的挑战。健身行业面临着前所未有的挑战，因此，健身行业的领军者必须重新思考，采取行动，处理好健身业务的运营模式，规划内容和营销方法。在本节中，我们提出了一般性的见解和建议，鼓励健身运营商用不同的方式思考，更重要的是，他们需要在未来10年经营业务时采取多样化的行动。

运营和计划

- 这一切都与选择、信任和透明度有关。如今的年轻一代期望在与品牌进行交易时，品牌能同自己保持一致的个人价值观和个人信念。此外，他们还希望与之合作的品牌以讲道义、负责任的态度行事，最终获得他们的信任。数据显示，年轻一代如果发现与他们交易的品牌违背诺言、行为不端或有所隐瞒，那么他们会迅速终止交易。健身运营商如果想在这个代际时代培养客户的忠诚度，他们需要扪心自问：我是否一直尊重客户？让客户自动续费会员，还是让他们有选择权利，哪一种更重要？我是让会员费尽周折去取消会员资格，还是先解决他们遇到的问题，给出满意的答复？我的业务重心，是那些不常来俱乐部的会员，还是频繁来

千禧一代和 Z 一代人口的增长，会对消费主义和健身行为产生不可估量的影响

俱乐部的会员？你对这些问题给出的答案，可能会预示着潜在客户和现有会员是否会将你的品牌视为他们可信任的对象。

- 计划让健身更加多样。虽然千禧一代和年轻 X 一代的会员渴望进行混合健身（Crossfit）、高强度间歇训练和其他高强度的功能性活动，但婴儿潮一代仍寻求低冲击、低强度的活动。因此，健身运营商需要把项目的主体转向世代群体。如果我们的目标是照顾到每一个人，那么这一切很可能将毫无意义。你需要选择希望围绕其制定项目的世代，然后根据他们的兴趣和需求展开工作。

- 别忘了婴儿潮一代。根据统计 60 岁以上成年人口的百分比，欧洲一些成员国甚至整个欧洲，都是老龄人口最多的地区。这种趋势将持续到未来 10 年。这些人不只想寻求更健康的生活，还一直在寻找能延缓老龄化带来的身体机能衰退的方案。目前，欧洲婴儿潮一代经常去健身俱乐部的比例极低，这表明如果健身项目能刺激到他们，有望提高健身水平，那么他们很可能会愿意参与其中。这意味着要做出一些计划，包括针对特殊健康状况人口的计划，以及从高强度间歇训练和其他高强度运动等风靡运动计划转向更舒缓和以健康为本的运动计划。最后，婴儿潮一代在服务方面更倾向实际的措施。你如果想吸引这一代消费群体，你的计划需要提供更多样的服务和高科技手段。

- 多样性和灵感必须优先考虑。千禧一代和大龄 Z 一代将是未来 10 年去健身俱乐部的主要人群。这些人想要得到鼓励，他们想要减少无聊时间，想走进群体，不怕尝试。因此，想利用这一代群体动态的健身运营商必须做好准备，提供各种随时可以采用的计划，在关键时刻做出改变。此外，健身运营商需要将拟定的计划视为一种阶段性产品，而不是总在实施落后的计划。最后，健身计划需要部落化，因为 Z 一代和千禧一代都希望在志同道合、充满激情的同龄人群体中有一席之地。

- 特别是如果你在寻求 Z 一代和千禧一代的客户，一定要掌握技术。

研究表明，这两代人更喜欢与技术领先的品牌合作，而不喜欢数字技术落后的品牌。这两代人每天花5个多小时在网上观看视频。此外，这两代人想与他们喜爱的品牌建立全年无休的关系。最后，几乎每一代人都指出了保护数据的价值和重要性。因此，运营商在重视这两个年轻群体和大龄群体的同时，必须制定出领先的数字战略。这一数字战略必须涵盖运营和计划，让会员有全天候访问机构一切内容的资格，确保会员有能力控制自己的数据，最后，确保会员可以拥有一系列健身课程、健身活动和个人训练。每一个健身机构设置的计划，都需要人们在现实世界和数字世界中完成。

营销与宣传

- 无论你想要哪一代人成为你的客户，你都需要一款应用程序。当Z世代和千禧一代想通过本地应用程序与品牌沟通时，婴儿潮一代也在朝着这个方向学习。因此，一个健身企业如果想在这个国际化的时代蓬勃发展，就必须有一个直接的应用程序，让用户可以找到有关机构的信息，发表意见，最后，购买他们心仪的一切商品。

- 特别是对于Z一代、千禧一代和X一代而言，社交媒体必须成为宣传策略的重中之重。这几代人使用社交媒体来搜索品牌信息，获得关于品牌的建议，与品牌交流经验，然后让自己也成为品牌。此外，Z一代和千禧一代访问的社交媒体平台不同于X一代或婴儿潮一代，因此你必须知道受众群体偏爱访问哪些平台。虽然Facebook可能在婴儿潮一代中风靡一时，但X一代和千禧一代更喜欢使用Instagram、Twitter和YouTube，而Z一代更喜欢使用Snapchat和YouTube。

- 用视频分享故事。当谈到用什么方法能找到Z一代、千禧一代甚至年轻X一代的会员想要接触的品牌时，相关的文本内容甚至静态图像内容都是老旧的。因此，特别是那些需要这些年轻一代客户的健身运营商，他们必须改变策略，使用视频传播相关内容，尤其是让真实的人讲述他们自己的品牌和机构的故事。

- 互联网广告正逐渐向印刷广告靠拢，因此，请重新思考，应该如何展示促销活动。超过50%的千禧一代和Z一代使用广告拦截器，X一代和婴儿潮一代中使用广告拦截器的人数几乎相同。在未来10年内，个人计算机上75%的互联网广告可能只有遭到屏蔽的下场。

  崭新的广告浪潮即将来临，它们会是在移动设备上自然搜索出的移动广告，社交媒体帖子中的定向广告，应用程序特定广告，移动端、PC端和游戏机等游戏内广告，以及与消息应用程序相关的广告。关键是健身运营商需要开始研究其他形式的数字广告，而不是只有传统的搜索引擎广告可供选择。

- 成为有影响力的人，或者找到这种人。大约40%的千禧一代表示，他们最喜欢的社交媒体影响者比朋友更了解自己。

  此外，这些社交媒体影响者对Z一代和千禧一代浏览商品、购买商品有着巨大的影响。因此，健身运营商要么需要与消费市场中最受欢迎的社交媒体影响者合作，要么效仿Equinox公司，帮助员工成为名人和社交媒体影响者。

- 信息应用程序和社交平台是个人通信的未来。电话和电子邮件仍然会是重要的沟通工具，尤其是对于婴儿潮一代而言。但在未来10年里，运营商需要学习使用即时短信。更重要的是，他们如果想与客户进行对话，就需要擅长信息应用程序的语言和社交媒体平台的语言。

10.7　结论

在接下来的10年里，欧洲将发现自己要面对的是世界上代际差异最大的人群之一。到2030年，欧洲将成为世界上人口年龄最大的地区之一（年龄将仅次于日本），60岁以上的婴儿潮一代占大多数。同时，千禧一代和Z一代人口将对消费主义和健身行为产生不可估量的影响，尽管人口比例不占多数。

欧洲运营商再也不能采取通用的"一刀切"的运营方式和营销模式，因为这不会再对重要的几代受众群体产生吸引力了。有一点是肯定的，在接下来的10年里，甚至说是在2030年开展业务，需要以这个代际时代的利益为核心，建立灵活的运营方式和营销模式。

10.8　参考文献

- Bialik, Kristwn and Fry, Richard (2019). Millennial Lite: How Young Adulthood Today Compares to Prior Generations.

- Curtain, Melanie (2019), 3 Ways Millennials Differ from Generation Z in 2019 Trends.

- Deloitte Global (2019). The Deloitte Global Millennial Survey 2019. London, U.K.

- European Commission, Directorate-General Education, Youth, Sport and Culture (2017). Special Eurobaraomter 772 – Sport and Physical Activity. Brussels, Belgium.

- Eurostat (2019) Population Structure and Ageing. Luxembourg.

- Fishback, Glen (2019). Demographic Targeting: How Different Generations Use Mobile Apps.

- Foundation for European Studies and Sheffield Political Economy Research Institute (2018). Baby Boomers versus Millennials: Rhetorical Conflicts and Interest–Construction in the New Politics of Intergenrational Fairness. Kate Alexander Shaw. Sheffiend, U.K. and Brussels, Belgium.

- Francis, Tracy and Hoefel, Fernanda (2018). True Gen: Generation Z and its Implicatrions for Companies.

- GlobalwebIndex (2018). Generation X; Examing the Lifestyle, Attitudes and Digital Behaviors of Generation X. London, U.K.

- Holden, Paige and McKinney, Rebecca (2014). 20 Fascinating Facts About Gen X.

- House of Commons Library (2017). Briefing Paper Number CBP7946 Millennials. London, U.K.

- IHRSA (2019). Health Club Consumer Report. Boston, MA.

- IPSOS Mori (2018). Beyond Binary; The Lives and Choices of Generation Z. London, U.K.

- Iqbal, Mansoor (2019). App Download and Usage Statistics (2019).

- Mediakix (2017). The 11 Generationsl Z Statistics Advertisers Should Know.

- Miller, Lee and Lu, Wei (2018). Gen Z is Set to Outnumber Millennials in a Year.

- MindBody (2019). Fitness in America: Behaviors, Attitudes and Trends. San Luis Obispo, CA.

- National Chamber Foundation (2018) The Millennial Generation; Research Review. Washington D.C.

- Singh, Sonica. Generation Z: Rules to Reach the Multinational Consumer.

- Stokes, Bruce (2015). Who are Europe's Millennials.

- Sydow, Lexi (2019). Gen Z: Redefiningthe Mobile World Order.

- TD Ameritrade (2018) The New Basics Survey; Exploring the Non-Essential Must Haves for the Lifestyle of Today. Omaha, NE.

- The Millennial Impact Study sponsored by the Case Foundation (2017). Top 100 Findings from the Millennial Impact Project. Roselle, IL.

- United Nations (2015). Poulation 2030; Demographic Challenges and Opportunities for Sustainable Development Planning. Ny, NY.

- United States Census Bureau, U.S. Deaprtment of Commerce (2015). U.S. Population Trends 2000 to 2060. Washington, D.C.

- United Nations Economic and Social Affairs (2015). World Population Aging; Highlights. NY, NY.

- Vincent, Grayson K. and Velkoff, Victoria Current Population Reports. The Next Four Decades; The Older Population in the U.S.2010 to 2050. Washington, D.C.

- Vocalink and IPSOS Loyalty (2016). The Millennial Influence; How Millenials of Europe Will Shape Tommorow's Payments Lanmdscape. London, U.K.

第 11 章

数字虚拟健身

布赖恩·奥罗克（Bryan O'Rourke）

11.1　简介

数字化不仅与健身和健康行业密切相关，还与所有行业和消费者都联系紧密，而健身行业身处其中，一直在经历着重大的变革。统计网数据表明，仅在2019年，全球共有11.73亿人使用健身追踪设备和健身应用程序。与这一数字相比，目前全球使用商业健身设施的客户数量相形见绌。目前全球使用商业健身设施的人数已达到1.83亿人，预计到2030年，全球将达到2.3亿人。

健身领域趋向数字化，很大程度上是因为消费者期望有更多渠道全面、方便快捷、更个性化、有吸引力且丰富多样的健身体验。在过去10年中，人们广泛采用互联网和移动网络，在银行、交通、食品、住宿、教育和医疗等行业为消费者制定解决方案，提供更多体验，这些支撑着消费者对健身行业依旧抱有期待。

在当今的新世界，以及未来10年，健身和健康品牌需要对商业模式做出革新，让自己的产品和服务与众不同，在竞争日益激烈的市场中保持相关性，避免边缘化。这需要健身品牌专注于体验驱动式的商业模式，无论在真实世界还是数字虚拟世界，他们都需要创造多个品牌接触点，让消费者拥有难忘、宝贵的互动时刻。

健身品牌和健身运营商需要对客户体验、内容策略、个性化策略、身体感受、营销活动以及语音和其他技术等新兴技术的使用做出密切评估，让客户有卓越的全新体验，在市场中保持相关性。他们需要做到这些，因为现有"行业"已经从受环境束缚转变为在竞争激烈的市场中生存，这些竞争性体验会不只出现在传统健身行业，还会以新的方式将其他产品和服务结合起来。

未来10年，许多竞争可能会在传统竞争之外的领域展开。Gym-shark、LuLu Lemon、Google、Peloton、Apple、Mirror 和 Amazon

等公司致力于重塑纯数字处理手段和混合商业模式，这种竞争成了现实。

这些体验将数字技术、实际感受、健身服装、健身营养和家庭便利等服务和产品与健身和健康行业结合起来，使健身体验更具竞争性。这一趋势才刚刚开始。

考虑到数字化、虚拟化、随时随地和随机应变的需求（以下简称ODAVAD），健身和健康行业的领军人物要对该行业需要如何改变才能保持甚至增强相关性做出分析评估，应了解以下内容。

- ODAVAD健身体验的现状如何？
- ODAVAD健身体验将如何发展？会发展成什么样子？
- 目前的健身品牌和健身运营商应该如何处理ODAVAD？

在此基础上，我们将在本章讨论，健身行业要如何利用基本行业构成和内部关键资源，这将帮助积极努力的健身品牌成功地在未来市场中站稳脚跟。他们需要回答一个问题："我们应该如何与其他品牌竞争？"最终，把利用ODAVAD作为提供卓越的用户体验、制定市场竞争策略的一部分，这一计划具有战略意义，而具体实施更需要战术方法。对于某些品牌来说，这一路线是一种巨大的挑战，有些品牌会遭到淘汰，但是会有另一些新兴品牌能卸下历史遗留的陈旧负担，在下一个10年中在健身行业占据领先地位。

11.2　ODAVAD健身体验现状

统计数据表明，人们广泛应用ODAVAD模式，主要受欧洲和大多数发达国家的三大趋势影响：（1）流媒体已成为主要的消费渠道；（2）社群体验和共享体验更具吸引力；（3）消费者希望服务更加便利。

A. 流媒体

优质的流媒体内容深刻地改变了媒体消费模式。消费者可以在层出不穷的内容范围中做出选择，他们可以看视频、听音乐，或者以任何形式，在任何地方，任何时候，按需消费都能发挥巨大的价值。

S&P Global Market Intelligence的媒体研究Kagan集团估计称，全球数字音乐付费用户从2012年的1 210万增长到2018年的1.625亿，增长到原来的13倍多。同样，据估计，美国数字视频付费用户从2012年的3 760万增长到2018年的1.678亿。流媒体现在是消费者观看内容和体验消费的主要渠道，Disney和Apple都开始尝试用流媒体发布内容可以证明这一点。

在健身领域，流媒体的发展趋势已经持续了一段时间。YouTube等许多技术平台和视频平台都免费提供健身内容。例如，超过530万人在YouTube上订阅了Fitness Blender的健身操课程。Equinox旗下另外一个品牌，与American Express公司合作，不限场地提供X级训练平台。Equinox Tier X级教练免费提供10分钟的高端视频内容的训练。如后文所述，Equinox还追求新型的混合训练模式。（Equinox最高级别的私教课叫作Tier 4，目前最高级别的称号已经被Tier X取代。X代表"无限可能"。）

在过去两年里，为了利用流媒体现象，直接面向国内市场的业务受到了推动。根据Peloton S1公开文件中，2019年10月首次公开的图表显示，美国、英国、加拿大和德国的TAM订阅健身模式用户的市场总量约为6 700万。因此可以肯定地说，5年前流媒体的发展还并不完善，而现在利用这项技术制定健身方案带来了一种全新的市场，它们通过ODAVAD紧密结合（见图11.1）。

除了Peloton之外，Tonal和Mirror也已将流媒体和综合设备结合起来。用户可以利用一个1 495美元的全身镜，或者部分液晶显示屏，

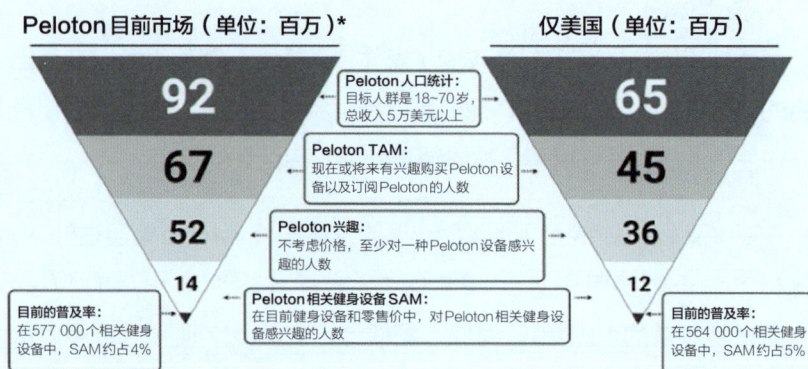

图11.1
Peloton示例

获得在家锻炼的体验。用户每月只需花费39美元就可以通过镜子独自观看直播健身课程和按需健身课程。Mirror提供各种各样的课程，满足用户不同锻炼时间和健身水平差异的需求。它配有镜子、蓝牙心率监测设备和6个健身带。每次训练都是自重练习，因此不需要额外的设备。2019年底，该方案仅在美国大陆推出，计划在2020年会扩展到欧洲。

流媒体趋势愈加明显，市场竞争也越来越激烈。一个例子是ClassPass直播，它要求用户先付79美元，每月再收取19美元的订阅费。先付的79美元，可以给用户提供Chromecast投屏和一个Wahoo Tickr心率监测器。用户可以通过心率监测器，在训练期间查看屏幕上显示的统计数据。ClassPass移动应用程序可以将Chromecast投屏与电视接口相连接，从而可以将视频投放到电视中播放。然而，直播服务在2019年底取消了，目前，用户在ClassPass订阅上只能看到提前录制的内容和训练。

B. 社群体验和共享体验

消费者在体验上花费越来越多，想寻求有意义的社群联系。在健身行业，由于精品健身提供个性化服务和专家指导，让消费者拥有社群意识，所以消费者已经转向精品健身消费。精品健身服务是发展最快的实体健身服务。国际健康及体育运动俱乐部协会的数据表明，截至2017年，40%的健身俱乐部会员称自己选择了精品健身工作室，而从2013年到2017年，精品健身工作室的会员人数增长了约121%。人们通过Peloton、ClassPass等数字平台获取社群体验，借助尖端技术，利用直播参与的形式，人们在家也能获取这些体验。

C. 便利需求

越来越多的人在家办公，工作时间更长，远程工作者开始兴起，并学习移动技术，这给人们如何在家庭时间、工作时间和个人健康之间取得平衡，带来了更大的挑战。

皮尤研究中心的数据表示，过去几十年里，双收入家庭所占比例从1970年的49%上升到2016年的66%。生活繁忙、休闲极少，以及家庭动态不断变化，让人们对便捷健身有更大的需求。便利代表了新的商机。

11.3　移动设备和应用程序的新时代

现在，消费者每天的生活都与数字保持全天候的连接，各种各样的设备在日常生活中已成为不可或缺的存在。然而在全球范围内，人们对智能手机的需求一直在变化。2019年智能手机销售量出现下滑，同比下降3%，是因为人们更换手机的频率已经放缓。这种趋势可能从2020年开始发生变化，因为5G的出现，促使人们追求更新、更快、连接网络超高速的智能手机。这还可以促进人们在移动设备的技术应用程序上，产生更多消费。

过去10年中，数字电子服务健身市场有两个主要的方向：一是便携式可连接健身设备，其中可穿戴设备不包括智能手表；二是与智能手机和平板电脑配合使用的数字健身和营养应用程序，但这两种方向近年来在中欧和西欧的使用增长率都在下降。2020年，在中欧和西欧，使用健身应用程序的用户增长率下降到13%，预计2023年将下降到3.90%，而使用可穿戴设备的年增长率预计将从2020年的4.30%下降到2023年的2.20%。

未来10年会出现一系列新型设备，智能手表将在2020年同比增长近30%，其他设备将重新定义ODAVAD的概念，本章稍后将介绍这些设备。

A. 利用ODAVAD的健身机构运营商现状

目前健身行业的各方人士并没有忽视ODAVAD这一关键趋势。供应商、机构运营商和其他竞争对手，多年来一直在为会员创新流媒体内容、开发新的应用程序，即便如此，能提供高效综合ODAVAD模式的品牌和运营商还是相对较少。

在欧洲，Basic-Fit、McFit和许多其他公司一样，采用ODAVAD模式已经成为他们的多样化服务竞争战略的重要组成部分。例如，传统上，团体健身工作室在直播课程领域是一片空白，因此像Wexer这样的供应商制定了一种流式的团体健身内容方案，让会员可以在俱乐部中随时选择或个性化定制训练内容。McFit和Basic-Fit利用这些平台提供品牌健身体验的定制服务，这些体验可以流式传输到移动设备和健身机构，甚至可以传输到家。

像VirtuaGym这种应用程序提供商，利用智能手机和平板电脑提供数字训练和内容，实体品牌和健身机构可以定制服务，以便会员随时随地通过手机查询数据，展开锻炼或访问其他服务。MYZONE利用集成心率采集和可视化技术创建了一个受欢迎的平台，将俱乐部与会员联系起来，提供俱乐部内的训练和尖端体验，会员在家或在外锻炼时，都能通过应用程序实现社交连接，对努力锻炼的用户给予表彰。商业健身供应商多年来一直在采用ODAVAD模式，如在跑步机上流式播放内容，和教练一起为会员拟定计划。

B. 新混合模式和体验的现状

新的混合模式与ODAVAD模式相结合，让用户不仅在健身机构和健身俱乐部，而且在家或在旅途中，也能观看流式直播内容。此外，与教练联合共同为会员提供直接服务和按需服务的这种混合模式，是ODAVAD体验发展的方向。例如，Equinox的EQX ONE给每位会员配备一名精英教练，教练为会员拟定每周计划，包括训练课程和视频指导，帮助会员达成目标。有了这个"混合"模式，教练可以随时和会员进行一对一沟通，调整会员的计划，让健身客户回到正轨。Equinox展示了ODAVAD模式的个人训练体验，仅为Equinox的会员提供，如图11.2所示。在用户注册会员之后，为其提供一块Apple Watch，作为追踪数据的设备。

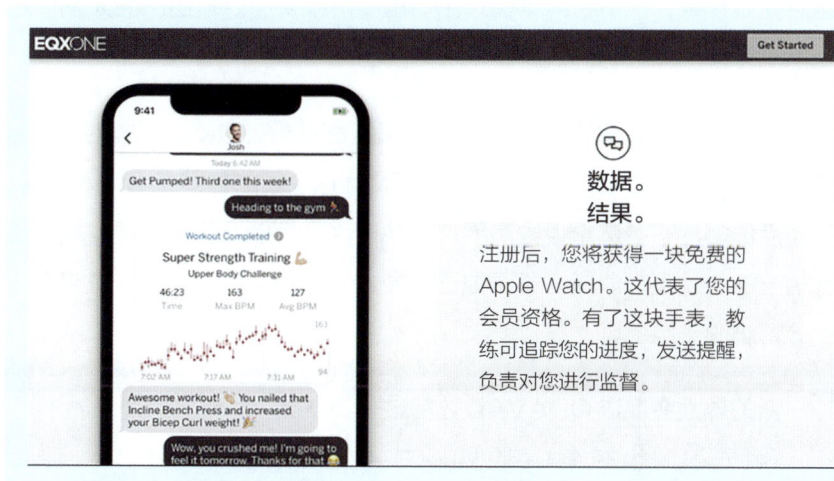

数据。
结果。

注册后，您将获得一块免费的Apple Watch。这代表了您的会员资格。有了这块手表，教练可追踪您的进度，发送提醒，负责对您进行监督。

图11.2
Equinox示例

其他健身运营商和直接面向消费者的品牌，都在利用人工智能等新技术来提供纯数字的自动化教练。2018年，Aaptiv从Amazon、Disney和Bose等公司募集了2 000万美元，开发了一款移动应用程序，其中教练提供专业的人性化指导。如今，Aaptiv仍在研究开发该技术。2019年，该公司推出了一项名为Aaptiv Coach的新服务试点。这种基于人工智能的程序助手，根据用户的目标、当前健身水平、饮食习惯，以及智能手表和健身追踪器等外部设备输入的数据，制定个性化的健身计划和生活方式。

11.4　ODAVAD体验的演变

观察屏幕内容、与应用程序交互，以及传输即时短信，在用户体验中几乎已经随处可见。与此同时，智能手机的应用近乎成熟，一个新的界面时代将改变人们对整个ODAVAD体验的理解。

今年Apple公司发布了第二代Air pods，内置了免提、语音激活的Siri。现在，用户如果将其与iPhone或Apple Watch连接，不管他们当时在做什么，都不必用手指点击屏幕就可以快速召唤自己的人工智能助手。

Amazon还宣称准备推出自己的可佩戴耳机，这款耳机能对Alexa产生反应，而不会与Siri连接。这些宣传让这个新的世界充满无限可能。有一点值得注意，这个世界需要广泛地使用语音接口。在技术发展和集成增强的推动下，消费者不再视语音技术为新奇事物，而可以将它看作十分普遍的实用工具。

新的界面会促进ODAVAD体验进一步发展

Siri于2010年被Apple收购，主要负责研发人工智能，促使Microsoft、Google和Samsung推出自己的人工智能数字助手，从查看天气到制定购物清单，持续改变消费者完成日常工作的方式。Vi个人教练开始兴起，其他已经发布到消费者环境中的方案开始增多，健身和健康体验的完善也近在眼前。

Siri与Apple谨慎对待新举措的方式保持一致步调，在促进第三方应用程序集成方面进展非常缓慢。直到2016年9月iOS 10发布，他们才开始允许第三方应用程序与 Siri 接口，但即便如此，这些应用程序也仅限于一些特定的功能，如预约车辆、发送短信、搜索照片、网上支付、语音通话，以及有限的健身应用程序。

Amazon Echo 和 Google Home 的竞争逐渐加剧，加上语音技术行业的预期发展，使得 Apple 在应用 Siri 的能力时十分谨慎。目前它在努力完善，语音和智能应用程序也开始迅速发展。

IDC 称，预计到 2019 年底，全球范围内，智能手表以及可使用 Alexa 等语音助手的无线耳机等可穿戴设备市场，销售量将增长 15.3%，达到 1.985 亿台。IDC 预计，到 2023 年，销售量将达到 2.79 亿。这一数字将由 Alexa、Siri 和 Google Assistant 等语音助手与可穿戴设备的连接，以及增强功能和智能家居控制能力共同达成。

我们必须承认，语音通信让生活更方便、更快捷，节约了时间。我们处于这个时代，需求方便、无摩擦交互、只需说出一个指令就能完成多个任务。普华永道（PWC）的一份报告指出，消费者认为语音助手是使日常活动更智能、更快速也更简单的方式，目前的使用群体主要是年轻消费者，以及有儿童的家庭。

语音技术正变得越来越复杂，也越来越广泛地为人所用，我们很可能会看到支持语音的应用程序在各个行业中得到更广泛的应用，扩大应用范围，使语音技术走出家庭。例如，去年底，Google 推出了 Voice Access 软件，这是一款 Android 应用程序，可以让行动不便和有运动障碍的人，使用自己的语音来获得更强的控制力和方向感。

尤其是医疗行业，它已成为推动人工智能语音助手发展的主要行业。事实上，《华尔街日报》最近发表的一篇文章指出，人们正利用语音技术分析消费者的心理状况和身体健康状况，提供从心脏病发到开车时睡着的各种预警信号。人们甚至利用它调查犯罪案件、打击欺诈行为、对求职者做出审查，这标志着语音助手将通过数字平台和数字设备的无缝集成而无处不在。

虽然人们使用语音指令越来越多，但PwC的报告总结称，消费者的数字意识还停留在初级阶段，消费者不愿意学习、了解设备功能，不能与设备建立信任来解决隐私问题，这些方面还有很大的改善空间。许多用户虽然会通过设备解决简单的问题，如查看天气、播放音乐等，但很少有人会高高兴兴地探索更高级的功能，如购买或控制家中的其他智能设备。此外，许多人不愿意在公共场合使用这项技术，大多数消费者只在家里发布语音指令，这些人占74%。

即使潜在障碍仍然存在，人工智能驱动的数字助手也不会很快消失。试想一下：Juniper Research公司预测，到2023年，数字语音助手的使用量将达到80亿，相比今年年底的25亿左右增加不少。事实上，从Apple和Amazon的最新声明中可以看出一点，那就是我们才刚刚开始进入语音技术时代。

计算机视觉应用程序和运动追踪设备，也为新的健身体验提供了数字化技术。Freeletics等大多数健身应用程序，一直专注于创造内容，但缺乏与会员的互动。到目前为止，应用程序还无法提供太多人类私人教练的实时纠正反馈。然而，一些公司正在利用可穿戴设备和计算机视觉技术，构建更复杂的人工智能来实现这一目标。例如，生物传感耳机等Vi教练，可以收集用户的生理数据，实时做出调整。该应用程序在训练期间提供激励反馈，能对基本语音指令做出反应，具有聊天机器人功能，可与人类进行有限的互动。Sword Health公司和Hinge Health公司是两家将可穿戴运动追踪器与平板应用程序配对的公司，提供数字化身体治疗和家庭实时反馈。

其他初创公司也开发了虚拟训练器，用计算机视觉技术给用户提供指导和训练，可以在用户身体上绘制关键点，对姿势做出预估。Kaia Health 公司开发了一款名为 Motion coach 的应用程序，可以将摄像机定位在用户面前，以便在治疗过程中提供实时的纠正反馈。

最后，增强现实、虚拟现实和混合现实将成为未来 ODAVAD 可能性的重要存在，这些技术的发展势头正盛。这一行业有最新进展，苹果的 ARKit 开发平台，使数百万 iPhone 用户和 iPad 用户能够体验到增强现实。Facebook 努力让更多群体体验到虚拟现实，而 Microsoft 则利用混合现实将虚拟对象与现实世界充分结合。YouTube 现在支持 360 度全景视频广泛传播应用。与视野有限的传统视频不同，360 度全景视频是全方位的，能让观众完全沉浸其中。

在健身行业，这些手段的应用会大不相同，如图 11.3 所示。虚拟现实平台已经发布了许多以有氧运动为主的虚拟现实健身游戏，如 HTC Vive 和 Oculus Rift。玩家使用魔杖或佩戴手套来做出燃烧能量的动作，他们可以在各种不同的游戏中打拳、挥剑或射箭。这些技术虽然最初是为游戏行业开发出来的，但它们在健身行业等其他市场中也正逐渐站稳脚跟。预计到 2020 年，全球虚拟现实市场的收入将达到 215 亿美元。

像 Holodia、ViroFit、Blackbox 等公司正在集成和创造新的增强现实、虚拟现实和混合现实健身方案。期待这些技术和体验，在未来 10 年继续进军健身俱乐部领域和家庭健身体验领域。

虚拟现实
全人工环境

增强现实
虚拟对象覆盖在真实环境中

混合现实
虚拟环境与现实世界相结合

图11.3
虚拟现实、增强现实和混合现实

完全沉迷于虚拟环境

用数字对象增强的现实世界

与真实世界和虚拟环境交互

11.5　健身品牌和运营商应如何与ODAVAD接洽

虽然在评估ODAVAD时需要考虑很多方面，但有两个关键特别需要注意：一是了解你现在提供的既有用户体验和商业模式，以及将来需要实现的商业模式；二是了解你的商业模式、文化氛围、技术路线图，这是为了在未来，能从现在的用户体验和商业模式状态更好地转型。

当今许多企业在尝试采用技术，而不考虑其对整个企业的影响，他们都会出现重大失误。这种动态既有"数字化转型"这一有利因素，也包含了不利因素。

许多人对数字化转型这一概念不屑一顾，因为它的含义被过度使用而变得模糊不清。一些人用这个词作为现代化的另一种委婉说法，或者说是从旧系统中转型过来，而另一些人在推销新方案时滥用了这个词。不管有些人对数字化转型有什么看法，机构都需要彻底反思：如何利用相关技术、人员和流程，从根本上提高企业业绩。

了解你现在提供的既有用户体验和商业模式

打造 ODAVAD 健身品牌的第一步，是了解会员和客户的现状，这需要做一些调查研究。人们可能会认为，他们了解自己的会员和客户的体验，但大多时候，他们并不能及时了解。在评估 ODAVAD 支持的新兴接触点时，机构必须清楚它们如何与当前用户体验和具有可持续性的商业模式相适应。

全世界有一些极具创新精神的公司，他们花费大量时间研究用户体验，将研究成果作为一种整合资源开展设计，从而使创新更富成效。然而，许多公司并没有将在研究和设计用户体验方面的投资列为优先事项，因为设计价值很难作为商业战略来衡量和定义，但它还是必不可少的。

动向指标（DMI）依据公司是否符合六项 DMI 标准，做出严格挑选，列出了这些设计主导的上市公司名单。在 75 家上市公司中，只有 15 家符合标准。这些公司是 Apple、Cocacola、Ford、Herman-Miller、IBM、Intuit、Newell-Rubbermaid、Nike、Procter & Gamble、Starbucks、Starwood、Steelcase、Target、Walt Disney 和 Whirlpool。在这 75 家公司中，只有 15 家擅长将卓越的客户体验融入其产品和服务中，因此过程虽然充满挑战，但是这种结果完全不会让人意外。然而，从商业模式的角度来看，结果显示，在过去 10 年里，主打用户设计方案的公司在股票市场保持了显著的优势，股价超过标准普尔指数 228%。这说明，关注用户体验代表收获更多的利益。

研究用户体验的过程，通过观察、任务分析和其他类型的用户反馈，来发现客户的行为、动机和需求。用户体验研究对于品牌和机构有以下优势：一是可以了解现有服务和新型服务的用户体验；二是对各个方面进行测试，在产品开发过程中做出明智的决策；三是发现、优化真实的用户体验，对其做出评估；四是在转型前，了解每个用户如何交互；五是确定设计和体验精准无误。

健身领域趋向数字化，很大程度上是因为消费者期望有更多渠道、全面、方便快捷、更个性化、有吸引力且丰富多样的健身体验

本章的资源可为研究用户体验、开展相关设计提供支持和指导。通常情况下，人们会选择聘请专业人士来帮助指导研究用户体验，做出完整的相关记录。

制定流程

在开始之前，谈及如何整合应用程序、流媒体和新的语音接口等重要的客户接触点时，掌握设计和集成这些因素的方法至关重要。有了完善的研究，你还必须记录与用户体验相关联的特定方向，向可信的技术专家咨询，来证明你有能力制定出周到、完善的流程。你需要为未来几年制定一个战略计划，利用ODAVAD来保持市场相关性。

11.6　结论

毫无疑问，在未来的10年里，数字化将对健身行业和健康领域产生重大影响。当前的趋势和新技术的出现，以及不断增长的客户期望和竞争激烈的市场，让"ODAVAD"健身和健康体验更具实际意义，这一点至关重要。

总结ODAVAD的现状，它将如何演变，以及我们如何应对这一趋势，是当今健身行业领军人物必须面对的问题。以下列出了一些图书和资源，为应对健身行业中ODAVAD趋势提出了一些实用方法。

第一本是《感知力：成为数字化时代的领跑者》，主要介绍融合社会商业战略、营销技术和客户体验的新思维，作者是特拉维斯·赖特（Travis Wright）和克里斯·J.斯努克（Chris J. Snook）。这本书为机构提高客户体验及参与度提供了一个参考。你可以通过重组销售和营销模式，在当今数字优先、渠道全面的环境中竞争，从现有资源中发现新的人才，学到新的知识。这本书提供了两个现实世界的框架，在一切规模的机构中实施和定制一个新的营销操作系统，并逐步制定流程，优化客户体验，获得竞争优势。体验营销框架和社会企业战略框架已经证明，超越客户期望的方法应该贯穿整个购买过程。这种框架可为任何行业、部门或规模进行定制，来帮助你的公司占据领先地位。

第二本是《DT 转型：企业互联网＋行动路线图》，由乔治·韦斯特曼（George Westerman）、迪迪埃·邦尼特（Didier Bonnet）和安德鲁·麦克菲（Andrew McAfee）联合执笔完成。在这本书中，作者重点讲述了从金融业到制造业，再到制药行业等传统行业的公司，是如何利用数字化来获得战略优势的。他们阐明了成功实现数字化转型的基本原则和实践方法。这本书对 Asian Paints、Burberry、Caesars Entertainment、Codelco、Lloyds Banking、Nike 和 Pernod Ricard 等全球 400 多家传统公司展开研究，展示了如何成为"数字大师"。它构建了一个清晰明了的框架，从两方面对成功转型做出解释：它们不仅投资于培养数字技术能力，还培育相应的领导力来充分利用技术。读者将学习到如何更好地与客户接触，如何以数字技术增强运营能力，如何建立数字视角，以及如何组织数字化活动。这本书还提供内容丰富的逐步转型方案，供领导者学习并加以利用。

第三本是《用户体验多面手：用户研究与体验设计中心》，作者是利娅·布利（Leah Buley）。这本书介绍了一系列方法，帮助读者对付琐碎工作，提高工作效率，获得同事支持，这远远高于标准的用户体验交付成果。无论你是刚刚步入用户体验领域的初学者，还是经验丰富的实践人士，你都可以推动机构发展。这本书给你提供方法，让你能充分了解相关问题，从而事半功倍。

以下播客提供连续对话和专业知识，可以解决任何健身品牌的 ODAVAD 趋势相关问题：

Fitness+Technology 由布赖恩·奥罗克主持。该播客涵盖来自全球领先的健身商业专业人士的访谈，还会讨论采用技术的含义和途径。

The UX由用户体验专业人士佩尔·斯博姆（Per Axbom）和詹姆斯·罗亚尔·劳森（James Royal Lawson）主持。设计这个节目，是为了给那些在数字媒体领域内热衷于在业务、技术和用户之间取得平衡的人提供借鉴。佩尔和詹姆斯通常会邀请一位思想领军人物，来讨论诸如用户体验策略、信息架构、认知神经科学、故事映射和敏捷方法等主题。

11.7　参考文献

- Global Wellness Institute, Wellness Now a $4.2 Trillion Global Industry, October 2018.

- Kagan, a media research group of S&P Global Market Intelligence, Kagan Data Services: Economics of Mobile Music 2018 Edition, November 2018.

- Kagan, a media research group of S&P Global Market Intelligence, U.S. Online Video Projections Through 2028, August 2018.

- National Business Group on Health, Companies Expand Well-Being Programs and Increase Financial Incentives, April 2017.

- Pew Research Center, 7 Facts About American Dads, June 2018.

- The following reports from The International Health, Racquet & Sportsclub Association: The 2019 IHRSA Global Report, the 2018 IHRSA Health Club Consumer Report, 2018 IHRSA Global Report, IHRSA's Guide to the Boutique Studio, and 2009 IHRSA Global Report.

第 12 章

欢迎来到未来，欢迎来到影响力型经济

雷·阿尔格（Ray Algar）

12.1　简介

对于欧洲健身行业的一些企业来说，短短的10年在这个漫长而成功的故事中，仅仅是其中一个篇章，这些企业理解消费者的思想和感情，提供的服务就能收获消费者的信任。与这些企业相比，还有一些企业在短短10年内都未能找到正确的方向：它们曾经来过，想要站稳脚跟，却很快就消失了。

因此，一些企业兴旺繁荣，另一些企业则走向没落，然而它们一直处于相似的竞争环境和经济状况。企业在现在和将来能否取得成功取决于它们能否与消费者建立稳定的联系。企业领导者可能不会把自己视为趋势观察者或"未来主义"专家，但市场发出的信号可以告知并引导企业满足消费者当前需求和预期需求。

本章的目的在于探索世界如何变化，但也要了解，随着时间的推移，什么会亘古不变。健身行业正从"服务型"经济和"体验型"经济，转型成为"影响力型"经济，要想在新的10年取得成功，这一行业需要认真贯彻这一转型。

环境为王：清楚地了解这个世界的现状和预期，是成功制定企业长期战略的重中之重。

12.2　缺少运动的世代

快速工业化和日常生活机械化意外地导致了一代又一代人活跃不足。许多人消耗体力的活动一整天也就几分钟。英国国家统计局称，1961年，英国没有汽车的家庭占70%，但到了2018年，这一比例降至10%。

机械化，连同网络、智能手机或应用程序、数字流媒体和数字市场等"促进技术"，现在正在占据人们的生活空间。因此，英国人口的活跃度比20世纪60年代减少了20%左右。2014年，英国公共卫生部（Public Health England）称，如果目前的趋势继续下去，到2030年，英国人口的活跃度将再减少35%。其他国家无法避免受到这种现象的影响。一个国家变得更加繁荣后，那么人们的身体活动水平就会下降。

结果是，身体活动在我们的日常生活中愈加不被重视，这产生了高昂的社会成本。在英国，17%的可预防性死亡是由身体活动不足造成的，这和吸烟一样危险。《柳叶刀》刊登的一项研究报告称，2008年全球死亡人数为5 700万人，其中由身体活动不足造成的死亡人数超过530万（Lee et al., 2012）。这意味着在未来，人们可能还会对健身行业所提供的服务有所需求，但这一行业并不具有垄断性，消费者也不会特别热衷于将身体活动融入自己的生活。

12.3　培养前瞻性的商业思维

所有企业都可以从"趋势研究"中受益，因为这种工具可以帮助我们洞悉给全世界和消费者造成的影响会如何迅速发生变化。这在健身行业尤为突出，人们无法预测消费者和品牌之间的关系变化。一次不愉快的体验会很快把一个狂热的粉丝变成一个愤怒的批评家。企业很容易理解这一趋势，许多企业主动提出追踪全球消费者的"时代精神"，并努力回答这一问题："我的客户将来想得到什么？"

这种方法能识别文化模因，可以将文化事业或文化思想传播出去。它以消费者为中心，以质量为导向，经常利用全球研究人员网络来反馈他们的研究结果，并借由新兴产品和新兴服务的例子来加强这一趋势。企业也可以从未来前瞻性机构寻求帮助，这一点更具战略意义。他们可以探索社会因素、技术因素、经济因素、环境因素和政治因素等，这些又称STEEP框架，这些因素会影响人们的生活，提供可量化的意见，帮助企业规划未来。

12.4 富足社会

国家越来越富裕，商品、服务和体验的供应也越来越丰富。人们将富足定义为有充足、丰富的供给。有一些人，有幸生活在人类发展指数（HDI）很高的繁荣国家，他们不一定能意识到这一点，因为他们每天都过着富裕的生活。人类发展指数，即预期寿命、教育资源和人均收入指标的综合指数。纵观多数种类的商品和服务，人们都会有丰富的选择。如果线下没有现成的，也不必担心，点点鼠标即可。

数据服务提供商ScrapeHero分析称，到2019年4月，Amazon平台将售出约1.2亿件商品。这是保守估计，还不包括通过Amazon市场平台的第三方卖家，它们的商品销售量也达到了上百万。当然，虽然Amazon是行业领先的平台，但它也只是众多服务于富足社会的平台之一。展望未来10年，你认为这种富足的趋势将如何发展？

为什么这很重要

就在上一代人之前，欧洲的健身行业还在从并不富足的社会中获益。消费者的需求在增长，但俱乐部能提供的服务又十分有限。俱乐部可以拥有一个完整的集中区域，在没有竞争或限制竞争的情况下运营。那么，对一个潜在新俱乐部的位置调查就会很简单，如果一个竞争的俱乐部已经成立，建议将位置转移到一个还没有俱乐部的地区。现在，健身行业市场的发展方式，与Amazon市场的相似。首先就是建立多设施俱乐部，但是现在这已经发展成为多元化的供应商生态系统。企业作为这个丰富的生态系统的一部分可以蓬勃发展，但消费者主张企业必须在深层次和实际层面上与他们产生共鸣。

体验要点：一家企业有意以服务为舞台，以商品为道具，创造出值得消费者回忆的体验式活动。

派因等人（Pine et al.，2011）

12.5　2030年，人类的欲望依然没有改变

这个富足世界的矛盾之处在于，它不能保证增强幸福感，改善生活质量。新特斯拉的来临，或是在工作中升职等这种强烈的兴奋感，通常会因为享乐适应症这种现象而迅速消退，同时幸福感急剧飙升，然后恢复到状况发生前平常的快乐程度（见图12.1）。布里克曼（Brickman）和坎贝尔（Campbell）在1971年发明了"享乐跑步机"这个词语，来解释这种现象，它促进了Amazon等企业的发展。因此，如果用实际商品来填充生活，只能带来暂时的满足感和幸福感，那么这可能解释了体验经济兴起的部分原因，而这正是Airbnb甚至Apple等企业所提倡的。

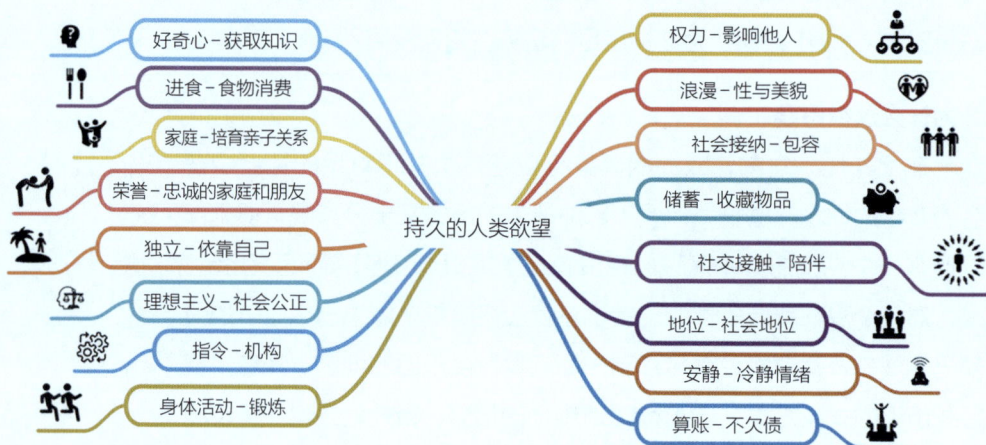

图12.1　持久的人类欲望（Reiss, 2002）

Airbnb是世界上最大的市场之一，提供独特、真实的住宿场所和活动场所，表示其存在的目的是"在全球范围内促进人与人之间的交流和

信任，打造充满人情味的社区"。它自2008年成立以来，已经为5亿游客提供了便利。2016年，该公司扩展了平台，整合了一些可以保留的地方，开始提供精心策划的体验。一次不同寻常的经历有可能让一个人一生都念念不忘。

看看在月光下的克罗地亚亚得里亚海上，Airbnb客人划船的图片，如图12.2所示。船板底部配有LED灯，可照亮周围和下方的一切。它可以回答这样一个问题：是什么驱动着人类的思维、动作和行为？10年过去了，人类的欲望依然没有改变。截至2019年12月，294名客人对克罗地亚划船体验进行了5分制评分，评分为4.94分，仅需要43欧元就可以享受，定价似乎着实过低。

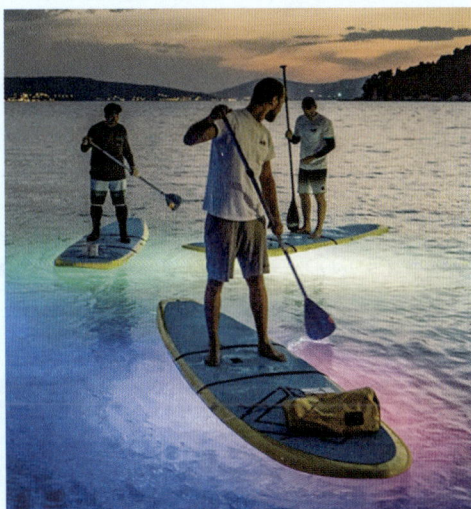

图12.2　亚得里亚海夜间直立划桨体验

Airbnb早在2016年就提供了500项用户体验活动，到2019年底，Airbnb提供了30 000项体验活动。展望未来10年，可以想象Airbnb将像Amazon一样影响人类的生活。人们是否应该将Airbnb视为更广泛的健身行业生态系统的一部分？在健身行业中，它希望与客户生活保持连接，参与其中，丰富他们的生活，所以它也许应该就这样做。现在和未来一样，各个企业都在争夺个人的稀缺时间，因此也就是说，竞争对手将逐渐从最不可能出现的地方诞生。

Apple Store 想成为城市广场

苹果熟练地为用户提供平台体验，认为它的日常使命远不只是创造令人信服的技术。过去，它把商店视为销售商品的平台。这些商店逐渐成为社区中心，成为拥有各种丰富体验的平台。健身行业有自己的室外健身房，而 Apple 则邀请人们体验它的科技操场。

"今天在 Apple"鼓励人们一起在工作间或技能培训班学习如何使用自己喜欢的产品，参加相关讲座。Apple Store 现在提供健康指导和健身步行指导。人们在商店相约，然后与健身教练和 Apple 员工一起在当地步行一小时。人们可以学习如何在日常生活中组织身体活动，如果需要技术追踪进程，还可以考虑佩戴 Apple Watch。

这种引人注目的一小时体验是免费的，这个价格点非常有吸引力。我们可以将这个品牌融入不断扩张的健身行业生态系统。在将来，人们也许会越来越多地开始在 Apple Store 中健身，而不是去附近的健身房健身。

Apple 服务的缩写
A：以个性、热情的欢迎方式接触客户
P：礼貌调查以了解客户需求
P：给客户提供解决方案，让他们能带回家研究
L：倾听并解决问题
E：以亲切告别和邀请再来为结束

12.6　探索影响力型经济

健身行业正向2030年进发，它需要应对体验产品的爆炸式增长。这些体验来自多样化的新企业，这些企业有时也许会有出乎意料的操作，它们也希望参与健身和健康经济。然而，如果越来越多的企业转向体验式商业模式，那么差异化将如何体现出来？

一种可能的情况是，更多的健身提供商将采用图12.3所示的逻辑模型。它们将转变为变革的推动者，向新兴经济体转移，这一点具有战略意义。

在2020年，健身行业的许多部分都在图12.3的左侧运营。衡量成功与否的一个关键指标是，健身品牌在投入和活动方面的投资可以获得多少会员数量，这就是经济产出。

例如，Planet Fitness是美国一家低成本健身房专营公司，它报告称，截至2019年9月，在1 899个地点拥有1 410万名会员；而截至2019年8月，另一家特许经营机构24小时健身房Anytime Fitness在4 500家健身房拥有400万名会员。那么，这两种业务中，哪一种更能有效地改变生活、丰富生活呢？这种计算会员数量的产出指标不能为企业回答这个问题提供帮助，但在过去50年里，它一直被视为全球健身行业成功的标志。

这是一个简单的衡量标准，因为它没有传达出健身俱乐部和健身中心所带来的影响和对生活的改变。这就像根据一个人的收入来衡量一个人的幸福一样简单。

未来就在这里，所以向前一步，拥抱它吧

图12.3
健身行业逻辑模型

人们往往将一个企业的规模与社会影响混为一谈，但它们是截然不同的衡量标准。我们从对健身俱乐部经营行为的研究中了解到（Bedford 2013; Middelkamp et al., 2016），加入俱乐部并不能保证定期就去健身，虽然定期去健身足以创造经营效益。与之形成鲜明对比的是，企业战略上注重即时效果与健康问题或社会问题的进展影响，后者位于逻辑模型的右侧。现在的出发点是：在我们的会员的生活中，我们试图改变什么、丰富什么？例如，如何利用俱乐部和团体课程来对抗日益严重的精神疾病？可以对哪些干预措施进行测试，来帮助减少全球患2型糖尿病的人口？如何将企业作为一个平台，来提高社会凝聚力，对抗日益高涨的孤独感？

健身俱乐部现在变成了一种社交平台，运动赋予其积极履行更大的社会责任的使命。这将需要重新定义这个非凡行业的日常使命，或许还需要一个不同类型的领导团队和多种用语来描述这种成功，让单纯追求经营效益的偏见更少，让健身行业更具社会同情心。

伦敦体育运动与身体活动的社会影响研究

伦敦的目标是成为一个幸福、健康的城市，而不仅是追求发展繁荣。利用社会投资回报率的方法估计，在伦敦，2015年或2016年，由于体育运动和身体活动增加，出现了以下情况。

- 冠心病和中风减少36 160例。
- 2型糖尿病患者减少16 696例。
- 乳腺癌减少413例。
- 结肠癌减少194例。
- 痴呆症减少3 788例。
- 临床抑郁症患者减少67 583人。
- 当地医生和全科医生就诊量减少350万人次以上。
- 获得心理健康服务的人数减少了350万。

（London Sport, 2018）

目前，诸如社会投资回报率（SROI）和社会价值计算器（Social Value Calculator）等方法的存在，有助于健身企业衡量身体活动的健康价值和社会价值。健身企业通过分析会员的身体活动行为以及地理人口信息，可以计算出通过降低患心脏病、各种癌症和痴呆症的风险，挽救了多少人的生命。还可以量化其他领域的影响，如福利待遇、教育资源，甚至还可以减少犯罪。Oxygen Consulting咨询公司的管理咨询师雷·阿尔格积极发展这一更广泛的社会议程，倡导健身行业，因为它允许企业讲述一个"影响力型故事"，而不仅仅是一个"经营绩效的故事"，前者往往更具说服力和吸引力。

12.7   证明

人们越来越关心的是那些将能够证明正在发挥作用的机构。换言之，它们需要强调如何让整个世界成为一个更健康、更公正的社会场所，这一点显而易见。关键是，它们能证明吗？例如，世界慈善水资源基金会允许捐赠人使用Google Maps，持续跟踪他们的捐款动向，直到新水井建成，还可以获得水井的GPS坐标。捐赠者可以进一步登录遥感器，测量洁净水流量。

该机构的创始人斯科特·哈里森（Scott Harrison）表示，慈善机构需要重新设计，因为它不能为更具社会意识的消费者提供足够透明度，这些消费者需要更多证据证明捐赠可以造成影响。一些读者可能会疑惑，为什么健身行业应该关注慈善领域的创新。这一点很重要，因为新出现的消费者期望是，所有其他行业都将变得同样透明，都将以证据为基础。

12.8   未来需要眼观六路、耳听八方

目前的健身和健康行业倾向于关心其他类似行业正在做什么。企业领导者主要关注在自己行业市场边界上运作的其他人，而不太关注相邻行业的市场做出的创新属于一种偏见。他们确实在关心一些内容，但并不总能注意到该注意的。

例如，已经破产的全球电影大片租赁公司Blockbuster的前营销总监曾说过，他们一直在密切关注消费者如何进行"电影消费"，但后来却完全错过了消费者的转变，消费者更偏好在线电影流媒体，这种电影形式是一家当时并不知名的初创公司Netflix首创的。Netflix提出以5 000万美元的价格把这项还不够完善的业务出售给这家曾经在行业中占主导地位的电影大片公司。这个提议被拒绝了，因为电影大片公司的

领导层一直相信，消费者在周末只会逛一逛商店，然后带一份电影视频回家。截至2019年12月，Netflix的市值为1 390亿美元。

因此，有些健身俱乐部认为自己的竞争对手只是其他俱乐部，它们将变得越来越不堪一击。一旦有了这种短视的心态，就有可能被意想不到的替代品取代，或者受到"边缘化"。

12.9　结论

联合国的一项预测显示，到2030年，全球人口可能从2019年的77亿增长到85亿左右。机械化和"促进技术"可能会慢慢地影响到更多的这些人，持续阻碍身体活动增加。这意味着，健身行业和所有成员将继续发挥核心作用，支持人们将身体活动和其他健康行为融入日常生活。

然而，在这个富足的生态系统中，每一个企业都必须致力于提供与客户感同身受的体验。能够蓬勃发展的企业，将是那些能够洞察不同的事情都可能会成为人们内在动机的企业，而不理解这一点的企业，在一定程度上就解释了为什么会有很多人早早就终止了他们的会员资格。

企业需要着眼于现在，同样也要重视不久的将来。

创建前瞻性企业，会刺激新的机会出现，提醒企业抓紧时间采取行动。

你的商业思维有多超前？

在不远的将来，机会充满无限可能，而不是只有一种方向。颠覆性的想法往往在最意想不到的地方产生。3M公司的研究人员生产出了"不太黏"粘贴剂，同时，报事贴便条纸（Post-it Notes™）这一发明现世了！

下一个10年即将开始，该行业必须减少"以产出为导向"，大力培植冲击型企业。这些企业不太关心企业的规模，更关心生活变化和生活富足。实效、有利的结果和社会进步将带来新的商机。

美国小说家威廉·吉布森（William Gibson）曾说过："未来已经到来，只是分布不均。"这种对现实的前瞻性思考，以不同速度在世界各地传播。这意味着，一个人在日本的经历，可能会让他在芬兰进行服务创新。德国的低成本健身市场运营10年后，英国才开始运营，因此那些关注德国平价健身趋势的人能够探索一个可行的方案，即将它传播到其他地区。现在你知道了，未来就在这里，所以向前一步，拥抱它吧。

我们总是高估未来两年的变化，却低估未来10年的变化。千万不要让自己陷入无所作为。

比尔·盖茨（Bill Gates）

12.10 参考文献

- Bedford P (2013). The White Report 2009–2012: The National Retention Report. Retention Guru.

- Brickman P and Campbell D (1971). Hedonic relativism and planning the good society. In MH Appley (ed.) Adaptation Level Theory: A Symposium, pp. 287–302. New York: Academic Press.

- Lee IM, Shiroma EJ, Lobelo F, Puska P, Blair SN and Katzmarzyk PT (2012). Effect of physical inactivity on major non-communicable diseases worldwide: An analysis of burden of disease and life expectancy. Lancet 380(9838): 219–229.

- London Sport (2018). Good Investments: Physical Activity, Sport and Social Value in London.

- Middelkamp J., Van Rooijen M. and Steenbergen B. (2016). Attendance behaviour of ex-members in fitness clubs: A retrospective study applying the stages of change. Perceptual and Motor Skills 122(1): 350–359.

- Pine J and Gilmore J (2011). The Experience Economy (updated). Brighton, MA: Harvard Business Review Press.

- Public Health England (2014). Everybody active, every day. The case for taking action now.

- Reiss S (2002). Who am I? The 16 Basic Desires that Motivate Our Actions and Define Our Personality. New York: Berkley.

第 13 章

团体健身的未来

菲利普·米尔斯（Phillip Mills）

亚克什·菲利普斯（Jak Phillips）

13.1　简介

　　欧洲健身与健康协会与 Deloitte 合作发布了最新市场研究报告，称在 2018 年，欧洲健身产业增长 3.5%，会员人数达 6 220 万（Europe Active/Deloitte, 2019）。卡斯滕·霍拉斯奇（Karsten Hollasch）是报告的作者之一，他称利用人力资本管理（HCM）系统将是大势所趋（HCM, 2019）。他说："创新健身理念不断发展推广，新技术逐渐融入其中，我们预计未来几年会员人数会增加，实现欧洲健身与健康协会的目标，到 2025 年会员人数达 8 000 万。"欧洲健身行业如果要实现这一目标，在 2030 年前保持增长的速度，团体健身应该发挥重要作用。健身俱乐部要持续发展，良好的团体健身是关键因素，以下数据证明了这一点。

- 参加团体健身课程的会员平均每周访问健身机构 4 次（Qualtrix, 2019），而整个健身行业中，会员平均每周访问健身机构的次数是 1.9 次（IHRSA, 2013）。
- 每周上 3 节以上 Les Mills 健身课程的会员，保持会员身份的占比比那些不来上课的学员多 50%，这相当于每个会员额外缴纳 9.8 个月的会费（ukactive Research Institute, 2018）。
- 10% 的团体健身会员会给至少 10 个非会员推荐健身房（Qualtrix, 2019）。在 Les Mills 新西兰俱乐部以平方米计算，团体健身工作室是利润最高的区域，如图 13.1 所示，团体健身人数占俱乐部总参与人数的 60%。

　　团体健身会员是俱乐部最有价值的消费者种类之一。俱乐部希望保持营业，吸引更多新会员，团体健身会员是俱乐部取得成功的基础。团体健身对于未来 10 年健身行业的发展至关重要，俱乐部的关键问题是：如何引导更多会员参加团体健身活动，让他们在活动中获得相应回报？

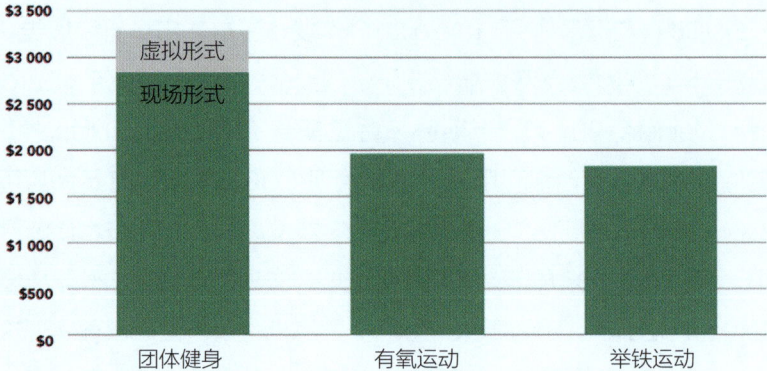

图13.1
按运动种类划分
盈利

本章将探讨，到2030年，团体训练和实施方式可能会如何演变，以及俱乐部运营商激发潜力、保持领先所采取的行动。

13.2 过去案例的经验

过去10年中，两个最大的成功案例是平价俱乐部和精品健身工作室，超过半数的健身人士现在更喜欢这些形式，而不愿去传统的多功能健身俱乐部（Qualtrix, 2019）。过去10年，平价俱乐部和精品健身工作室都通过开拓创新来推动健身行业的发展，这对多功能健身俱乐部占据主要地位提出了极大挑战。不过，尽管新鲜血液不断涌入，健身行业的这种情况一仍其旧。

20世纪80年代初，美国和澳大利亚的平价健身俱乐部蓬勃发展，我们今天称之为精品健身工作室的有氧健身操工作坊也发展迅速。事实证明，这些有氧健身操工作坊非常受欢迎，尤其受女性青睐，这是第一次让整整一代人转型参与团体健身。但多功能健身俱乐部很快就顺势发展，不久，大多数健身俱乐部都有了一个有氧健身操工作坊。消费者喜欢上健身操课程，多功能健身俱乐部还提供了一切便利设施，第一波精品健身工作室浪潮来临后不久，消费者不再支持这些健身工作室，其很快就无法运营下去。至于平价俱乐部，它们陷入了一场价格战，这场战役迫使大多数运营商破产倒闭，为多功能健身俱乐部重新夺回至高地位扫清了障碍。

在20世纪80年代中期，澳大利亚和新西兰的多功能健身俱乐部看到有氧健身操工作坊愈加普及，发现了新的思路，增加了其他形式的团体锻炼项目。循环课程是最受欢迎的课程之一。多功能健身俱乐部从其位于室内角落的壁球场开始，把一些区域改造成了循环课程运动室。

这些运动室每节课吸引150名参与者，提供多功能循环课程，将有氧训练、无氧训练和力量训练结合起来，让参与者获得优质、高效的健身效果。这项运动极受人们欢迎，1985年，后被Nautilus公司收购的Universal Gym Equipment公司曾是一家主要设备制造商，这家公司推出了专门为循环训练设计的一系列新型力量器材（McDonnell，2005）。像后来称为Life Fitness的Bally Fitness Products和Keiser这种类似的品牌器械产品也紧随其后。

快进到今天，我们很容易看到这些早期健身工作室在当今世界最热门项目上存在过的印记。F45和Orangetheory提供的功能循环训练，与20世纪80年代中期的没有太大区别，它们只是进行了重新包装，但同样让Y一代和Z一代健身群体效果显著。

跳到2030年，历史是否会将繁荣与萧条的循环重演？考虑到当今的平价俱乐部巨头们运营着组织有序、精明专业的商业模式，我们可以合理地假设，它们仍将保持正常的运营状态，从而通过将更多的消费者引入市场来实现健身的大众化。许多规模较大的连锁店已经开始扩大服务范围，增加团体健身、数码产品和营养产品等额外服务，试图避免另一场恶性竞争。这一趋势预计将持续到2030年，因为竞争对手不得不跟上发展的步伐，消费者的期望值不断增长，尤其是人们更容易在家中按需获取高质量课程，所以团体健身已经成为俱乐部的一项标配服务。

但精品健身工作室呢？它们的品牌经营和狂热的粉丝群是否与行业循环课程隔绝？在过去的5年里，它们在塑造现代健身市场方面发挥了重要作用，通过全新的变革，帮助高强度间歇训练、功能训练、拳击和团体单车等不同风格的训练重新获得人们的关注。同样，它们也为健身行业引进了一批新的资深教练，为顶尖人才支付了高于市场价的薪资。

但多功能健身俱乐部市场也开始复苏，而其他优秀竞争对手准入门槛较低，精品健身工作室现有的优势能否确保其在健身行业中安全生存，仍有待观察。全球领先的连锁健身俱乐部已经开始反击，在团体健身服务方面展开投资，在俱乐部内创建精品健身工作室。都柏林的West Wood Clontarf在其循环精品健身工作室The Chain上看到了惊人的成绩，而David Lloyd俱乐部则凭借其标志性高强度间歇训练概念的爆发大放异彩。

Big box club提供了世界级的精品健身体验，还提供了游泳池、停车场和超乎想象的健身房等福利，让会员不必再去别处寻找精品健身工作室，同时与会员建立信任关系，最终增加会员消费额。为什么要单花25欧元买一个精品课程，如果花100欧元就可以享受全部课程的话，到2030年，历史可能会重演，多功能健身俱乐部再次蚕食由精品健身工作室发起的各种新挑战。

但也不一定会完全重演。传统行业要吸引Y一代和Z一代加入他们上一辈参加的健身俱乐部还有很长的路要走，而荷兰Saints and Stars等新一代健身工作室正开始将多个团体健身工作室与个人训练健身房相结合。在这个阶段，这仍然是所有人都可以参加的健身游戏，唯一有保证的赢家一方只能是健身消费者。

13.3　运动的一代

判断未来趋势如何发展，最可靠的方法取决于研究我们最年轻的健身会员有什么健身习惯。在所有为健身消费的人口中，千禧一代和Z一代现在占80%（Qualtrix, 2019），这一群体因对健身体验有空前渴望，所以被称为"运动的一代"，这强有力地表明了消费者将如何勾勒出健身俱乐部在未来几年发展的样子。

2019年全球消费者健身调查（Qualtrix, 2019）既强调了千禧一代和Z一代消费者是俱乐部发展的重要战场，还进一步深入了解了现代团体健身市场的构成元素，由此提出了向2030年发展的各项方案。以下表明了在商业健身机构或在家里经常锻炼的人口占比。

- 46%的人在参加某种类型的团体锻炼活动。
- 59%的健身房会员参加团体锻炼活动。
- 53%的普通用户参加健身课程。
- 56%的女性参加健身课程。

鉴于健身课程在20世纪80年代才真正兴起，且在很长一段时间内被视为健身俱乐部体验的基础元素，因此如今46%的健身市场都在以各种各样的形式组织健身活动，这一事实凸显了近几十年来团体健身热潮的流行程度。同时，精品健身工作室的兴起也促进了团体健身的发展。精品健身工作室能取得成功，一个重要因素是它们能够吸引到运动的一代，从传统俱乐部中抢夺消费者消费额和市场份额。

虽然健身行业伴随着婴儿潮一代和X一代成长起来，但现在行业规则已经改变，俱乐部在未来10年获取成功的方式也必须随之改变。虽然受长尾理论限制，目前多功能健身俱乐部所有会员的平均年龄可能在40岁以上，但对全球5 000家俱乐部的会员的分析（见图13.2）表明，新加入会员群体的最大年龄不足35岁。（长尾理论就是网络时代兴起的一种新理论，由于成本和效率的因素，当商品储存、流通、展示的场地和渠道足够宽广，商品生产成本急剧下降以至于个人都可以进行生产，并且商品的销售成本急剧降低时，几乎任何以前看似需求极低的产品，只要有人卖，都会有人买。这些需求和销量不高的产品所占据的共同市场份额，可以和主流产品的市场份额相当，甚至更大。）运动的一代与他们上一代有不同的品位，俱乐部有必要调整服务项目来赢得他们的消费，因为阿尔法一代，即千禧一代的子女，在下一个10年结束之际即将步入成年，所以这一趋势可能会延续下去。

全球样本：横跨不同大陆的5 000个俱乐部

图13.2
对来自不同大陆5 000家俱乐部的会员进行分析，展示了新加入会员的年龄范围

你可以通过了解新征途者的时代，不只着眼于当前，而是将业务重心放在未来。

新会员平均年龄
60%的新加入会员年龄低于35岁

我们把Z一代和千禧一代统称为"运动的一代"！

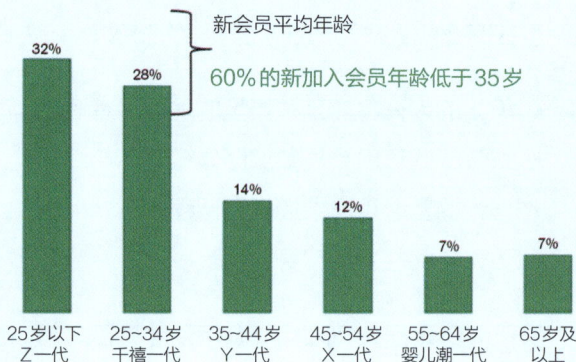

32%	28%	14%	12%	7%	7%
25岁以下 Z一代	25~34岁 千禧一代	35~44岁 Y一代	45~54岁 X一代	55~64岁 婴儿潮一代	65岁及以上

13.4　社会健身

未来10年，团体健身将是俱乐部关注的关键领域，这不仅是因为它越来越受人们欢迎，还因为它能解决更广泛的社会问题。最近英国《男性健康》杂志发表了一篇文章（Millar，2019），询问了一组健身专业人士，2029年的健身房将是什么样子的。文章指出："团体健身永远不会适合每个人。但是，无论是大型健身机构还是小型精品健身工作室，它们的流行势头都强烈预示了健身房这种日益珍贵的商品的未来：人类交互。"

人们对关注到人类交互有先见之明。这说明了在未来10年，俱乐部扩大社会影响力，同时提高社会重要程度的最大机会之一，就是成为社群的社会性中心。

人们将健身俱乐部誉为治疗心脏病、抑郁症和慢性背痛等各种疾病的地方。技术发达导致人类产生孤独感，但俱乐部可以为这种现代现象提供解药，在未来10年，这种现象只会随着数字技术所占的主导地位而有增无减。

智能手机、社交媒体和远程工作正不断走进年轻一代的生活中，孤独感已成为一个不可忽视的社会问题。

《经济学人》和Kaiser Family Foundation（DiJulio，2018）联合报告中称，美国22%的成年人和英国23%的成年人中，超过20%的人表示他们总是或经常感到孤独、缺少伴侣或感到被冷落孤立，这种现象的出现少不了技术发展的推动。

健身也许可以成为一种健康解决方案。一项新的研究表明，健身俱乐部在帮助人们分享锻炼体验、实现脱离数字化束缚、回归到现实生活中起着重要的作用。

Les Mills群体性研究（Hastings，2019）在《运动锻炼和行为心理学》期刊上发表了一篇文章，其中表明参加健身活动的人收获了团体锻炼的效果，个人的享受、努力和满足感都会增加。它确定"群体"这一特性，在对健身俱乐部会员整体锻炼体验中产生积极的影响，以及他们再次回到健身俱乐部的意愿方面，起着强大的作用。

首席研究员布赖斯·黑斯廷斯（Bryce Hastings）说："我们的研究结果表明，在健身方面，我们确实是群居动物。群体效应最大化时，会达到我们所说的'群体性'的高度。群体程度越高，我们就越能看到一个人的快乐、满足和努力程度。"

黑斯廷斯补充说，团体健身教练在最大限度地提高群体程度方面起着至关重要的作用。他说："教练掌握着知识和技能，还有着丰富的经验，知道如何帮助人们感受到所有人组成了一个团体，大家都有着共同的目标。这是一种能力，让他们学会在团体中与其他个体建立人际联系，在课堂上营造出'我们'的感觉，这会带来非常积极的整体体验。我们从科学中获取知识，他们把知识传递给健身俱乐部的会员。"

这项研究，为健身俱乐部提供社会福利提供了新的方向，可以帮助会员减少孤独感，保持生活的动力。

约58%的会员表示，他们对参加健身房的社交活动非常感兴趣（Hillsdon, 2015）。同时，每周只去俱乐部一次的团体锻炼者比每周去3次也只在健身房自己锻炼的人，更有可能成为忠诚会员，会员资格保有时间更长，他们也会将自己的健身俱乐部推荐给更多的朋友（CEA/TRP, 2018）。

健身俱乐部通过提高群体程度，提供参与度高的社会运动体验，有机会在2030年成为社群的中坚力量，酒吧和礼拜场所还在继续减少，而健身俱乐部将承担起这些场所曾经担任的角色。教练是社会健身体验的核心，那么10年后他们会扮演什么样的角色呢？

13.5　顶尖教练

长期以来，大多数健身俱乐部仍在低估教练的价值，但健身的社会化已经到来，最终在未来10年，教练的价值也许能得到应有的认可。

这个时代受颠覆的自动化和数字化影响，仍有一些人极富感召力，他们在健身房中仍然是竞争对手无法模仿的独特卖点。一个优秀的教练，可以吸引数百名会员加入健身俱乐部，并长期保有会员资格，而一个优秀的健身会员团体甚至可以改变健身俱乐部的未来。

考虑到在选择训练地点时，运动的一代对社会体验高度重视，因此教练的激励能力和鼓舞能力将是健身俱乐部未来10年成功的关键。教练的质量是千禧一代和Z一代是否选择团体健身的最大影响因素，37%的人将此列为他们参加课程的首要原因（Qualtrix, 2019）。

但他们不只是想要引人注目。实质重于形式是运动的一代对教练偏爱的原因，40%的受访者列出，其中最重要的素质是教练的智慧。这一点在室内单车课程上体现得更加明显，79%的人认为，这在教练素质决定他们参加哪个课程时显得"极其重要"，对他们充分享受单车课程也至关重要（Institute, 2018）。

教练素质在未来10年的健身体验中将越来越重要，但健身俱乐部要想在2030年也能取得成功，最需要解决的问题之一就是如何确定教练薪酬。这就是精品健身工作室在传统多功能健身俱乐部中抢占先机的原因所在：它们通过提高薪酬吸引顶尖人才，并为自己的课程扬名造势。对于传统健身俱乐部来说，教练平均每节课的费用为24欧元（IHRSA, 2018），自20世纪80年代以来这一金额几乎没有变化。个人训练和精品健身工作室支付2~3倍的薪资费用时，健身俱乐部就很难招募到新一代的明星健身教练，因此，健身俱乐部要想真正与精品健身工作室竞争，就需要支付教练更多薪酬费用。

考虑到这一点，预计未来10年，健身俱乐部将采取相应措施，提高团体健身带来的收入，为顶尖教练提供额外的奖金。对于传统俱乐部来说，在尚未开发资源中，上升空间最大的项目是大型团体健身工作室。新西兰Les Mills俱乐部的研究发现，规模适当的健身房，大一些的是最赚钱的（见图13.3），但太多的健身俱乐部仍然害怕往大里想。此外，在未来10年敢于大胆行动的俱乐部，一定能够取得了不起的成绩，借助先发优势从中获益。

俱乐部可能采取的其他措施还包括绩效奖励，即根据课程的出勤人

健身有着神奇的力量，能激励经验丰富的锻炼者，也能动员新手锻炼者

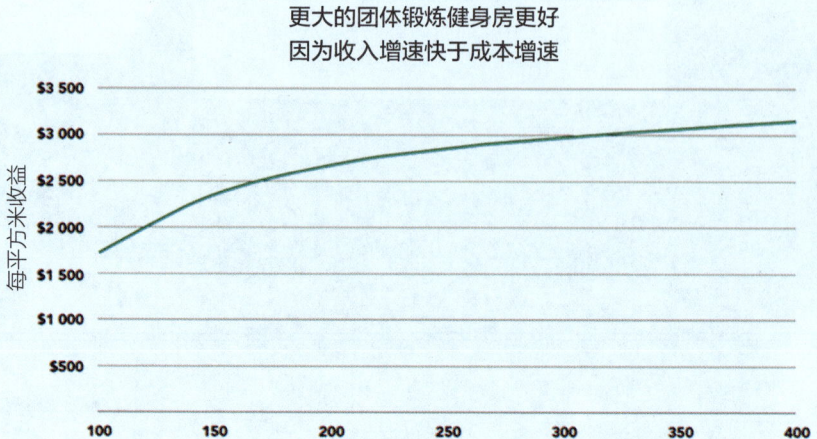

更大的团体锻炼健身房更好
因为收入增速快于成本增速

图13.3
健身房规模与收入
的关系

纵轴：每平方米收益（$500 至 $3 500）
横轴：100 150 200 250 300 350 400

数给教练发工资。葡萄牙运营商 SC Fitness 采用了这种全新的工资支付方式，该公司开创了一种数据驱动的团体健身方案，并取得了非常好的效果（Phillips, 2019）。

客户体验主管乔斯·特谢拉（José Teixeira）解释说："我们的自动计数软件会产生综合记分卡，计算每周团体健身出勤率、团体健身提供的设施的访问率、每个课程的平均出勤率，记录个人课程行为与目标的对比，以及个人的课程排名和课程效果。"

"它与我们的工资系统挂钩，因此，团体健身教练的薪酬是根据他们的记分卡结果计算的，表现更好的人会得到更多的奖励。"

SC Fitness 并不是唯一一家专注于团体健身的俱乐部运营商，它们还重视教练，因此获得了丰厚的投资回报。UK-chain Village Gym 经营着 30 家高端健身俱乐部，它们最近开始关注如何提高健身教练技能，上课人数才能大幅增加（Phillips, 2018）。该运营商为 90 名教练支付了薪资费用，让他们接受 Les Mills 健身课程的高级培训，提高他们的技能，同时提高整个团体健身服务的质量。在 3 个月内，课程的平均占用率上升了 40%，而且反馈率也急剧上升，这意味着优质的教练有更高概率可以获得高报酬。这吸引了更多优质教练参与其中，一系列优质教练渴望加入 Village 团队。预计在未来 10 年，更多的俱乐部需要提高团体训练水平，扩大整个健身房容量，因为它们将应对团体健身人数预期提升带来的全部考验。

13.6　虚拟服务和按需服务

虽然好的教练比以往任何时候都更重要，但最重要的还是通过健身设备来保证会员的参与度，技术的进步为人们提供了一种新的可能，让人们可以在传统的直播课堂环境之外，也享受到团体健身的体验。

无论是今天还是未来的健身消费者，都需要完美衔接的健身体验，因为这适合他们的生活方式，他们能够按照自己的条件调整健身的一切事项。85% 的健身房会员现在也在家里锻炼（Qualtrix，2019），如果一个俱乐部要激发现代会员的忠诚度，就能发现满足所有类型健身体验的需求有多重要。从团体健身的角度来看，这意味着一个集直播、虚拟和居家健身于一体的完整方案，能够真正将健身俱乐部的影响力从一个固化的模式中解脱出来，融入会员健身旅程的方方面面。

近年来，虚拟健身方案大幅增多，在屏幕上进行的团体锻炼也有了显著增长，而且运营商利用数字方案在为会员提供服务方面有着无限潜力，所以需求量仍然很大。

这主要吸引了运动的一代等健身俱乐部会员，给他们提供了更多的选择，在非高峰时段改善了健身俱乐部的团体健身房，并提供了一个低风险的途径，帮助更多的人成功参与现场团体健身。但是，就像开发越来越复杂的健身应用程序、可穿戴设备和按需方案的技术一样，会员期望也在迅速发展。因此，健身俱乐部必须不断创新，才能保持竞争力和与用户的相关性。

也许，虚拟健身会造成影响，最好的证明就是它开始扰乱自己的细分市场。在截至2030年的10年里，健身俱乐部对虚拟健身的采用率逐步增加，健身行业进入下一代虚拟健身模式，因此，健身内容质量将成为健身俱乐部虚拟健身能否成功的最大决定因素之一。与电影行业类似，五星级电影院座无虚席，而两星级电影院门可罗雀，在未来10年里，电影本身的质量将更具影响力。同样，用来显示内容的AR或VR也是如此，技术进步会大大降低LED显示屏的成本，这意味着健身房里5~10米宽的屏幕最终会成为人们司空见惯的事物。

短期内，人们期望团体单车课程可以开创出身临其境的体验，创设出虚拟课程和直播课程等更多的课堂形式，通过高质量的视频丰富课堂体验感受。想象一下，一个以节奏光线氛围为背景的舞蹈训练，或是一个屏幕环绕的瑜伽课，而屏幕上显示着阿尔卑斯山春天的景色。

长远来看，沉浸式感受增强将超越其他的感官感受，触觉反馈使课堂参与者能够"感受"到音乐节拍和课堂重点，而气味变化和温度变化会把更加真实的增强现实带进生活中。Microsoft最近展示了它的全息镜头2代，展示了该设备现在如何产生高清晰全息图，它可以立即将语音转换成世界上所有地方的任何语言（Microsoft, 2019）。这就展开了一种可能，即我们最喜欢的教练可以真正地随需应变，能够使用一切我们需要的语言，随时随地出现供我们选择。

这种情况在2030年将如何发展仍有待观察，但可以肯定地说，技术愈加进步，在职教练将同时面临机遇和挑战。到目前为止，虚拟服务和按需服务的出现，提高了直播课的上线率，也提高了教练直播的质量，促使他们在面对新型竞争时，必须提高自己的工作水平。在未来10年里，涨潮是否会继续推动所有船只？直播体验会在哪里停止，数字健身体验又会从哪里开始？

在未来10年内，按需健身将继续扩展业务，这将是俱乐部能迅速发展的关键。使用智能技术有助于扩大健身市场，吸引新的受众，最终促使人们迈入俱乐部，到现场享受健身体验。

许多行业观察人士表示担心，按需健身服务会蚕食传统健身俱乐部会员资格，但现有数据并不能证明这一点。近年来，数字健身革命的进程加快，健身房会员人数和会员普及率持续稳步增长，2018 年俱乐部会员人数创历史新高（EuropeActive/Deloitte, 2019）。

有证据表明，数字健身正将更多的人带进健身领域，帮助他们克服过去阻止他们报名的一些障碍，主要包括感知成本高、不够便利以及时间不足。取而代之的是，那些活跃不足、自我意识差、时间不够的人正在前赴后继地注册家庭健身会员资格，目前有 28% 的居家锻炼者使用付费或免费的在线锻炼应用程序（Qualtrix, 2019）。

不仅健身新手，还有已经习惯于健身的人的生活也越来越被数字化填满，85% 的健身会员现在也在家锻炼（Qualtrix, 2019）。有些健身俱乐部未能及时对这些变化做出反应，它们的发展会面临巨大风险。健身俱乐部如果没有为会员提供居家锻炼这一选择，澳大利亚健身女神凯拉·伊辛（Kayla Itsines）、乔·威克斯（Joe Wicks）和 Daily Burn 等其他健身品牌，可能会削弱会员忠诚度，导致他们不愿再保有会员资格。健身俱乐部如果没有资源提供按需训练，那么与合适的内容提供商精诚合作是与健身俱乐部会员保持联系，"掌握"他们健身足迹的关键。

现在这种方式占据了健身市场 80% 的份额（Qualtrix, 2019），运动的一代是指那些在日常生活中融入了新技术的数字土著，他们希望这一点也能延伸到健身体验中。在未来 10 年里，新技术在健身房会员生活中会愈加根深蒂固，而会员的期望只会持续增加。因此，那些在数字世界和物理世界之间架起桥梁，提供无缝集成健身体验的俱乐部将是最大的赢家。

13.7　结论

在过去的20年里，健身行业在人们的眼中，从小众的休闲追求发展成蓬勃发展的全球运动，成为当今时代精神无法消除的一道印记。我们如果想充分发挥本行业的潜力，使之成为一股向善的力量，在应对人类所面临的身心健康疾病、气候变化急转而下和经济发展失衡等人类最大挑战方面发挥重要作用，那么在未来10年中，继续促进健身行业发展也同样至关重要。

健身有着神奇的力量，能激励经验丰富的锻炼者，也能动员新手锻炼者，因此团体健身在推动健身在2030年更好发展方面起着关键作用。我们在本章中讨论的技术，将在健身社会化和健身大众化方面发挥关键作用。同时，这是一个非常以人为本的行业，深深植根于人的身体和人际关系，所以优秀的人将永远处于健身体验的核心。

13.8　参考文献

- CEA/TRP. (2018). How do the activities members usually take part in and how often they attend affect loyalty? Customer Engagement Academy.

- DiJulio, H.M. (2018). Loneliness and Social Isolation in the United States, the United Kingdom, and Japan: An International Survey. The Economist.

- EuropeActive/Deloitte (2019). European Health & Fitness Market Report 2019. EuropeActive.

- Hastings, G.G. (2019). Perceptions of groupness during fitness classes positively predict recalled perceptions of exertion, enjoyment, and affective valence: An intensive longitudinal investigation. Sport, Exercise and Performance Psychology.

- HCM (2019). Statistics (June): Euro millions. HCM.

- Hillsdon, M. (2015). What do 10,000 members say? HCM Handbook.

- IHRSA (2013). IHRSA Health Club Consumer Report. IHRSA.

- IHRSA (2018). IHRSA U.S. Fitness Professional Outlook. IHRSA.

- Institute, u. R. (2018). Stages Cycling Riding Higher Report. ukactive Research Institute.

- McDonnell, A. B. (2005). Top 20 Product Trends from the Past 20 Years.

- Microsoft (Director) (2019). Demo: The magic of AI neural TTS and holograms at Microsoft Inspire 2019 [Motion Picture].

- Millar, J. (2019). Welcome to the gym 2029. Men's Health, pp. 64–71.

- Phillips (2018). This UK chain increased GX attendance 40% by changing just one thing.

- Phillips (2019). How this pioneering chain uses data to drive group fitness numbers.

- Qualtrix (2019). 2019 Les Mills Global Consumer Fitness Survey. Les Mills.

- ukactive Research Institute. (2018). Exploring trends in LES MILLS class attendance and the impact of attendance on membership metrics Les Mills & ukactive Research Institute. ukactive Research Institute.

第 14 章

回顾过去，展望未来

简·米德尔坎普（Jan Middelkamp）

14.1　简介

几十年来，健身行业将会员保有视为最重要的话题之一。这是多方面的因素造成的，其中一个因素是，会员保有对健身俱乐部的业绩有很大的影响。尽管这一主题非常值得探讨，但发表的相关研究报告数量仍然有限。许多相关见解现在不会公布，甚至以后也不会公布，连锁健身房的机密数据就是其中之一，而且我们也需要了解更丰富的知识，才能提高会员保有率。

大多数人回顾已发表的研究报告时，都只关注到了会员保有的一维定义。他们的关注点通常是保有会员资格或者会员续费的原因。健身生态系统一直在迅速变化，关注会员未来健身行为的"泛性化"转变的必要性显而易见。健身行业必须重新定义会员保有，健身俱乐部需要更加注重客户参与度，提供多维的会员体验旅程。本章将对这种转变做出讨论和解释。

14.2　反思会员保有

会员保有这一主题与面临同样行为问题的其他领域也有关系。例如，在医疗领域，几十年来人们一直使用依从性这一术语，来解决让患者遵从医生或治疗师医嘱的问题。许多人即使因生病需要医疗服务时，似乎也很难遵守规定。巴克利等人（Buckley et al., 2009）讨论了心理健康治疗的依从性，将其定义为患者在没有严密监督的情况下仍会遵从医嘱的程度。患者即使患的是慢性疾病，他们的医疗不依从性仍然相当严重。冠心病患者的不依从性为40%~50%，即使是HIV感染患者，其不依从性都有13%。

与健身行业关联更多的是对运动坚持性的研究。研究表明，坚持锻炼受不同的锻炼方式影响。通常来说，坚持就是有能力维持一定量的锻炼。一个人如果参加一个为期12周、一周3次的锻炼计划，那么他的训练坚持率可以达到100%。

参加的训练越少，坚持率就越低。参与者如果连续错过一定数量的课程，就会被课程清退。这些措施通常用于调查研究（Buckworth & Dishman, 2002; Annesi, 2003）。最初的一项研究是由心脏病患者和布鲁斯等人进行的（Bruce et al., 1976）。表14.1概述了1992—2016年对会员保有的研究情况。

表14.1　健身行业出版物关于会员保有做出的概述

行业内相关研究	参与者	会员保有率	特别说明
布雷姆（Brehm）和埃伯哈特（Eberthardt），1995	德国健身俱乐部会员	10%~20%	这些比率是作者的估值
国际健康及体育运动俱乐部协会（IHRSA），1998	在过去12个月内取消会员资格的969名前会员	52%	放弃会员资格的原因
希尔斯顿（Hillsdon），2001	英国商业、非商业和其他健身俱乐部的组合	61%	代表16家独立健身俱乐部运营商的64家俱乐部提供了数据。2000年1月1日—2000年12月31日期间，这些俱乐部的会员总数为72 354人
安内西（Annesi），2003	美国、英国和意大利健身俱乐部的新会员	41%~83%	实验组和对照组的保有情况有显著差异
德拉维格纳（DellaVigna）和马尔门迪尔（Malmendier），2006	对来自美国3个不同健身俱乐部的7 978名会员进行了分析	无	无
希尔斯顿（Hillsdon）和贝德福德（Bedford），2008	英国商业、非商业和其他健身俱乐部的组合	66%	本研究比较了2001年和2008年的调查结果
米德尔坎普（Middelkamp）等人，2016	259 355名前会员的回顾性研究	无	无

阅读表14.1时，请记住，如何定义会员保有，如何得出真实的保有人数或保有率，在每个研究中都有很大差异。因此，对比个体的研究很难展开。阅读关于会员保有的研究时，我们能看到确实有3种类型的保有出现了。

- 保持锻炼：会员是否坚持锻炼计划？
- 访问保有：会员是否访问俱乐部？
- 会员保有：会员是否继续支付费用？

在下面几节中，我们将简要讨论3种类型的会员保有。

14.3 保持锻炼

表14.2概述了过去25年中与保持锻炼相关的主要科学出版物和一些并不十分相关的出版物（Middelkamp and Steenbergen, 2014）。概述基于对多个数据库的系统研究，对于个案对照研究，采用CASP对照表对研究方法质量进行分析。

CASP工具包括评估研究有效性、方法质量学、呈现结果和外部有效性的部分。两名运动科学家作为评审人员完整地阅读了这33份研究报告。两人对对照表中的项目进行独立评分，然后做出自己的评估。所有研究的初始组间一致性均为中等（Cohen's Kappa=0.559）。两周后，评审人员在一次评审会议上讨论了个人所评分数，并达成了完全一致的意见。结果表明，纳入研究的总体质量较低。多项研究缺乏必要的方法学信息，或者不能公布这些关键因素。例如，多项研究没有用合适的方式挑选案例，也无法精确衡量样本量、尽量减少偏差，而且常常没有考虑到容易混淆的因素，同时还缺乏随机对照试验。

表14.2
对于个案对照研究，采用CASP对照表分析保有研究的方法质量

研究/CASP对照表问题	1	2	3	4	5	6a	6b	7	8	9	10	11
1. 安内西（Annesi）和马扎斯（Mazas）（1997）	Y	Y	Y	Y	Y	N	N	Y	N	Y	Y	N
2. 科尼亚（Courneya）等人（1997）	Y	Y	C	C	Y	Y	N	Y	Y	Y	C	Y
3. 尼格（Nigg）等人（1997）	Y	Y	Y	Y	Y	Y	N	C	N	C	C	Y
4. 安内西（Annesi）（1998）	Y	Y	Y	Y	C	N	N	Y	N	Y	Y	C
5. 安内西（Annesi）（1999a）	N	C	N	N	N	Y	N	C	Y	N	C	Y
6. 安内西（Annesi）（1999b）	Y	Y	Y	NA	N	Y	N	N	Y	N	Y	C
7. 安内西（Annesi）（2002a）	Y	N	Y	NA	Y	Y	N	Y	N	Y	Y	N
8. 安内西（Annesi）（2002b）	Y	Y	Y	Y	Y	Y	N	Y	N	N	N	Y
9. 安内西（Annesi）（2003）	Y	Y	Y	Y	Y	Y	N	C	Y	Y	Y	Y
10. 考克斯（Cox）等人（2003）	Y	Y	Y	NA	N	Y	N	N	Y	N	Y	Y
11. 安内西（Annesi）（2004a）	Y	Y	Y	NA	N	Y	N	N	Y	N	Y	Y
12. 安内西（Annesi）（2005b）	Y	Y	N	N	Y	Y	N	Y	N	N	N	Y
13. 安内西（Annesi）（2007）	Y	Y	N	N	Y	Y	N	Y	N	Y	C	Y
14. 安内西（Annesi）和安鲁（Unruh）（2007）	Y	Y	N	N	Y	Y	N	N	N	Y	Y	C
15. 安内西（Annesi）等人（2011）	Y	N	Y	Y	Y	Y	N	Y	N	Y	N	C
16. 斯潘根伯格（Spangenberg）（1997）	N	C	C	C	Y	Y	N	Y	N	N	C	Y
17. 莱韦斯克（Levesque）等人（2003）	Y	Y	Y	NA	N	Y	N	N	C	N	C	Y
18. 安内西（Annesi）（2004b）	Y	N	Y	NA	N	N	N	Y	N	N	Y	Y
19. 安内西（Annesi）（2005a）	Y	N	Y	NA	Y	Y	N	N	N	Y	C	Y
20. 安内西（Annesi）（2005c）	Y	Y	Y	NA	Y	Y	N	N	Y	N	Y	Y
21. 麦基奇尼（McKechnie）等人（2006）	Y	Y	N	NA	N	Y	N	N	N	N	N	N
22. 克鲁格（Kruger）等人（2007）	Y	Y	Y	NA	N	Y	N	N	Y	Y	Y	C	C
23. 黄（Huang）等人（2007）	Y	Y	N	NA	N	Y	N	N	C	N	N	N	Y
24. 林（Lin）等人（2007）	Y	Y	C	NA	N	Y	N	N	N	N	N	N	C
25. 王（Wang）等人（2008）	N	C	N	NA	N	N	N	N	N	N	N	N	C
26. 普里查德（Prichard）和蒂格曼（Tiggemann）（2008）	Y	Y	C	NA	N	Y	N	Y	Y	Y	Y	N	Y
27. 科利肖（Collishaw）等人（2008）	N	N	Y	NA	Y	Y	N	N	N	N	Y	C	Y
28. 弗拉霍普洛斯（Vlachopoulos）（2008）	Y	Y	Y	NA	N	Y	N	N	Y	N	N	N

研究/CASP对照表问题	1	2	3	4	5	6a	6b	7	8	9	10	11
29. 卡夫英思特（Kaphingst）等人（2007）	Y	Y	Y	NA	N	Y	N	N	N	C	C	N
30. 米勒（Miller）（2010）	Y	N	Y	NA	N	Y	N	N	N	N	C	Y
31. 马伦（Mullen）和惠利（Whaley）（2010）	Y	Y	Y	NA	N	N	N	N	Y	N	C	Y	Y
32. 凯瑟琳（Kathrins）和特博（Turbow）（2010）	Y	Y	N	NA	N	Y	N	N	Y	N	Y	Y	Y
33. 简考斯基尼（Jankauskiene）米兹尼（Mieziene）（2011）	Y	Y	C	NA	N	N	N	C	N	N	C	Y

表14.2（续）
对于个案对照研究，采用CASP对照表分析保有研究的方法质量

注：Y=是，N=否，C=无法判断，NA=不适用。关于数字的解释如下。1. 这项研究是否能明确解决重点问题？2. 作者是否使用了恰当的方式来回答这个问题？3. 这些案例的挑选方式是否可以接受？4. 对照组的选择是否在可接受的范围内？5. 样本量的测量是否准确以减少偏差？6a. 混淆因素是否确定？6b. 是否考虑了混淆因素？7. 是否对结果进行了合理的分析？8. 结果是否准确呈现？9. 结果是否得到合理解释？10. 结果能否公布给大众？11. 这项研究的结果是否符合其他依据？

审查表14.2中的一些研究时，可以得出结论，多种策略可以有效地提高运动的保有度（坚持度）。例如，尼格（Nigg）、科尼亚（Courneya）和埃斯塔布鲁克斯（Estabrooks）（1997）对决策平衡表（DBS）进行了测试。实验组接到通知，他们需要系统思考，如实记录在健身中心锻炼的预期得失。会员们报告称，利弊均有两点。两项优点是：现有设备设施良好，人们可以进行社群交互。而两项缺点是：环境拥挤，设备还是不足。对照组的出勤率从基线的第4周下降到第8周，但实验组的变化较小。决策平衡表（DBS）有效地保持了出勤率。

安内西（2003）测试了多组行为改变的实验方案，为期36周，其中包括研究自我效能和进展过程。这套方案包括预防复发、自我强化和订立契约等策略。对于实验组来说，所有的研究（美国、英国和意大利）都显示出勤率明显更高（13%~30%），缺席率较低（30%~39%）。这种指导方针系统也对安内西（Annesi, 2004b）、安内西（Annesi, 2007）、安内西（Annesi）和昂鲁（Unruh）（2007），安内西（Annesi）、昂鲁（Unruh）、马蒂（Marti）、戈尔贾拉（Gorjala）和坦南特（Tennant）（2011）进行了测试，再次证明了干预措施对加强依从性有积极影响。

考克斯（Cox）、伯克（Burke）、高利（Gorely）、贝林（Beilin）和布迪（Puddey）（2003）使用"变化阶段"结构，对18个月以来居家锻炼和健身中心锻炼做出对比。健身中心组在6个月、12个月和18个月时的依从性均高于家庭组，健身中心组为97%、94%、81%，家庭组为87%、76%、61%。取消会员资格的比率从3%~39%不等。莱韦斯克（Levesque）、高文（Gauvin）和德纱奈斯（Desharnais）（2003）研究了成年会员（$n=104$）在TTM准备阶段的6个月内，自发改变过程与习得的智慧的关系。（TTM全称为Trailing Twelve Months，指最近的连续12个月。）习得的智慧是一种管理技巧，使一个人能够自我控制自己的行为。人们认为改变使用的过程可以通过习得的智慧的基线水平预测。随着时间的推移，自我调节能力更强的人会有更多的变化，他们更努力地试图保持锻炼的参与度。

14.4   访问保有

有多个研究将访问量或出勤率作为主要衡量标准。例如，针对混合了平价健身俱乐部和中等健身俱乐部共267家健身俱乐部的两家欧洲健身连锁店中的259 355名前会员进行了回顾性研究（Middelkamp et al., 2016）。其中表明，19.5%的人在入会24个月内从未访问过俱乐部，也从未进行过锻炼；只有10%的人表现出正常出勤行为，他们在连续6个月中，每月至少访问4次俱乐部；只有2.3%的前会员在头两年没有停止锻炼（见图14.1）。这段旅程尤其坎坷，因为50%的前会员恢复原状整整一个月，才又重新开始了他们的锻炼课程，31%的人整整两个月没有再去健身俱乐部，但后来还是继续去了。会员们平均每月访问俱乐部1.1次。

在另一项标题为"付钱不去健身房"（DellaVigna, Malmendier, 2006）的研究中，研究人员分析了来自美国3家不同的健身俱乐部

7 978名会员在3年内的合同选择和日常出勤率。每月付费，费用超过70美元的会员，平均每月参加4.8次，每次访问的平均费用约为17美元。与付费一年的用户相比，签订月付合同的用户注册一年以上的可能性要高出18%。

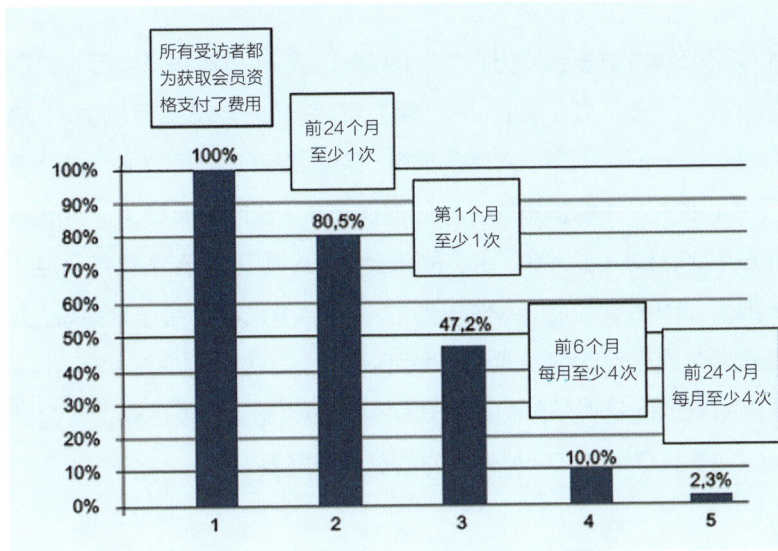

图14.1
健身俱乐部的访问
行为概述

所有受访者都为获取会员资格支付了费用 — 100%

前24个月至少1次 — 80,5%

第1个月至少1次 — 47,2%

前6个月每月至少4次 — 10,0%

前24个月每月至少4次 — 2,3%

会员按天数续费，而不是续费年度会员，就可以在有会员资格期间节省700美元。总的结论是会员们高估了自己预期的出勤率。

14.5　会员保有

健身领域的研究大多在于会员保有。从传统角度来讲，人们通常将保有率视为一个月内新会员和付费会员，即加入者的人数，与取消会员资格，即离开者的人数之比。换句话说，俱乐部会增加收入，还是减少收入？这被称为情境式保有。

这种情境式保有，是对某个情境的深刻印象，而不是对某个时期的印象。事实上，这并没有暴露多少关于会员保有的信息。相反，这是销售成功或销售波动的标志。因为，即使在某个月有很多人取消了会员资格，健身俱乐部也可以通过招收很多新会员来应对这个情况。所以最终的结果仍然是会员增长。即使通常情况下，按一年内取消会员资格的总人数占该年平均会员人数的百分比来计算保有率，也不过是对情境式保有率进行计算。我们需要更多相关信息，才能正确评估会员保有率的成功与否。

比较两个健身俱乐部（见表14.3和表14.4）：在年初，会员人数均为1 400名，而在年底，会员人数均为1 600名，会员每月缴纳40欧元的会费。唯一的区别是，A俱乐部有600人取消了会员资格，而B俱乐部只有450人。两家俱乐部在年底都保有了1 600名会员，这只能表示A俱乐部比B俱乐部获得了更多的新会员，A俱乐部新会员为800名，B俱乐部为650名。因此，A俱乐部的平均会员人数远高于B俱乐部。我们计算两个俱乐部的情境式保有率可以得出，A俱乐部为63.6%，而B俱乐部为70%。B俱乐部的情境式保有率的数据似乎更优秀，但这是否就一定代表B俱乐部在会员保有方面表现更好呢？

表14.3
更详细的会员保有数据

	A俱乐部	B俱乐部
年初会员人数	1 400	1 400
年底会员人数	1 600	1 600
当年取消会员资格人数	600	450
当年新会员人数	800	650
当年平均会员数	1 650	1 500
会员保有率	63.6%	70.0%

表14.4
两个俱乐部的会员保有情况

	A俱乐部	B俱乐部
有关年度取消会员资格的人的平均付费月数	9	6
平均"未达目标"营业额月数	3	6
本年度取消会员资格人数	600	450
每月营业额	40	40
未达目标营业额	72 000	108 000

　　两个健身俱乐部因为这些会员资格取消，损失了多少营业额这个问题更为重要。换言之，当年这些取消会员资格的人，有多久没有续费会员，因此没有贡献任何营业额？如果A俱乐部中600个取消会员资格的客户，平均每年有9个月都为会员续费了呢？在这种情况下，因这些客户而未达目标的营业额是600×3×40=72 000欧元，其中3个月是没有营业额的月份。此外，如果B俱乐部中450个取消会员资格的客户，每年有6个月为会员续费了，俱乐部就失去了6个月的营业额，相当于450×6×40=108 000欧元。因此，B俱乐部营业额比A俱乐部多损失36 000欧元。

　　实际差距更大，会相差约75 000欧元，因为A俱乐部当年平均拥有更多会员，这自然会导致赚取更高的营业额。我们可以得出这样的结论：情境式保有不一定能绝对代表俱乐部留住会员的能力，也不能代表对营业额产生的影响。在本案例中，B俱乐部的情境式保有率较高，但会员流失率也高于A俱乐部。

纵向保有

　　另一种测算项目是纵向保有，在会员坚持续费的整个过程中追踪一组会员。这比情景式保有更重要，也能让我们洞悉更多相关数据。这也被称为"类图"原则。你可以为某个月内成为会员的所有会员拍一张集体照。随后，你将每个月取消会员资格的人从名单上划掉。你每月都要记录最初小组中的会员在下个月仍然是会员的名单。这说明了你不受销售限制的留住会员的能力。纵向保有是3个层面的保有。

1. 俱乐部层面的保有

　　你需要记录每位会员在哪一个月加入，同时分别记录在3个月、6个月和12个月后仍然是会员的百分比，以及分别记录每个起始月份、年龄组或性别的保有率。

精品健身工作室40%的客户也是普通健身俱乐部的会员

2. 会员资格层面的保有

你要处理以下问题。每个会员的资格取消率是多少？每个会员的平均会员资格维持时间是多久？续费会员资格的会员占比是多少？会费有何影响？付款方式有何影响？

3. 客户层面的保有

对俱乐部层面的保有和会员资格层面的保有的分析，无论有多明确，都还不能提供正确的信息，用于监督是否留住了会员。最终重要的是，你要能成功地留住属于自己的客户。

14.6   消费者行为的动态变化

欧洲健身与健康协会和Deloitte在2017年发布了健身生态系统这一概念，如图14.2所示，展示了一个动态的健身市场，其中既有固定健身，也有非固定健身。关于保有，历史以来的重点是固定健身，简而言之就是器械类的健身。添加了非固定健身服务后，器械健身就不是客户进行锻炼的唯一选项。

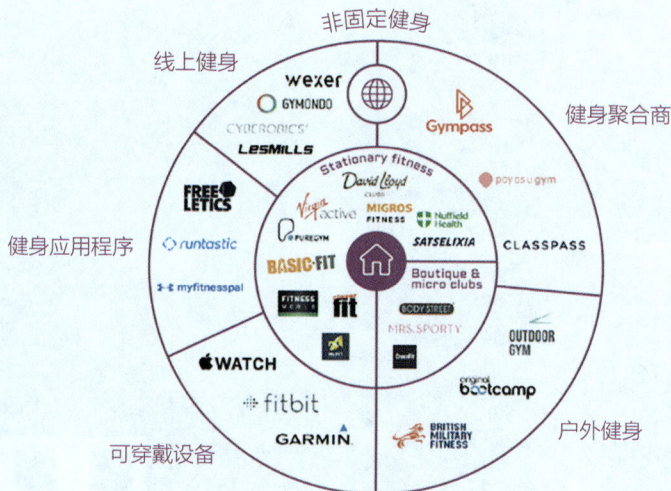

图14.2
健身生态系统
（EuropeActive/
Deloitte, 2017）

这就要求改变会员保有率的测算方法。例如，访问俱乐部的一维方法对评估客户的实际行为局限性过大。当然，从商业角度来看，测算访问率和支付率仍然是有价值的。但它只反映出整体情况和所有行为的一小部分。人们可以在健身俱乐部的团体健身课上锻炼身体，但有时人们又会放弃俱乐部，而选择在家里上虚拟健身课程。

荷兰消费者研究（Hover et al., 2018）测算，15~79岁的消费者（n=673）每月在健身上花费14个小时，有时是步行22小时，或者打高尔夫18小时。针对访问健身俱乐部的行为，米德尔坎普等人（Middel-kamp et al., 2016）的研究表明出勤率为每月访问1.1次，德拉维尼亚（DellaVigna）和马尔门迪尔（Malmendier）的研究表明出勤率平均每月为4.8次，这两者似乎存在巨大的差距。这种差距可以用定义不同和研究小组不同等原因来解释。另一种解释是，可能消费者在多种环境下的适应性也不同。

精品健身工作室的兴起也有助于重新定义会员保有，因为大多数客户没有会员资格，无法使用很多健身设施。荷兰一项关于精品健身工作室的研究表明，精品健身工作室40%的客户也是普通健身俱乐部的会员。几乎50%的人每月都会访问至少两家精品健身工作室。

这会给健身聚合商的现状和未来都造成巨大影响，因为这些实体接收的是关于客户及其行为的最全面的数据。

客户和会员使用设置多样、种类丰富的运动被称为健身零食。为了测算他们的参与度，管理他们的客户需求，我们需要新的形式测算保有程度。这需要从单渠道方法转向全渠道方法。健身部门采用单渠道方法，因为保有重点是让消费者还会回到俱乐部，然后向俱乐部支付费用。更实际的方法是多渠道方法，但这有局限性，因为我们不能用孤立的方式整合消费者的行为，再对其做出评估。跨渠道系统已经将所有这些结合在一起，但是全渠道的方法完全整合了客户所使用的所有健身渠道，如图14.3所示（Luif, 2017）。

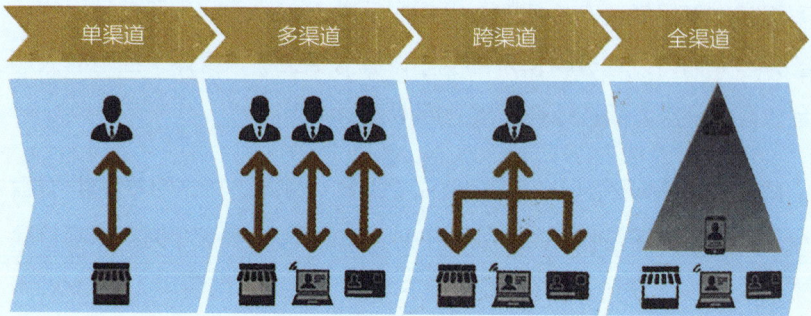

图14.3
从单渠道走向
全渠道

使用全渠道方法时，创建多个接触点最为关键。健身俱乐部会员可能在某个时间段内不去俱乐部，但他们如果在家里使用健身应用程序或者加入Instagram上发布的俱乐部活动，他们就仍然还参与其中。

14.7　结论

即使是在健身领域，保有程度也是最重要的话题和挑战之一，但相关研究仍然数量不多、质量不高。大多数研究健身行业的方法主要是计算会员保有率，但这并不能反映客户当前和未来的行为。研究需要进行转型，应该更多地发展多维测算。

14.8　参考文献

- Andrew, G.M. & Parker, J.O. (1979). Factors related to drop-out of post myocardial patients from exercise programs. Medicine and Science in Sports and Exercise, 11(4): 376–378.

- Andrew, G.M., Oldridge N.B., Parker J.O., Gunningham, D.A., Rechnitzer P.A., Jones, N.L., Buck, C., Kavanagh, T., Shephard, R.J., Sutton, J.R. & McDonald, W. (1981). Reasons for drop–out from exercise in post-coronary patients. Medicine and Science in Sports and Exercise, 13(3): 184–188.

- Annesi, J.J., & Mazas, J. (1997). Effects of virtual reality-enhanced exercise equipment on adherence and exercise–induced feeling states. Perceptual and Motor Skills, 85: 835–844.

- Annesi, J.J. (1998). Effects of computer feedback on Adherence to Exercise. Perceptual and Motor Skills, 87: 723–730.

- Annesi, J.J. (1999a). Effects of minimal group promotion on cohesion and exercise adherence. Small group research, 30(5): 542–557.

- Annesi, J.J. (1999b). Relationship between exercise professionals' behavioral styles and clients adherence to exercise. Perceptual and Motor Skills, 89: 597–604.

- Annesi, J.J. (2002a). Relationship between changes in acute exercise-induced feeling states, self-motivation, and adults' adherence to moderate aerobic exercise. Perceptual and Motor Skills, 94: 425–439.

- Annesi, J.J. (2002b). Goal-setting protocol in adherence to exercise by Italian adults. Perceptual and Motor Skills, 94: 453–458.

- Annesi, J.J. (2002c). Self-motivation moderates effect of exercise-induced feeling on adherence. Perceptual and Motor Skills, 94: 467–475.

- Annesi, J.J. (2002d). Relationship between reported motives for exercise and age of women attending a community fitness facility. Perceptual and Motor Skills, 94: 605–606.

- Annesi, J.J. (2003). Effects of a Cognitive Behavioral Treatment Package on Exercise Attendance and Drop-Out in Fitness Centers. European Journal of Sport Science, 3(2): 1–16.

- Annesi, J.J. (2004a). Psychological improvement is associated with exercise session attendance over 10 weeks in formerly sedentary adults. European Journal of Sport Science, 4(2): 1–10.

- Annesi, J.J. (2004b). Relationship of social cognitive theory factors to exercise maintenance in adults. Perceptual and Motor Skills, 99: 142–148.

- Annesi, J.J. & Unruh, J.L. (2004): Effects of a cognitive behavioral treatment protocol on the drop-out rates of exercise participants in 17 YMCA facilities of six cities. Psychological reports, 95: 250–256.

- Annesi, J.J. (2005a). Relationship between before-to-after-exercise feeling state changes and exercise session attendance over 14 weeks: Testing principles of Operant Conditioning. European Journal of Sport Science, 5(4): 159–163.

- Annesi, J.J. (2005b). Relations of body esteem factors with exercise session attendance in woman initiating a physical activity program. Perceptual and Motor Skills, 100: 995–1003.

- Annesi, J.J. (2005c). Relations of self–motivation, perceived physical condition, and exercise induced changes in revitalization and exhaustion with attendance in woman initiating a cardio vascular exercise regimen. Women & Health, 42(3): 77–93.

- Annesi, J.J. (2007). Effects of computer feedback and behavioral support protocol on dropout from a newly initiated exercise program. Perceptual and Motor Skills, 105: 55–66.

- Annesi, J.J. & Unruh, J.L. (2007). Effects of the coach approach intervention on drop-out rates among adults initiating exercise programs at nine YMCA's over three years. Perceptual and Motor Skills, 104: 459–466.

- Annesi J.J., Unruh, J.L., Marti, C.N., Gorjala, S. & Tennant, G. (2011). Effects of the coach approach intervention on adherence to exercise in obese women: assessing mediation of social cognitive theory factors. Research Quarterly for Exercise and Sport, 82(1): 99–108.

- Anton, S.D., Perri, M.G., Riley, J., Kanasky Jr. W.F., Rodrigue, J.R., Sears, S.F. & Martin, A.D. (2005). Differential predictors of adherence in exercise programs with moderate versus higher levels of intensity and frequency. Journal of Sport and Exercise Psychology, 27: 171–187.

- Baart de la Faille, M., Middelkamp, J. & Steenbergen, J. (2012). The state of research in the global fitness industry. BlackBox Publishers, The Netherlands.

- Bouchard, C., Shephard. R.J. & Stephens, T. (1993). Physical activity, fitness and health: consensus statement. Human Kinetics Publishers, Champaign USA.

- Brehm, W. & Eberhardt, J. (1995). Drop-out und Bindung im Fitness-studio. Sportwissenschaft, 25(2): 174–186.

- Bruce, E.M., Bruce, R.A, & Fisher, L.D. (1976). Comparison of active participants and drop-outs in capri cardiopulmonary rehabilitation programs. The American Journal of Cardiology, 37: 53–60.

- Buckley, P.F., Foster, A.E., Patel, N.C. & Wermert, A. (2009). Adherence to mental health treatment. Oxford American Psychiatry Library. Oxford University Press. New York.

- Buckworth, J. & Dishman, R.K. (2002). Exercise Psychology. Human Kinetics, Champaign, USA.

- Buckworth J., Dishman, R.K., O'Conner, P.J. & Tomporowski, P.D. (2013). Exercise Psychology, 2nd Edition. Human Kinetics, Champaign, USA.

- Bull, S. (2001). Adherence in sport and exercise. Wiley, New York.

- CASP (2013) Critical Appraisal Skills Programme, Case Control Study Checklist, Edition May 31st 2013.

- Collishaw, M.A., Dyer, L. & Boies, K. (2008). The authenticity of positive emotional displays: client responses to leisure service employees. Journal of Leisure Research, 40(1): 23–46.

- Courneya, K.S., P.A. Estabrooks, C.R. Nigg (1997). A simple reinforcement strategy for increasing attendance at a fitness facility. Health Education & Behavior, 24(6): 708–715.

- Cox, K.L., V. Burke, T.J. Gorely, L.J. Beilin & B. Puddey (2003). Controlled comparison of retention and adherence in home- versus center-initiated exercise interventions in woman ages 40–65 years: the SWEAT study (sedentary woman exercise adherence trail). Preventive Medicine, 36: 17–29.

- DellaVigna, S. & Malmendier, U. (2006). Paying not to go to the gym. The American Economic Review, 96: 604–719.

- Dishman, R.K. ed. (1988). Exercise adherence. Human Kinetics, Illinois.

- Dishman, R.K. ed. (1994). Advances in exercise adherence. Human Kinetics, Illinois.

- Dishman, R.K., Heath G.W., & Lee, I-M. (2013) Physical activity epidemiology. 2nd Edition. Human Kinetics Publishers, Champaign USA.

- Ebben, W. & Brudzynski L. (2008). Motivation and barriers to exercise among college students. Journal for Exercise Physiology, 11(5): 1–10.

- Ecclestone, N.A., Myers A.M. & Paterson D.H. (1998). Tracking older participants of twelve physical activity classes over a three-year period. Journal of Aging & Physical Activity, 6: 70–82.

- Franklin, B.A. (1988). Program factors that influence exercise adherence: Practical adherence skills for the clinical staff. In R.K. Dishman (Ed.), Exercise adherence: Its impact on public health: 237–258. Champaign, IL: Human Kinetics.

- Gaesser, G.A. (2002). Big fat lies. Gurze books, Carlsbad.

- Gale, J.B., Eckhoff W.T., Mogel S.F. & Rodnick J.E. (1984). Factors related to adherence to an exercise program for healthy adults. Medicine and Science in Sports and Exercise, 16: 544–549.

- Garcia, A.W. & King, A.C. (1991). Predicting long-term adherence to aerobic exercise: a comparison of two models. Journal of sport & exercise psychology, 13: 394–410.

- Hata, O. & Umezawa N. (1995). Use of fitness facilities, equipment and programs: a case study of a Japanese fitness club. Journal of Sport Management; 9: 78–84.

- Hillsdon, M. (2001). Winning the retention battle. FIA publication, London.

- Hillsdon, M. & Bedford P. (2008). An expert guide to retention and attrition. FIA publication, London.

- Hover, P., Hakkers, S. & Breedveld, K. (2012). Trendrapport fitnessbranche 2012. Mulier Instituut, Den Bosch & Arko Sportsmedia, Nieuwegein.

- Hover, P., Van Eldert, P. & De Boer, W. (2018). Fitness fact sheet. Mulier Institute, Utrecht, The Netherlands.

- Huang, C.H., Lee L.Y. & Chang, M.L. (2007). The influences of personality and motivation on exercise participation and quality of life. Social Behavior and Personality, 35(9): 1189–1210.

- IHRSA (1998). Why people quit. International Health Racquet & Sportsclub Association, Boston.

- Jankauskiene, R. & Mieziene, B. (2011). The relationship between body image and exercise adherence in fitness centre exercising sample. Sportas, 1(80): 36–41.

- Kaphingst, K.A., Bennett, G.G., Sorensen, G., Kaphingst, K.M., O' Neil, A.E. & McInnis, K. (2007). Body mass index, physical activity, and dietary behaviors among members of an urban community fitness center: a questionnaire survey. BMC Public Health, 7(181).

- Kathrins, B.P. & Turbow, D.J. (2010). Motivation of fitness center participants towards resistance training. Journal of Strength & Conditioning Research, 24: 2483–2490.

- King, A.C. (1994). Clinical and community interventions to promote and support physical activity participation. In: Dishman, R.K. (Ed) (1994). Advances in exercise adherence. Human Kinetics, Illinois: 183–212.

- Kronsteiner, M. (2010). Motivation fur Personal Training im Fitnessstudio. Magisterstudium Sportwissenschaft Universitat Wien.

- Kruger, J., Carlson, S.A. & Kohl, H.W. (2007). Fitness facilities for adults: differences in perceived access and usage. American Journal of Preventive Medicine, 32: 500–505.

- Levesque, L., Gauvin, L. & Desharnais, R. (2003). Maintaining exercise involvement: the role of learned resourcefulness in process of change. Psychology of Sport and Exercise, 4: 237–253.

- Lin, J.Y.C., Chen, L.S.L., Wang, E.S.T. & Cheng, J.M.S. (2007). The relationship between extroversion and leisure motivation: evidence from fitness center participation. Social Behavior and Personality, 35(10): 1317–1322.

- Luif, R. (2017). Customer journey optimalisation. Van Duuren Management, The Netherlands.

- McKechnie, D.S., Grant, J., Shabbir, F., Ganesh, G. & P. (2006). The fitness trend moves east: emerging market demand in the UAE. European Sport Management Quarterly, 6(3): 289–305.

- Middelkamp, J, Wolfhagen, P. and Steenbergen, J. (2014). Practical strategies to support behaviour change. EuropeActive Retention Report 2014. BlackBoxPublishers, EuropeActive.

- Middelkamp, J., Van Rooijen, M. and Steenbergen, B. (2016). Attendance behaviour of ex-members in fitness clubs: A retrospective study applying the stages of change. Perceptual and Motor Skills, 122(1), 350–359.

- Moreno, J.A., González-Cutre D., Sicilia, A. & Spray, C.M. (2010). Motivation in the exercise setting: integrating constructs from the approach-avoidance achievement goal framework and self-determination theory. Psychology of Sport and Exercise, 11: 542–550.

- Mullen, S.P. & Whaley, D.E. (2010). Age, gender, and fitness club membership: factors related to initial involvement and sustained participation. IJSEP, 8: 24–35.

- Nigg, C.R., Courneya, K.S. & Estabrooks, P.A. (1997). Maintaining attendance at a fitness center: an application of the decision balance sheet. Behavioral medicine, 23: 130–137.

- Oldridge, N.B. (1979). Compliance of post myocardial infarction patients to exercise programs. Medicine and Science in Sports, 11(4): 373–375.

- Pahmeier, I. (1994). Drop-out und bindung im breiten- und gesundheitssport. Sportwissenschaft, 24(2): 117–150.

- Prochaska, J. & Marcus, B. (1994). The transtheoretical model: applications to exercise. Dishman R.K. ed. (1994) Advances in exercise adherence. Human Kinetics, Illinois, 161–180.

- Prichard, I. & Tiggemann, M. (2008). Relations among exercise type, self-objectification and body image in the fitness centre environment: the role of reasons for exercise. Psychology of Sport and Exercise, 9: 855–866.

- Ready, A.E., Naimark B.J., Tate, R. & Boreskie, S.L. (2005). Fitness centre membership is related to healthy behaviours. Journal of Sports Medicine & Physical Fitness, 45: 199–207.

- Rejeski, W.J. (1992). Motivation for exercise behavior: a critique of theoretical directions. Roberts G.C. (1992) Motivation in sport and exercise. Human Kinetics. Champaign, Illinois, 129–157.

- Spangenberg, E. (1997). Increasing health club attendance through self-prophecy. Marketing Letters, 8(1): 23–31.

- Surujlal, J. & Dhurup, M. (2012). Establishing and maintaining customer relationships in commercial health and fitness centers. International Journal of Trade, Economics and Finance, 3(1): 14–18.

- Szumilewicz, A. (2011). Multiple influences affecting the women's choice of a fitness club. Baltic Journal of Health and Physical Activity, 3(1): 55–64.

- Surakka, J., Alanen, E., Aunola, S., Karppi, S.L. & Lehto, P. (2004). Adherence to a power-type strength training program in sedentary, middle-aged men and woman. Advances in physiotherapy, 6: 99–109.

- Vlachopoulos, S.P., Theodorakis, N.D. & Kyle, G.T. (2008). Assessing exercise involvement among participants in health and fitness centers. European Sport Management Quarterly, 8(3): 289–304.

- Wang B., Wu, C. & Quan, W. (2008). Changes in consumers behavior at fitness clubs among Chinese urban residents. Asian Social Science, 4(10): 106–110.

- Yohannes, A.M., Yalfani, A., Doherty, P. & Bundy, C. (2007). Predictors of drop-out from an outpatient cardiac rehabilitation programme. Clinical Rehabilitation, 21: 222–229.

第 15 章
健身中介的作用

斯特凡·路德维格（Stefan Ludwig）

比约恩·勒姆库勒（Björn Lehmkühler）

15.1　简介

健身中介，通常也被称为"健身聚合商"，通过网络或平台进行交易，直接和客户对接或通过客户的雇主对接，提供健身俱乐部和其他运动器械。本章概述了健身中介的概念和近期市场发展，以及针对这些日益具有影响力的市场参与者提出的机遇和批评。

15.2　健身中介的概念

近年来，健身中介越来越受到市场的关注，在一些中欧和东欧市场尤其重要。在这些市场上像 Benefit Systems 这样的公司，在健身运营商中占有相当大的收入份额。在德国和英国等大型健身市场，由于供应商网络不断扩大，以及中介市场内部的大量并购，它们带来的影响也越来越明显。

健身中介使会员无须成为某个固定运动或健身俱乐部的会员，就能通过"统一价格或随需付费"获得各种不同的运动设施和健身设施的使用权。他们提供的服务不局限于健身俱乐部和训练课程，还包括了健身设施、壁球运动场地、游泳池或攀岩馆等多种运动的健身设施。健身中介主要集中在较大的城市，因为这样才能最大化地提高网络效益，增加服务种类。会员不仅能做出广泛的健身选择，还能高度灵活地做出调整，这符合许多用户在自动化共享时代和在线流媒体时代的思维定式。

大多数健身中介的会员，访问每个健身机构的次数可能会受到限制，这具体取决于会员各自选择的合同内容。每次访问时，健身机构通常根据团体课程、个人培训或按摩等提供服务，获得一定数额的报酬。

网络伙伴可以与中介机构合作，从附加的营销中获益，从新的目标群体中获得额外收入，提高俱乐部的利用率。然而，一些运营商担心与客户失去联系，无法获取客户数据，还担心每名访问者只能产生较小的利润。

一般来说，健身中介的业务模式分为B2B和B2C，而有些机构也可能同时应用这两个方式，如图15.1所示。像巴西健身初创企业Gympass或Hansefit这样的B2B中介机构为企业提供健身网络，在企业健康管理范围内补贴员工的部分会员费用或全部费用。相比之下，B2C中介机构的服务重心在于最终用户。其中，美国健身订阅平台Class Pass和Gymlib应用程序属于此类。城市运动俱乐部或My Fitness Card等市场参与者，不只专注于一个细分市场，而是在这两个领域都很活跃。

英国在线服务平台Hussle（曾被称为PayasUgym）等随需付费运营商，只根据每项训练核算会员费用，这样可以最大限度地提高会员的灵活性。因此，除了每月定期订阅外，Hussle还提供单次健身房访问的日通行证，以及5次或10次访问选定健身俱乐部的通行证，有效期分别为30天和60天，这种方式十分划算。因此，网络伙伴也许能够最大限度地消除其客户的进入壁垒，吸引到那些对长期会员资格不感兴趣的目标群体。

B2C	B2C 和 B2B	B2B
ClassPass (UK)	**Urban Sports Club** (DE, ES, FR, IT, PT)	**Gympass** (DE, ES, FR, IE, IT, NL, PT, UK)
Gymlib (BE, FR)	**GymForLess** (ES)	**Benefit Systems** (BG, CZ, HR, PL, SK)
OneFit (DE, ES, NL)	**My Fitness Card** (DE)	**Hansefit** (DE)
PayAsUGym (UK)	**zeamo** (DE, IE, IT, UK)	**qualitrain** (DE)

图15.1
欧洲主要健身中介机构概况

15.3 近期市场发展

尽管许多健身中介已经开始在欧洲市场运作，但这个行业本身还相当年轻。Benefit Systems大约在15年前进入健身中介市场，而Hansefit成立于2003年。图15.1所选公司中，大多数进入时间在2012—2014年，如Gympass成立于2012年，Urban Sports Club在2012年进入，Class Pass在2013年进入，以及西班牙中介机构GymForLess在2014年进入。

这些公司之所以能在短短几年内成为欧洲健身行业有影响力的市场参与者，其中一个原因就是它们拥有巨额的资金。2019年6月，SoftBank Vision Fund和SoftBank Latin America Fund宣布与Gympass建立全球合作伙伴关系，还有General Atlantic、Atomico和Valor Capital Group等现有投资商大批加入。各种新闻报道称，此次融资总额达3亿美元，对该公司的资产估值超过10亿美元。同样，ClassPass也进行了多轮融资。

此外，许多中介机构参与了并购交易，它们要么收购其他公司，要么被战略投资者或金融投资者收购。最积极的购买者是慕尼黑的Urban Sports Club，它从2012年成立伊始，收购了4家直接竞争对手：在2015年收购Fitengo，在2016年收购99Gyms，同年还收购了Somuchmore，而最近是在2018年收购了一家定价模式与Urban Sports Club相同，主要在慕尼黑地区经营的中介机构FITrate。

此外，Urban Sports Club在过去两年宣布了两次合并。2018年12月，该公司与同行的德国运营商INTERFIT合并，显著增加了自己在B2B领域的服务供应。2019年8月，该公司宣布与荷兰B2C提供商OneFit建立合作关系。截至本书付印前，该集团在比利时、丹麦、芬兰、法国、德国、意大利、荷兰、挪威、葡萄牙和西班牙均开展业务。

另一家德国中介机构My Fitness Card于2018年收购B2B运营商Fit 4 Life，之后于2019年与企业健身提供商Professional Fit合并。My Fitness Card是由Fitness First推出的，Fitness First是德国静态健身市场的领先运营商之一，现在是LifeFit集团的一个分支企业。

在Benefit Systems的背景下，中介机构和固定健身活动的结合明显更受关注。该公司第三季度报告显示，截至2019年9月底，综合运动机构的会员卡数量已达到130多万张，其中仅波兰国内市场就超过100万张。同时，该集团还是固定式健身公司的大股东，该公司经营着Zdrofit、Fabryka Formy、Fitness Academy、My Fitness Place、FitFabric 和FitnessClub S4等品牌下的159家健身机构，同时还持有Calypso Fitness中46家俱乐部的少数股权。Benefit Systems将大型聚合网络和市场领先的自有健身俱乐部结合起来，在波兰健身市场占据了重要地位，现已扩展到保加利亚、捷克共和国、希腊、匈牙利和斯洛伐克等其他中欧和东欧国家。

中介市场的投资者除了健身俱乐部运营商，还包括战略投资者和金融投资者。例如，德国的联网健身设备制造商eGym于2018年收购了B2B运营商qualitrain，截至2019年年初，qualitrain有约6万名会员，有公司账户约1 000个。2018年2月，在此交易之前，法国"生活质量服务"提供商Sodexo收购了西班牙健身中介机构GymForLess，这是一家于2014年成立的巴塞罗那初创企业。收购时，GymForLess拥有超过20万个企业用户和私人用户。

2018年7月私募股权投资者Waterland对德国B2B平台Hansefit进行投资，这表示金融投资者的兴趣日益增长。前股东StefanRunge离开了公司，Waterland收购了该股东的股票。Hansefit是德国B2B领域领先的健身中介机构之一，处理业务时拥有1 300多家企业客户和21万名员工。

15.4 中介机构：辩论的主题

如前所述，健身中介机构可以对其会员、合作公司以及健身合伙企业产生积极的影响。LifeFit集团首席商务官兼My Fitness Card前首席执行官克里斯托夫·科利内（Christophe Collinet）在2019年的《欧洲健康与健身市场报告》中称："聚合商正向市场进发。My Fitness Card的会员中，超过50%曾经不是健身房的会员，他们中的许多人表示，是雇主为此支付了费用，他们自己才享受到这项服务。此外，我们在数据中得知，My Fitness Card的客户训练频率高于普通健身房会员的训练频率，他们还会尝试多种方式。企业补贴、形式多样、选择灵活和价格实惠等优势，为传统健身房创造了新的客户群，这些健身房实际上完全没有会员成本。"

此外，对于健身中介机构进入健身市场，反对者经常认为这是对固定健身俱乐部的潜在威胁。英国折扣运营商PureGym的首席执行官汉弗莱·科博尔德（Humphrey Cobbold）在2019年的《欧洲健康与健身市场报告》中指出，运营商不愿支持这一变化，也源于其他行业给出的相关经验："对比一下保险网站或在线旅行社预订酒店的情况，你就能发现，中介机构进入任何行业，对于这个行业的现有企业来说，通常都不会是好消息。"

科博尔德认为："等式很容易理解：运营商获利趋于下跌，而实际上，交易量即使增加也似乎无法弥补损失。让某一方陷于你和你的客户造成的战略风险之中，就会导致这种收入流失情况进一步加剧。"

此外，科博尔德还表示，中介机构将"按月付费"的商业模式改为"按次付费"模式，但他仍认为"按月付费"模式对于运营商获得充足的资本回报非常重要。2019年的《欧洲健康与健身市场报告》采访了当地市场专家，他们对中介机构的看法也同样存在分歧：虽然更多的专家持积极态度，但也有相当一部分人表达了更悲观的看法。

在许多欧洲国家，健身中介机构已成为健身和
健康生态系统中极富影响力的利益相关者

15.5　企业健康领域：来自西班牙 Deloitte 的调查结果

2019年9月，西班牙 Deloitte 发布了一份名为《企业健康领域》的报告，该报告的主题也同样是 B2B 中介机构在健康与健身市场中潜在的机遇和挑战。报告称，作者的目的是了解健身行业和企业目前如何解决这一问题，如何应对其中潜在的挑战和相关风险，明确对企业健康的日益重视在多大程度上可以成为健身和健康行业的机遇。

报告发布的分析中，除公共信息和现有行业报告外，主要基于西班牙 Deloitte 在美国、巴西、阿根廷、墨西哥、智利、西班牙、德国、英国、意大利和法国这10个国家中，对企业健身和健康行业利益相关者展开的访谈和问卷调查。报告中72项调查的对象，有的来自需求方，即公司人力资源部门的利益相关者，有的来自供应方，即健身和健康俱乐部的决策者，其中三分之二已经与至少一家第三方供应商合作，而剩下的三分之一没有与任何第三方供应商合作。

报告称，西班牙 Deloitte 的采访中，绝大多数健身和健康俱乐部都认为，企业健康领域为健身运营商提供了营业增长的机会。因此，调查的参与者中，预计企业健康会带来显著收入增长的人占56%，预计会略有增长的人占36%，而预计企业健康领域会对业务产生负面影响的人只占3%。其中，11%的受访者甚至预计公司的健康收入在未来3年内将增长50%以上。

报告进一步指出，在所有地区接受采访的人力资源部门中，有78%的部门表示，它们计划在未来3年内增加对身体活动项目的投资，这突出了健身运营商在未来具有无限增长潜力。然而，人力资源部门要实现预期收益，就必须能提供一种在价格、地点和多样这三方面，都能吸引所有员工的服务，人力资源部门需要与员工保持适当沟通，吸引员工更多参与，评估计划有效性，确定投资回报率和行为变化。

因此，与第三方供应商合作的公司重视员工价格低、服务种类多样、服务质量优秀、沟通支持灵活和营销活动等对员工有吸引力的因素。同时，潜在成本增加，价格也随之上涨，以及投资回报无法明确，是此类合作主要的风险因素。目前没有与第三方供应商合作的公司，要么已经与健身和健康俱乐部签订了协议，不了解合作的优势，要么根本不知道第三方提供商的存在。

报告总结说，就运营商而言，超过70%的健身和健康俱乐部接受了西班牙Deloitte的采访，已经向公司提供企业健康服务。但是，考虑到以下因素，受访的运营商可能依然无法及时抓住机会。

- 给企业折扣价格并不是完全有利可图；
- 难以负担一支专门的企业健康服务销售团队；
- 提供注册服务、组织公司参与活动，以及提高绩效指标，都是极大的挑战；
- 在企业中建立正确联系这一任务复杂又耗时，在众多竞争对手中获取企业客户也是如此。

这些挑战，促成了许多健身运营商与健身中介机构合作，因为这些公司在上述一些领域都有基础设施支持。相比之下，健身和健康俱乐部与第三方供应商没有合作关系，因为它们担心潜在客户可能会流失，从而失去对客户的控制，通常之后也不会与它们合作。合作成本较高、与外部运营商合作不安全、服务并非专门特质，以及容量可能会过载，这些也都是清晰可查的缺点。

该报告指出，健身和健康俱乐部为在未来能建立积极且可持续的关系，而增加了一些要求包括：一是要提高透明度，加强机制建设，避免相互蚕食，保证最低收入；二是要确保全天吸引用户，而不仅是在高峰时段；三是要维护健身和健康中心的品牌，坚持品牌不可撼动的地位。

一些B2B第三方供应商做出回应，它们正在实施举措，降低风险，如在高峰时段限制进入健身和健康俱乐部的人数，借助社交媒体宣传健身运营商的品牌，以及对满足家庭会员的促销条件做出统一规范等。此外，一些公司正在投资更优秀的方案，对于公司与健身和健康俱乐部来说，这些方案可以同时提升二者的数据质量、分析质量和商业见解质量。

尽管上述担忧仍然存在，但94%的受访者对此次合作表示满意，对这些运营商带来的额外收入和新型客户表示感谢。42%的健身和健康俱乐部表示，与第三方提供商合作产生的收入占总收入的5%以上；21%的受访者表示，总收入的6%~10%有赖于与第三方提供商的合作，如图15.2所示。

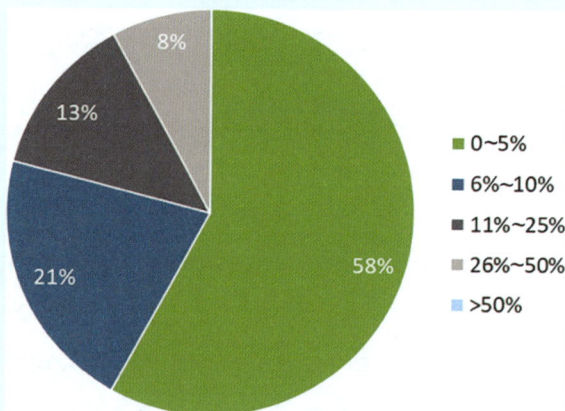

图15.2
来自第三方供应商
的收入占总收入的
百分比（源自：
Deloitte Spain）

此外，与第三方供应商合作的健身运营商中，有84%的受访者表示，建立在合作基础上带来的收入预计在未来几年内会增加，其中46%的人预计这一数字会大幅增长。这强调了一个概念，即未来的B2B健身中介机构在健身生态系统中的影响可能会越来越大。

15.6　结论

尽管大多数领先的公司都成立于5~7年前，但在许多欧洲国家，健身中介机构已成为和健康生态系统中极富影响力的利益相关者。在这段时间里，它们让许多用户、公司和健身俱乐部运营商都更有价值，但是这同时也引起了其他市场参与者的怀疑。

在未来的欧洲健身市场中，这些公司将扮演什么角色，取决于健身中介机构采取哪些措施才能既盈利又能与运营商达成合作，还取决于它们的提案对消费者和雇主来说会有多大程度的说服力。

每个健身俱乐部的商业模式和价值主张都各有差异，所以它们在做出决策前，都需要仔细评估是否需要与健身中介合作，以及哪种模式可能带来更大商业价值。与此同时，即使是那些目前还未与中介机构合作的运营商，似乎也至少达成了积极的共识：中介机构已经向它们提出挑战，要求它们在未来继续改进服务，完善运营模式。

15.7　参考文献

- Deloitte Spain (2019). The Corporate Wellness Segment.

- EuropeActive/Deloitte. European Health & Fitness Market Report (various editions).

- Fitness News Europe, Mergermarket and various other news sources as well as publically available company information (e.g. press releases and reports).

第 16 章

2030 年健身行业的增长前景

赫尔曼·罗格斯（Herman Rutgers）

16.1　简介

最后一章分别概述了 2008 年和 2018 年欧洲健身和健康行业的主要变化。我们依据过去 10 年的发展情况，将讨论欧洲健身行业未来可能的增长前景。尤其在这个充满活力、难以预料、复杂多变和模棱两可的时代，所有行业都很难一如既往地勇往直前。

16.2　回顾

在新的 10 年即将到来之际，我们回顾过去 10 年，然后再努力向前看，这是一件好事。过去的 10 年为高速发展的科技所占据，多项技术基于数字化和人工智能，呈指数倍增长。以下是 2010—2019 年主要的健身行业活动。

- 俱乐部理念
  低成本、便利性健身俱乐部和精品健身工作室获得增长。
- 健身项目
  个性化训练、小团体训练和开始出现虚拟训练。
- 新技术
  企业资源规划（ERP）系统得到改进，社交媒体在市场营销和人工智能中的重要程度得到提高。
- 平台
  平台公司和中介机构取得进展。
- 融资
  首次公开募股提高了私人股本和特许经营概念的重要程度。
- 联合
  大型运营商的市场份额不断增长，供应商和运营商开发了很多并购项目。

- 公共政策

  健身与健康活动正在为许多国家政府和欧盟所接受，不断地促进人们减少身体活动不足的情况。

- 运营

  对员工素质、教育和认证的重视程度得到提高。

以下列出了过去10年的一些关键事件。

- 2010年：Anytime Fitness 在欧洲开设第一家俱乐部。
- 2011年：HealthCity 在法国、西班牙和意大利收购 Fitness First。
- 2013年：HealthCity 收购荷兰 Basic-Fit。
- 2013年：David Lloyd Leisure 被英国 TDR Capital 收购。
- 2014年：Nuffield Health 收购英国 9 家 Virgin Active 俱乐部。
- 2014年：瑞士 Migros 收购德国 Inline/Injoy。
- 2015年：1Rebel 在英国伦敦开设第一家俱乐部，开始显露精品健身工作室趋势。
- 2015年：The Gym Group 在英国伦敦证券交易所首次公开幕股。
- 2016年：Technogym 在意大利米兰证券交易所上市。
- 2016年：Basic-Fit 在荷兰阿姆斯特丹证券交易所首次公开募股。
- 2016年：Nuffield Health 收购英国 35 家 Virgin Active 俱乐部。
- 2017年：Virgin Active 向英国 David Lloyd leisure 出售 14 家俱乐部，向西班牙 Holmes Place 出售位于葡萄牙和西班牙的所有 12 家俱乐部。
- 2018年：McFit 宣布在奥伯豪森（Oberhausen）开发世界最大健身体验中心——Mirai。
- 2019年：SATS 在挪威奥斯陆股票市场上市。
- 2019年：PureGym 收购 Fitness World，在英国创建欧洲第二大连锁品牌。

在表 16.1 的顶部，你可以看到整个欧洲地区市场在会员人数、俱乐部数量、每个俱乐部的平均会员人数、普及率和总市值方面的增长情况。除了每个俱乐部的平均会员人数这一项数据，其他各方面的增长都令人

	2008	2018	变动百分比
俱乐部数量	34 873	62 000	78%
会员人数	3 700 万	6 200 万	68%
每个俱乐部的平均会员人数	1 060	1 000	-6%
普及率	5.90%	7.80%	32%
总市值	220 亿欧元	272 亿欧元	24%

2008 年十大连锁品牌	会员人数	俱乐部数量	每个俱乐部人数
1. Fitness First	930 000	381	2 441
2. McFit	550 000	89	6 180
3. Virgin Active	345 000	87	3 966
4. Kieser Training	300 000	148	2 027
5. SATS	237 000	105	2 257
6. HealthCity	200 000	100	2 000
7. Injoy	180 000	180	1 000
8. Moving	120 000	100	1 200
9. Holmes Place	97 000	27	3 592
10. Fitness Dk	95 000	35	2 714
Total Top 10 会员		1 252	
总市场份额占比	8.20%		

2018 年十大连锁品牌	会员人数	俱乐部数量	每个俱乐部人数
新前十排名			
1. McFit	1 950 000	288	6 771
2. Basic-Fit[1]	1 840 000	629	2 925
3. PureGym[2]	1 012 000	222	4 559
4. The Gym Group[3]	724 000	158	4 582
5. Clever fit[4]	720 000	402	1 791
6. FitX[5]	650 000	74	8 784
7. David Lloyd Leisure[6]	609 000	114	5 342
8. SATS	568 000	203	2 798
9. Fitness World[7]	564 000	232	2 431
10. Migros[8]	466 000	299	1 559
Total Top 10 会员	7 153 000	2 621	
总市场份额	11.50%		

表 16.1
十大运营品牌；10 年来发生了什么变化

1. 包括在比荷卢经济联盟、法国和西班牙的 Fitness First，以及向 Basic-Fit 过渡/更名的 Healthcity 俱乐部。
2. 英国低成本运营商 Pure Gym 成立于 2009 年。
3. 英国的 The Gym Group 成立于 2007 年。
4. 德国折扣特许经营店 Cleverfit 成立于 2004 年。
5. FitX 折扣店在德国于 2009 年成立。
6. David Lloyd Leisure 在英国、比荷卢经济联盟、西班牙、意大利、德国和爱尔兰的高端市场运营着，收入在欧盟排名第一。
7. Fitness World 折扣店在丹麦于 2005 年成立。
8. 2016 年，瑞士 Migros 收购德国 Injoy 特许经营连锁品牌。

欣慰。这可以归因于微型健身房和精品健身工作室的急剧增长。

我们将2018年前十大运营商品牌与10年前的前十大运营商品牌进行对比,可以清楚地看出市场经历了多大的转型。前十大品牌增加了超过400万的会员,但是品牌名单发生了很大的变化,Kieser Training、Moving、Holmes Place、Fitness Dk和Virgin Active这5个品牌从前10名中消失了,有8个全新的品牌加入。

许多进入2018年前10名的公司都是在这期间成立的。2018年排名第一品牌的会员人数是2008年排名第一品牌的两倍多。2008年,没有一个品牌的会员人数超过100万,但10年后,有两家公司都拥有接近200万的会员,还有一家公司会员人数也超过了100万。

过去的10年见证了The Gym Group、Basic-Fit、Technogym、Actic、Benefit Systems和SATS这6家欧洲公司首次公开募股,也见证了许多并购案的发生。金融界对健身行业的关注非常明显,我们认为未来10年这种情况不会改变,详见第9章。2030年的前10名看起来会有多大不同呢?每个人都在猜测,但请放心,变化一定会再次出现!

16.3　展望未来

预测未来,需要从过去吸取经验。所以,让我们来看看2008—2018年的市场如何演变,在这10年里,我们得到了完善的市场数据。2008年会员人数为3 700万,2018年增至6 220万,增长68%,年均增长7%。我们看到2015—2018年这最后几年,会员增长率略低,仅为3.8%。

因此,我们如果假设2019—2030年的增长率与过去3年的增长率大致相同,那么就能得出,该地区会员总人数为9 730万。虽然平均增长率仍然比过去10年低3%,但这是因为当时我们经历了一场严重的全球经济衰退和经济停滞,我们如果用4%的高增长率做同样的计算,那么拥有会员人数则为1亿，这应该是健身行业发展的目标。在这种发展的加持下，健身这种活动不再是只有少数狂热者参与的小众活动，而将继续占据主流地位，贯穿人们的日常生活方式。

为什么我们会认为，到2030年1亿会员的目标是可以实现的呢？

原因如下。

- 整个欧洲地区的健身普及率仍然很低，还有足够的增长空间。2018年，欧盟国家加上挪威、瑞士、俄罗斯、土耳其和乌克兰这些欧洲地区国家，人口总计7.96亿，其中健身会员占总人口的比例仅为7.8%（EuropeActive and Deloitte EHFMR, 2019）。2019年预计会员人数将增长至1亿，预计总人口将增长至8.36亿，会员人数占比为12%，这与2018年北欧和美国22%的健身普及率相比仍然较低（IHRSA Global report, 2019）。
- 法国、西班牙、意大利、俄罗斯和土耳其等人口较多的国家将做好准备，赶上健身市场这一波会员普及，增加会员总人数。
- 增加与健康保险公司的合作项目，促进健身俱乐部会员注册，提供补贴，刺激额外增长。
- 政府防止会员流失，促进身体活动的增加，推动健身市场。
- 健身行业开发新的概念和方案，吸引新型多样的目标群体。
- 中产阶级扩大，平均可消费收入上涨，再加上健身行业提供低价服务，大众更能负担得起健身活动。
- 增强人们"运动是良医"的意识，会吸引更多的人参与团体健身。
- 增加健身地点，人们更趋于在家庭或工作场所进行健身。
- 部分企业健康项目借由中介机构和平台开展，会刺激增长。
- 在合格员工和认证上加大投资，改善客户服务和客户体验，有利于留住现有会员并吸引新会员。

16.4 结论

本章分析了健身行业未来10年的可能增长情况，根据平均年增长率4%，预测到2030年将增加至大约1亿会员。

对于到2030年实现1亿会员的目标，需要人们发表不同的看法。仅仅用健身俱乐部的会员人数来衡量成功与否，也许有点局限，但不幸的是，这是我们每年用来衡量进展的唯一可靠数据。

从社会角度来看，我们应该更多关注生活方式如何改变，是否有更广泛的身体运动方式可供选择。欧洲晴雨表可以提供很完善的数据来源，虽然它每4年才出版一次，但最近一个版本是在2018年出版的。下一份报告涵盖2021年的数据，可能会在2022年发表，因此，我们必须等待几年才能进行分析。

我们期望在未来10年看到一个持续发展的生态系统。科技不会颠覆健身，而是要重新定义健身。未来健身将带来一个更完整的生态系统，能让用户在健身房、工作室、家庭、办公室和酒店等多种地点中做出自己的选择，而不是在健身房和健身工作室之间或在按需内容和连接设备之间进行选择。而且，我们的许多客户将会有更多选择。消费者将越来越能够从保健、健身和健康选项的"自助餐模式"（smörgåsbord）中做出选择。

关于作者

雷·阿尔格（Ray Algar）

雷·阿尔格，工商管理学硕士（MBA），是Oxygen Consulting公司的总经理。该公司总部位于英国，为与全球健身和健康行业相关的组织提供战略性的商业建议和商业见解。阿尔格是12份/本健身行业战略报告/图书的作者。他还担任一系列组织的长期战略顾问，这些组织的日常任务是帮助人们在更健康、更活跃的生活中体验快乐。他是一位令人尊敬的健身和健康行业独立评论者，他的评论经常为国际媒体所引用，他经常应邀发表前瞻性和发人深省的会议演讲。他拥有英国格林尼治大学、萨里大学和肯特大学的商业学位、营销学位和运动心理学学位。

克里斯托夫·布鲁尔（Christoph Breuer）

克里斯托夫·布鲁尔博士是德国科隆体育大学的全职教授，兼任运动管理与运动经济学研究所所长。2006—2011年，他同时担任柏林经济研究所（DIW Berlin）的研究教授。布鲁尔博士定期在经济类杂志和主流运动管理杂志上发表文章。他的主要研究领域是组织经济学、信息经济学和运动价值。

克利夫·科林斯（Cliff Collins）

克利夫·科林斯是欧洲健身与健康协会的现任项目主管，负责带领布鲁塞尔团队处理欧盟事务和欧盟项目。他曾持有且经营一家英国俱乐部，多次获奖，同时担任英国政府卓越经营专家。2001年，他建立了英国运动专业人士登记册（REPS UK）。欧洲健身与健康协会的工作重点是提升技能和就业合作，以及促进健康的身体活动。最近，他成为制定欧洲标准化委员会（CEN）健身中心运营和监督标准的召集人。

索伦·达尔迈尔（Sören Dallmeyer）

索伦·达尔迈尔，德国科隆体育大学理学硕士，是运动经济学和运动管理学院的讲师。他的研究主题集中在体育活动健康和劳动经济学上。

卢卡斯·德克莱尔（Lukas Declercq）

卢卡斯·德克莱尔是欧洲健身与健康协会的欧盟事务经理，与议会和委员会等欧洲机构合作，积极寻求欧洲健身部门的利益。他正在制定一项扩大发展欧盟事务的战略，这样可以改变政治思维，调整政策行动，特别是针对受排斥群体和生活疾病患者，扭转他们身体活动不足的趋势。此前卢卡斯·德克莱尔在布鲁塞尔为佛拉芒政府工作。

卡斯滕·霍拉斯奇（Karsten Hollasch）

卡斯滕是Deloitte在德国的财务顾问合伙人。他负责Deloitte在德国的客户业务，领导私募股权部门，是这些行业全球领导团队的一员。在过去的20年里，卡斯滕为健身和健康领域的众多交易和战略流程提供了建议。

比约恩·勒姆库勒（Björn Lehmkühler）

比约恩是Deloitte位于杜塞尔多夫的财务顾问，也是体育商业集团的成员。自2014年以来，他参与了德国和欧洲健身领域的众多金融与战略项目，担任Deloitte年度健身市场出版物的共同著者。

马里纳·莱利（Marije Lely）

马里纳经历了丰富的变革，在ING银行集团公司担任首席运营官（COO）。ING是一家拥有强大欧洲基础的全球银行，为40多个国家的约3 840万个人客户、企业客户和金融机构提供服务。ING银行集团的宗旨是让人们在生活和商业上都保持领先。她在ING银行集团拥有丰富的经验，负责初创企业、合并案例和大规模转型，而转型的关键仍是要创造出卓越的客户体验。最近，她在担任商贷总监期间，开发推出了创新的数字贷款提案，实施了全渠道战略模式。在ING银行集团公司中，马里纳致力于应对快速变化的客户期望，敏捷地领导了公司的转型。她热衷于分享自己的经验，这样可以激发员工全新的思维方式，释放出对客户的全面关注和业务灵活性。但这仅仅是达到更高目标的一种手段，不能把敏捷当作追求的目标本身。因此，要从她简单直接的方法中得到启发，而不是炒作敏捷故事。

斯特凡·路德维格（Stefan Ludwig）

斯特凡是Deloitte在杜塞尔多夫的合伙人，兼体育商业集团的负责人。2002—2012年，他成立并发展了体育商业集团，并担任体育健身行业专家20多年，专注于数字技术、组织发展、市场营销、并购交易和金融财政等领域。

简·米德尔坎普（Jan Middelkamp）

简·米德尔坎普博士从体育学院毕业，获得学士学位，而后在荷兰乌得勒支大学进修，获得运动与健康硕士学位，在荷兰拉德布大学获得了健康与运动行为专业博士学位。他的职业生涯始于柔道教师，他当时是荷兰国家柔道队的一员。他在荷兰第一家特许经营连锁店Fit-Care担任俱乐部和特许经营经理，还负责向荷兰和比利时引进Les Mills。他在荷兰Fitness First担任首席运营官，在HDD集团担任商业董事兼股东，同时担任HealthCity & Basic-Fit的首席运营官和开发总监。从2009年到2013年，他担任HDD集团首席执行官。目前，他是HDD集团的开发总监，兼黑盒出版社（BlackBoxPublishers）的首席执行官，同时是欧洲健身与健康协会的前董事会成员。他已出版了30多本著作。

菲利普·米尔斯（Phillip Mills）

菲利普来自新西兰，曾经是田径运动员，也做过生意。他是Les Mills的创始人兼执行董事，也是前首席执行官。他出生在一个运动员家庭。他的父亲莱斯、母亲和妹妹都代表新西兰参加过奥运会或英联邦田径运动会。1974年，米尔斯参加了克赖斯特彻奇（Christchurch）英联邦运动会的110米栏比赛；1978年，在加拿大艾伯塔省埃德蒙顿（Edmonton）英联邦运动会上参加了110米栏比赛和400米栏比赛。他凭借田径奖学金在美国加州大学洛杉矶分校学习，于1978年毕业，获得哲学学位。1968年，他的父母莱斯·米尔斯（Les Mills）和科琳·米尔斯（Colleen Mills）创办了Les Mills健身俱乐部。米尔斯在1979年回到新西兰，之后在Les Mills发挥了越来越重要的作用。LesMills公司于1984年上市，在1987年由一家投资公司接管。在股市崩盘那一年之后，米尔斯回购了这家公司。菲利普·米尔斯继续在新西兰经营Les Mills健身机构。截至2015年5月，新西兰有11家Les Mills健身机构，共有5万名Les Mills会员。在20世纪80年代早期，米尔斯开发了一套配乐锻炼项目，授权教练在训练课上用于教学，使其成功地商业化。2004年，菲利普·米尔斯获得Ernst & Young年度新西兰企业家称号。2005年，Les Mills公司被新西兰贸易发展局（NZ Trade and Enter-prise）评为年度新西兰服务出口商。2007年，他和妻子杰姬·米尔斯（Jackie Mills）合著了《对抗全球肥胖：个人健康和全球可持续发展实用指南》。

尼尔斯·内格尔（Niels Nagel）

尼尔斯·内格尔博士生于1970年2月25日，是德国科隆体育大学的研究员。他的研究重点是健身行业的会员流失和会员保有问题。此外，他还是德国健身和健康行业协会（DIFG e.V.）在杜塞尔多夫的负责人，有20年健身俱乐部顾问的经验。

约翰尼斯·奥尔洛夫斯基（Johannes Orlowski）

约翰尼斯目前是苏黎世大学工商管理系的博士后研究员。他于2013年获得体育管理硕士学位，后于2017年在德国科隆体育大学获得体育经济与管理博士学位。约翰尼斯对揭示体育数据中的自然实验环境感兴趣，将其应用于经济和管理研究问题。他在研究中探讨了与健康相关的运动参与和身体活动、体育劳动力市场以及与体育相关的无形资产的货币估价。

布赖恩·奥罗克（Bryan O'Rourke）

布赖恩·奥罗克，工商管理学硕士，担任健身行业技术委员会主席，兼Integerus Advisors公司首席执行官，还是Flywheel Group和Fitmarc的首席安全官（CSO）。这些机构为美国800多家健身机构、数十家全球性机构和5 000多名健身专业人士提供团体服务。布赖恩是一位企业家、顾问、高管，也是投资者，在这一行有30年的成功经验。布赖恩作为前俱乐部总经理，在健身俱乐部和健身行业工作了18年。2013年，国际健康及体育运动俱乐部协会任命他为13名董事会成员之一。他曾在四大洲的行业和企业会议上发表演讲，相关言论被《企业杂志》（Inc. Magazine）、《华尔街日报》（Wall Street Journal）和《纽约时报》（New York Times）等报刊广泛刊载和引用。

安德烈亚斯·保尔森（Andreas Paulsen）

安德烈亚斯拥有欧洲研究硕士学位，在斯堪的纳维亚一家领先的医疗健身连锁企业担任联合创始人兼总经理，自2015年起成为欧洲健身与健康协会的董事会成员，现任欧洲健身与健康协会的代理主席。

亚克什·菲利普斯（Jak Phillips）

亚克什·菲利普斯在Les Mills担任全球内容总监，同时是一名作家、营销者和演讲者，专门从事全球健身工作。亚克什曾为《时代》（*Times*）杂志、*VICE*杂志和一系列知名健身杂志撰稿，他擅长挖掘时尚潮流，通过讲述塑造潮流的故事将其引入生活。在伦敦，亚克什担任的Les Mills全球内容总监这样一个职位，让他深入了解全球领先的健康俱乐部，为现代健身行业如何赢得胜利提供了珍贵的借鉴。

赫尔曼·罗格斯（Herman Rutgers）

赫尔曼是一位在管理国际业务方面拥有丰富经验的国际高管，他在过去的25年里一直从事与全球健身行业相关的工作。他曾在Quaker Oats、Akzo-Organon、Sheaffer Pen、Prince/Bennetton Sportsgroup和Brunswick/Life Fitness等多家跨国公司任职。2001年，他在荷兰创立了自己的公司——Global GrOwth Partners。赫尔曼以董事会成员、顾问或投资者的身份与健身行业的多家公司进行合作。2000—2012年，他是Octane Fitness International的投资者和董事会成员；2007—2014年，他是SATS/Fresh Fitness的董事会成员。他还是斯德哥尔摩Activage的股东和董事会成员，Reed Exhibitions的国际大使，以及上市公司Basic-Fit的监事会成员。2007年，他成为欧洲健身与健康协会在布鲁塞尔的首位执行董事。自2013年以来，赫尔曼一直在欧洲健身与健康协会任职，负责项目和市场研究。他与Deloitte合作撰写了《欧洲健身与健康市场年度报告》，还为有关健身行业的图书提供了素材。他是健身行业活动中备受欢迎的演讲者和主持人。

斯蒂芬·萨瑞特（Stephen Tharrett）

斯蒂芬是ClubIntel的联合创始人之一，兼Club Industry Consulting公司的总裁。斯蒂芬在健身和健康行业工作已长达40年，曾担任ClubCorp的高级副总裁、俄罗斯健身集团（Russian Fitness Group）的首席执行官和国际健康及体育运动俱乐部协会的董事会主席。

关于欧洲健身与健康协会、泰诺健 Wellness 基金会和黑盒出版社

欧洲健身与健康协会

欧洲健身与健康协会是欧洲领先的非营利组织，是布鲁塞尔整个欧洲健身和健康行业的代表。欧洲健身和健康行业为6 200万名消费者提供服务，创收超过270亿欧元，雇佣大约75万名员工，拥有超过62 000家机构。欧洲健身与健康协会不仅做出了巨大的经济贡献，而且在建设更加活跃、更加健康的欧洲生活方式方面发挥着重要作用。欧洲健身与健康协会旨在与欧盟和其他国际组织合作，以实现其目标。

更多人参与 | 更积极参与 | 更频繁参与

欧洲健身与健康协会，也是为健身和健康行业制定行业标准的机构，在教学和训练方面推广最佳实践，最终目标是提高服务质量，改善客户的锻炼体验和锻炼效果。欧洲健身与健康协会目前拥有约25 000个机构，与22个国家协会进行合作，会员遍布欧洲32个国家。会员资格向运营商、供应商、国家协会、训练提供商、高等教育机构和认证机构等所有利益相关者开放。

欧洲健身与健康协会全力支持欧盟终身学习计划的战略原则和目标，任务是推动人们接受终身积极健康的生活方式。欧洲健身与健康协会旨在通过以下方式实现其愿景。

- 让人们了解定期参加身体活动的健康益处，以及活动不足的代价和后果，培养人们的相关意识并进行大力推广。
- 支持人际关系发展，促进健身行业、学术界、政府和民间社会组织之间建立伙伴关系，应对共同的挑战和机遇。
- 组织调查研究，出版相关内容，促进健身行业进一步专业化。
- 促进开发更多的产品和服务，确保每个员工都有良好的环境来培养技能、建立信心、保持身心健康平衡。
- 确保在健身行业、体育活动和健康领域制定高质量的标准，让使用者享受安全有效的锻炼。

泰诺健 Wellness 基金会

泰诺健 Wellness 基金会正在开发新的健康生活方式，与大众分享相关益处。泰诺健 Wellness 基金会是由泰诺健创始人兼总裁内里奥·亚历山德里（Nerio Alessandri）于 2003 年成立的非营利组织，任务是开发、推广和分享健康生活方式，将定期体育锻炼、健康营养和积极的精神态度结合起来。

从预防非传染性疾病和提高生活质量的角度来看，健康生活方式带来的益处与人们自己有关，也与那些期望员工更健康、更具创造力，因而更具效率的公司有关。这也适用于政府，它们有能力通过预防措施节约大量医疗保健成本，致力于各项发展、经济增长，创造就业机会。

自 2003 年以来，泰诺健 Wellness 基金会一直在运作 "Wellness Valley, Romagna Benessere" 项目，这是在意大利罗曼尼亚地区提出的一份倡议，旨在创建世界上第一个关于理解幸福和生活质量的地区。健康谷（Wellness Valley）是一个大型的教育和社会项目，涉及意大利东北部地区超过 110 万居民，将公共机构和私人机构、公司、医生、卫生当局、非营利组织、大学、企业家、旅游业等参与者都连接了起来。

黑盒出版社

黑盒出版社是一家健身、运动和健康领域的出版商，负责出版纸质书和电子书。黑盒出版社成立于2012年，其总体任务是为健身、健康和体育专业人士提供最完善的内容，促进其成长。黑盒出版社还拥有一个从事管理培训的黑盒学院，以及从事科学和应用研究的黑盒出版社研究所。

黑盒出版社是欧洲健身与健康协会的官方出版合作伙伴，出版了 *The State of Research in the Global Fitness Industry*（英语、德语和荷兰语，2012年）、*Member Retention in Fitness Clubs*（英语、德语和荷兰语，2013年）、*The Future of Health & Fitness*（2014年）、*EuropeActive's Essentials of Motivation and Behaviour Change*（英语、芬兰语和荷兰语，2015年）、*Growing the Fitness Sector Through Innovation*（2016年）、*Customer Engagement and Experience in the Fitness Sector*（英语和汉语，2017年）、*Human Capital*（英语和汉语，2018年），以及2013—2018年发表的关于精品健身工作室客户参与度的*EuropeActive Retention Reports*等著作。

相关图书推荐

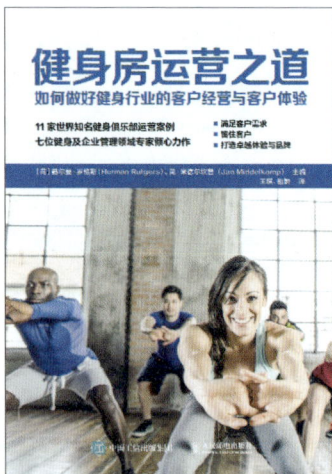

[荷] 赫尔曼·罗格斯（Herman Rutgers）简·米德尔坎普（Jan Middelkamp）主编

深度解析健身行业的客户经营与打造客户体验的关键点
20年健身行业管理经验倾囊分享
含理论、思维、规律、方法、技巧、运营案例
助你成功运营一家有态度、有格调、有品质的健身房

11家世界知名健身俱乐部成功运营案例
7位健身及企业管理领域专家倾心力作

[荷] 赫尔曼·罗格斯（Herman Rutgers）简·米德尔坎普（Jan Middelkamp）主编

这是一本令业内期待已久的行业著作
因为它呈现的是一幅中国健身行业人力资本发展的未来版图

无论你经营着1家健身俱乐部还是100家，但凡在健身和健康行业有所涉猎，都不可否认——这个行业成功的关键在于人

19位健身及企业管理领域专家倾心力作
10家世界知名健身机构的人力资本管理实战案例

教你如何吸引、选择并留住优秀的团队
激发员工的积极性和创造性
从人力资本出发，有效提升企业的经济效益
做好健身行业的人力资本管理

[荷]赫尔曼·罗格斯（Herman Rutgers）简·米德尔坎普（Jan Middelkamp）主编

源自欧洲精品健身工作室的营销创新趋势
未来10年保证持续增长的营销与销售策略

11位健身及营销领域专家倾心力作
含理论、思维、规律、方法、技巧、营销案例

教你深刻理解：
营销的"6p"要素
健身行业的定价策略
线上与线下的营销传播
团体健身的营销与销售
私教指导的营销与销售
如何打造和经营个人品牌

本书为你细细梳理出一整套成体系的营销与销售解决方案
专为中国的健身房经营者、健身工作室经营者、健身行业投资人，以及对自我有要求的私人教练量身打造